ものと人間の文化史　96

食具

山内昶

法政大学出版局

目次

序論　食具とは？……1
同化理論　2　食具とは？　7
第一章　最初の文化衝撃《カルチャー・ショック》……13
日本の食礼　15
お箸の国　15　清潔な食事風景　17　厳格、煩瑣な飲食法　23
西洋のテーブルマナー　27
グレコ・ロマンの伝統　28　不潔な食事風景　31　後の始末　36
第二章　食べ方の文化記号論……43
口食　44

口食する人間　45
手　食　47
昔は皆手食だった　48　なお残る手食　50　パンは分与しなければならない　53
互酬原理　54　聖餐　58　日本の手食　60　かまぼこの謎　64　右手と左手　67
右好きの人類　69　生物学的根拠　71　利き手と使う手　73　日本における左
右　74　中国における左右　77　西洋における左右　78
食具食　81
食具を使うサル　82　サルからの贈物　84　ヒトとサルの差異　91　記号として
の食具　94　差異化理論　96
第三章　食具の文化史……………………………105
箸の歴史　106
1　日本の箸　106
『記・紀』の箸　107　箸の伝来　113　土の中から　117
2　中国の箸　120
なぜ南からか　121

スプーンの歴史 123
1 西洋のスプーン 123
スプーンの起源 124　スプーンの使用 126
2 中国の餐匙 134
先史時代の匙 135　文明時代の匙 137
3 日本の匙 141
匙の行方 145　なぜ匙は消えたか 151
ナイフの歴史 161
ナイフの起源 161
1 西洋のナイフ 163
2 中国の餐刀 166
3 日本の刀子 168
切る芸術 171　西洋の切り分け術 174
フォークの歴史 179
フォークの起源 179

1 中国の餐叉 182
2 西洋のフォーク 185
フォークの伝来 189

第四章 食具の文化象徴論 …… 201

箸の文化意味論 202
箸立伝説 203 生《なま》のもの 205 食肉のターミノロジー 210 箸の万能性 212
ハシの語源 214 橋の聖性と魔性 216 箸の呪力 221

スプーン・ナイフ・フォークの文化意味論 226
三点セットの反自然性 226 破壊的料理 227 食のサディスム 233 三点セット
の単能性 235 食の共同体 237 共同性から個別性へ 242 ロシア式サーヴィス
の導入 245 共用と私用 250

文化コスモロジーの差異 255
1 西洋のコスモロジー 256
キリスト教のイデオロギー 256 哲学的根拠 258

2　日本のコスモロジー　260
アニミズム　260　東洋の思想　263　あべこべの世界　265　アナログとデジタル　269
主要参考文献　275
あとがき　281

序論

食具とは？

豪華絢爛たる結婚披露宴の最中、一段高い雛壇に坐る花婿が、突然手でむしゃむしゃやりだし、あまつさえ皿に顔をつっこんで口食《こうしょく》しだしたら、一体どうなるだろうか。祝いにかけつけた人々は一瞬呆然とし、ついで冷笑と怒号で会場全体が騒然となり、花嫁は泣きだし、仲人は慌てるにちがいない。新婦の両親は失神した花嫁をつれて引き揚げ、祝宴の中断だけならまだしも、婚姻自体も破談となるだろう。あんな礼儀知らずで野蛮で、常軌を逸した変な男に娘はやれない、というわけである。食べ方で新郎の知性や教養、人格や頭の具合までもを規定したことになる。

反対に手食《しゅしょく》文化圏で花嫁が突如隠していたナイフやフォークをとりだして食べだしたら、まったく同じ事態がおこるにちがいない。

たかが食べ方一つで、なぜこんな個人的にも社会的にも重大な人生の悲喜劇がおこるのだろうか。この謎から本書は出発する。

同化理論

「君がどんなものを食べているかをいってみたまえ。君がどんな人間かをいいあててみせよう」と警句を吐いたのは、有名な『美味礼讃』(一八二五年)のブリア゠サヴァランだった。まったく同じように助詞だけを変えて、「君がどんなもので食べているかをいってみたまえ。君がどんな人間かをあててみせよう」とも、今あげた例からいえるはずである。

もっとも高名なブリア゠サヴァランのアフォリスムと無名の筆者の捩《もじ》りとでは、適用範囲に雲泥の差がある。原文のほうは、さらにフォイエルバッハが「人間はその食べるところのものである（Der Mensch *ist was er ißt.*）」と哲学的に深遠化してみせたように、食が個人や民族の本質を形成するという、人類にとって原古的かつ普遍的な同化理論に一つは根ざしている——同化理論だけではなく差異化理論も含意しているのだが、これは後述する——からである。

二、三例証しておこう。たとえば北アメリカのチェロキー族では、シカの肉を食べると脚が速くなるからといって、狩人は好んで食べていた。ところが反対にカラハリ砂漠のサン族では、カモシカを食べると獲物の方も感応して逃げ足が速くなるからと信じて、狩人は食べようとしない。マダガスカルではハリネズミは敵に遭うと体軀を丸めて縮こまる臆病な動物だからという理由で、戦士には禁食になっていた。東アフリカのワゴゴ族では若者はライオンを仕止めないと一人前の男と認められない。そこでこの危険な試練をのりこえた男は、倒した百獣の王の心臓を食べる習慣があった。オーストラリアの先住民《アボリジニ》はカンガルーやエミュを食べると高く跳躍したり早く駆けたりできると信じている。

こうした事例は民族誌の中に銀河の星の数ほども輝いているが、これを《野蛮人》の馬鹿げたアニミズムだ、幼稚な感染呪術だと貶《けな》すわけにはいかない。

古代ギリシアのディオニュソス祭の時、日頃女部屋に鍵をかけて閉じこめられていた女たちが髪をふり乱し、山野を駆けめぐってウシの群に襲いかかり、生きたまま八つ裂きにして血のしたたる生肉を食った、とされている（エウリピデス『バッカスの信女たち』）。

これは牡牛の姿をしたディオニュソス神と一心同体になるためだった。古代北欧の『サガ』伝説によると、アウヌンド王の息子インギアルドは、若い頃ひどい臆病者だったが、オオカミの心臓を食べてから大胆不敵になったとされている。

いや、西洋文化の根幹を形成したキリスト教の玄義にも同じ考え方が脈々と流れていた。カトリックのミサの最後で、信者が赤ワインに浸した聖餅《ホスチア》を口に入れてもらう聖体拝領《コミュニオン》は、キリストの血と身体をわがものとし、それと一体化《コミュニエ》するためだったのだから（「マタイによる福音書」二六章二六―二八節）。

一八世紀フランスのジャン・ジャック・ルソーはその『エミール』（一七六二年）の中で、「一般に肉をたくさん食う者がそうでない者より残酷で凶暴であることはたしかなのだ。これはあらゆる場所とあらゆる時代に観察されることだ。イギリス人の野蛮なことはよく知られている」（一九九四年）と断言している。別にイギリス人に個人的恨みを抱いていたわけではなく、むしろ食における社会的不平等を批判してのことだったが、その結果子供は菜食で育てるのが最善だとルソーは考えていたのである。そのイギリスでローストビーフが国民食となったのは、雄々しい牡牛《ブル》を食べると雄々しいジョンブルになれると信じてのことだった。

日本でも幕末から明治にかけて、肉食効用論が興り、しだいに幅をきかせてきたが、これも同じ体質改善論を基礎にしていた。たとえば儒者の香川修徳はその『一本堂薬選』（寛延・宝暦年間）で、「邦人ハ獣肉ヲ食ハザル故ニ虚弱ナリ」と喝破していた。

タウンゼント・ハリスの公館で若い頃通訳見習いをしていた三井物産の創立者益田孝は、「吾々も西洋人と同じ物を食ってえらくなりたい」と一念発起して、牛肉・豚肉はおろか、犬猫・ネズミの肉まで皆で食べた、と述懐している（児玉定子、一九八〇年）。獣肉を食うから西洋人は頭がよくなって科学技術を発達させ、体格がよいから世界を征覇したのだ、と信じられていたわけである。

日本で最初に大々的に牛缶を採用したのは軍隊だったが、これも強兵をつくるに肉食にしくはなし、と判断してのことだった。人間はその食べる物の性質に似てくるという信念が、歴史のいたるところであったことがわかるだろう。古代ローマの格言では「類似は類似によって創られる（similia similibus creantur）」といっていたのである。

ところが、どうやって食べるかの食法のほうは、この同化理論——その当否は問わないとして——をまったく適用できない。アイスクリームをのせて食べるウエファーなどは別にして、箸やナイフを食べるわけにはゆかないからである。にもかかわらず、「何を」ではなく「何で」食べるかの食卓《テーブル》作法《マナー》も個人やその属する文化の本質をどうして開示できるのだろうか。食具は人間と自然を繋ぐ最終的な媒介物だからにほかならない。

満漢全席といった豪華な中華料理もテーブルの上にのっているだけでは、まだ完成したことにはならない。人々の五感を喜ばせ、そのお腹に収まってしまわなければ存在理由を充足したことにはならないのである。すべての消費財も最終的には同じだが、とりわけ日々くりかえし即座に消費される料理は、その存在価値が無化によって支えられるという不思議な性質を強くもっている。

一方その食材といえば、今日では遺伝子組み換え食品などのように多くは人為的に生産されているけれども、しかし元をただせば一切は自然の所産でありその恵みである。アリやタンポポの遺伝子さえ創りだすことはまだ人間の誰にもできない。こうした無数の食材とこれまた無数の調理法の順列組み合わせによって料理が作られるわけだが、食べてしまって初めてその存在価値をもつのだから、料理をどうやって口に入れるかはある文化のもつ自然との関係の在り方を端的に最終的な形で開示することになるわけである。どんな道具を使って食べるかが人間と自然との関係の文化的な蝶番《ちょうつがい》になっているといったのは、そういう意味だったのである。

しかも、千変万化する複雑怪奇な料理とは違って、食法はきわめて単純な四つの基本型しかない。すなわち、(1)直接口をつけて食べるか（口食）、(2)手で食べるか（手食）、(3)箸で食べるか（箸《ちょ》食）、(4)ナイフ・フォーク・スプーンで食べるか（以下では簡単に三点セット食と呼ぶことにする）、いずれかしかない。

もっとも箸食文化圏でもスプーンの出てくる所もあるし、三点セット文化圏でも手食が残存しているように、この分類は絶対的なものではなく、混合ないし移行形態が見られるが……。御飯は箸で食べるが、ライスはフォークで食べる日本など、その最たるものだろう。しかしそれも基本原則の変異型にすぎず、世界中の食文化は食べ方から見るとすべてこの単純な四つの基本型の中に収まってしまうことになる。

さらに分類基準をもっと大きくとれば、人間が生まれつきもっている口や手を使って食べる自然具食と、人為的な道具を使って食べる人工具食とに大別され、この対照的な二つの大項目の中にそれぞれ二つずつの小項目が含まれる。整理すれば次のようになるだろう。

- 食法
  - 自然具食
    - 口食
    - 手食
  - 人工具食
    - 箸食
    - 三点セット食

では、この食べ方の基本型の背後には、一体どんな人間の自然に対する関わり方——これを文化コスモロジーと呼ぼう——が潜んでいるのだろうか。このことを主に日欧の食法に焦点を絞って比較研究してみるのが、本書の目的にほかならない。

食具とは？

じつは筆者は、ごくありふれた普通の日常語だと思って、「食具」という言葉を本書のタイトルにつけた。ところが驚いたことに、どうもそうではないらしい。道具学者山口昌伴の論文「食器と食具——そのターミノロジー」（一九九九年）によると、飲食にかかわる食卓上の器具類の用語分類《ターミノロジー》は諸家によってさまざまでまだ定説がなく、一般でも専門家の間でも「食具」という用語は正式の概念として学術命名表に登録されていない、とのことである。

びっくりして手元の何冊かの日本語の辞引をひいたところ、中辞典クラスでは「食器」ないし「食器具」の項はあるが、「食具」という言葉は載っていなかった。平凡社の『世界大百科事典』にさえ記載されていない。やっと見つけた小学館の『国語大辞典』ではこうなっていた。

食器——食事に用いる器具、容器。茶わん・さら・はし・ナイフ・フォークの類。
食具——①食事の用意ができること。②食物を盛るうつわ。食事に用いる器具、容器。食器。

これでは食器も食具も結局同じことで意味の区別がない。しかし日本語の語感では「器」と「具」は、意味範疇が重なる部分もあるが、ズレている部分もあるはずである。「キ」と「グ」はその意味する《シニフィ》もの《アン》の対立によって、意味される《シニフィエ》ものを示差化している、というのがソシュール以来の言語学の考え方なのだから。そこで、上は同じ漢字で下に器と具のつく二字の熟語を思いつくままにあげてみよう。

什（器・具）	武（器・具）	雑（器・具）	祭（器・具）	凶（器・具）
茶（器・具）	仏（器・具）	湯（器・具）	火（器・具）	性（器・具）

まだ他にもたくさんあるが、初列の五語はほとんど意味が同じとされている（いくつかの国語辞典による）。二列目の五語についていうと、茶器は広義には茶道具全般を指すが、狭義には肩衝《かたつき》、丸壺、棗《なつめ》などの茶入れを指している。仏器と仏具も仏前に用いる器具という同じ意味のほかに、前者は仏への供物を盛る器《うつわ》、後者は仏前を飾るための花瓶・香炉などを指すことがあるらしい。湯器は平安時代、宮中の台盤所《だいばんどころ》で使われた主に銀製の湯を入れるもの（湯の器）で、湯具は入浴のとき用いるゆまき、ゆかたびら、ゆもじ、転じて女性の腰巻も意味するようになった。火器は軍隊用語では銃砲類を意味し、一方火具は闇を照らす松明《たいまつ》や火を放つのに使う火矢などの道具類を指している。最後の性器はいうまでもなく生殖器官のことだが、性具の方はセックスの際、補助的にあるいは避妊のために用いる用具を指している。

こうしてみてくると、明確に区別されない場合も多いが、どうやら何かを入れる受動的対象としての器具＝器と、対象に能動的に作用する補助的な器具＝具とに分類の基準がおかれているらしい。つまり、容器と用具の対立である。先の論文で山口も、「技術論の世界では器の類を労働受容器といい、これに働きかけるものを労働作用具といっている。……食べる営みの具えのすべては食器ではなく、食具というべきであり、食事の道具だてのうち器でないものは食具と呼んでよい」と結論している。筆者もこの見解に賛成である。

しかし食器と食具の分類基準の曖昧さは、なにも日本だけではないらしい。英語でテーブルウエアー（tableware）といえば皿、ナイフ、フォーク、スプーン等の総称で、区別するためには三点セットをフラットウエアー（flatware）ないしシルヴァーウエアー（silverware）——ただしこれには平皿も含むことがある——と呼び、深皿類についてはホローウエアー（hollow-ware）といい、コーヒーや紅茶のポット、砂糖やクリーム入れはシルヴァーサーヴィス（silverservice）と呼んでいる。フランス語のクベール（couvert）は、テーブルクロス、ナプキン、皿、コップ、スプーン、ナイフ、フォークなど一人前の食器具一揃いを集合的にいうが、特に揃いの三点セットだけを指すばあいもあった。とすると人類はもともと食器具をさらに細分して、食器と食具に区別する必要を感じなかったのかもしれない。手食の場合、バナナやカシワの葉だけあればよかったのだから。しかし食器具全体を扱うとなると、陶磁器、織物、ガラスや金属製品全般が入ってきて本書の対象範囲を超えてしまうので、ここでは次のようなカテゴリーに分類しておこう。

飲食器具
- 食器……椀、飯椀、皿、深皿、浅皿、鉢、湯呑み、コップ、盃、徳利、水差し《ピッチャー》、その他
- 食具……箸、スプーン、フォーク、ナイフ、その他
- 調味容器…醤油、ソース、塩、酢、砂糖、スパイス等の容れ物、その他
- 清浄用具…テーブルクロス、ナプキン、ナプキンリング、箸置き、盃洗、フィンガーボール、その他

本書で主に取り扱うのはこの中で二番目の食具であり、その他とあるのは、たとえばストローや焼串、あるいは先端が二つに分かれたスイカ用ないし学校給食用のスプーンや、エビ・カニ用ないし骨髄取り出し用の先が鉤形になったスプーンなど、スプーンとフォーク、フォークとナイフの合成のような特殊な道具も含まれるからである。なお正確には飲食器・飲食具といわねばならないところだが、慣用に従って本書では食器・食具と略記することにしよう。

では、大多数の動物のように直接口食することから始まって、なぜ人類は食具を考案するようになったのか。しかも地球上のあちこちでそれぞれ違う食具を使うようになったのか、そのことの文化記号論的意味をまず問うことにしよう。

第一章

最初の文化衝撃《カルチャー・ショック》

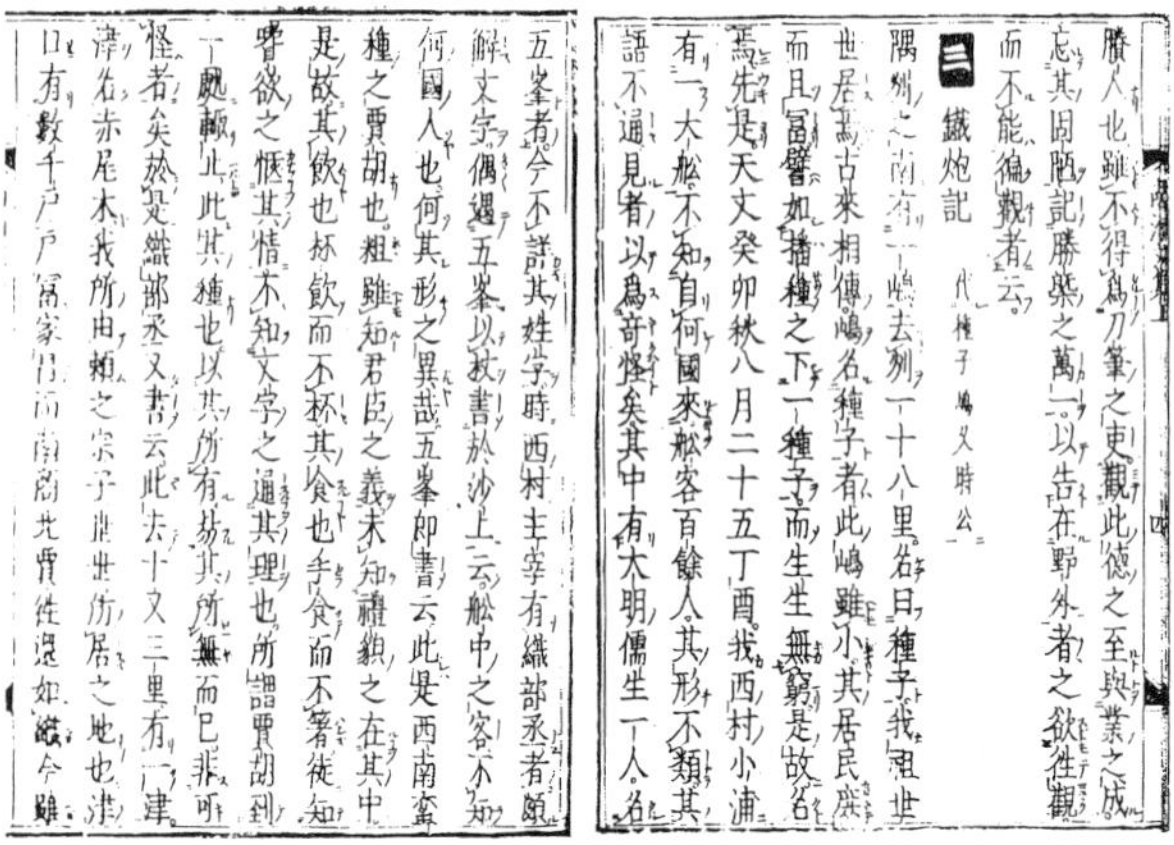
勝人也雖不得爲刀筆之吏觀此德之至與業之成
忘其固陋記勝槩之萬一以告在野外者之欲往觀
而不能徧觀者云
三 鐵炮記　代種子嶋久時公
隅州之南有一嶋去州一十八里名曰種子我祖世
世居焉古来相傳嶋名種子者此嶋雖小其居民庶
而且富譬如播種之下一種子而生生無窮是故名
焉先是天文癸卯秋八月二十五丁酉我西村小浦
有一大船不知自何國來船客百餘人其形不類其
語不通見者以爲奇怪矣其中有大明儒生一人名
五峯者今不詳其姓字時西村主宰有織部丞者頗
解文字偶遇五峯以杖書於沙上云船中之客不知
何國人也何其形之異哉五峯即書云此是西南蛮
種之賈胡也粗雖知君臣之義未知禮貌之在其中
是故其飲也杯飲而不杯其食也手食而不箸徒知
嗜欲之愜其情不知文字之通其理也所謂賈胡到
一處輒止此其種也以其所有易其所無而已非可
怪者矣於是織部丞又書云此去十又三里有一津
津名赤尾木我所由頼之宗子世世所居之地也津
口有數千戸戸富家昌而南商北賈往還如織今雖

『鉄炮記』（山内昶、一九九四年より）

周知のように、日欧の最初の邂逅は天文一二（一五四三）年、シャムから中国へむかう一艘のジャンクが嵐にあって種子島の南端、門倉岬に漂着したときに始まる。後年、領主種子島久時に依頼されて、薩摩の大龍寺の禅僧、南浦文之が著した有名な『鉄炮記』（慶長一一（一六〇六）年）によると、船には西南蛮種の賈胡《こ》（外国商人）が乗っていて、一人は牟良叔舎《ムラシユクシヤ》、もう一人は喜利志多佗孟太《キリシタダモウタ》といった。ポルトガル側の記録であるアントニオ・ガルヴァン『諸国新旧発見記』（一五六三年）では、種子島漂着は一五四二年とされ、フランシスコ・ゼイモト、アントニオ・ダ・モッタ、アントニオ・ペイショットの三人の名があげられているから、年代はともかく――現在のキリシタン学では文之和尚の記述のほうが正しいとされている――そのうちの二人の名前は符合している。船には百余人乗っていたが、むろん言葉は通じなかった。たまたま大明の儒生、五峯と名乗る男――じつは和寇の頭目、王直――がいて、西村《にしのむら》の主宰織部丞と砂の上で筆談をかわしておおよその事情を知ることができた、とされている。

しばしば言及されるこの『鉄炮記』は、戦術から築城術・鉄工業にいたるまで日本に軍事的・政治的・経済的大変革をもたらした鉄炮伝来を語る貴重な資料として、注目を浴びてきた。が、あまり知られていないけれども、食文化の視座からもじつは興味深い事実が記録されていた。

西南蛮の賈胡《ここ》は「ほぼ君臣の義を知ると雖ども、いまだ礼貌のその中に在るを知らず、この故に、その飲むや杯飲《はいいん》して杯さず、その食するや手食して箸せず」と誌されていたからである。盃を用いず杯飲つまり抔飲《ほういん》（手で掬って飲むか直接ラッパ飲み）し、箸ではなく手でむしゃむしゃ食べていた。それを見た種子島の人々は、礼を知らないなんと野蛮な連中かと呆れ返ったのだろう。日欧の文化交流は手食と箸食の対立から始まったわけである。

日本の食礼

お箸の国

この時から以後約一世紀にわたって、多くの西洋人が続々と日本にやってくるが、商人も宣教師も口を揃えて、日本人の食事風景に驚嘆の声をあげていた。最も早い記録は、ポルトガルの船長ジョルジェ・アルヴァレス――フランシスコ・ザビエルと親しく、聖人の渡日に大きな役割を果たした――の「日本情報」（一五四七年）だが、そこにはこう書かれていた。

彼らはモーロ人のように坐り、チナ人のように箸を使って食事する。各人はぬり椀、瀬戸物、外側を黒く、内側を赤く塗った椀などに食物をとって食べる。夏には暑い麦茶を飲み、冬には数種の草 ervas ――私にはこれらの草が何かわからなかった――から作る飲物を飲む。彼らは冬でも夏でも決して冷い水を飲まない。（岸野久訳、一九八九年）

一五四六年初夏から約半年間、鹿児島の山川港に滞在していた時の見聞録だから、針の穴から日本を覗いた感があるにしても、西洋とはまったく違った当時の薩摩の庶民の食器具や飲物についての記述は正確である。瀬戸物や外側は黒、内側は赤い塗り椀など、現にわれわれも使っているのだから。箸の使用についてさして驚いた様子が見えないのは、以前から船長は中国沿岸の交易に従事し、すでに見馴れていたせいだろう。最後の夏も冬も冷たい水を飲まない慣習も、一六世紀の他の資料から確認できるのである。

もう一人、著名なルイス・フロイスに登場してもらおう。三四年間も滞在し、日本の事情に精通していた彼は、『日本史』をはじめ多くの報告や手紙を書いて、日本文化の紹介に大きな功績のあった神父だった。その一つに『日欧文化比較』（一五八五年）という長く埋れていた草稿がある。日欧文化の対極性を六一一項目にもわたって対比したもので、おそらく世界で最初の日欧比較文化論といえるだろう。箸食についてはこう書かれていた。

三―6　われわれの間では四歳の子供でも自分の手を使って食べることを知らない。日本の子供は三歳で箸 faxis をつかって自分で食べる。

六―1　われわれはすべてのものを手をつかって食べる。日本人は男も女も、子供の時から二本の棒を用いて食べる。（一九七三年）

初めてポルトガル人の食べ方をみて驚いた種子島の人と同じカルチャー・ショックが、ここでは逆方向から照射されている。この頃になってもフロイスのいうとおり、西洋では上流階級のごく一部を除いて、多くの人々はまだ手で食べていた。手先の器用な日本の子供は三歳児でも巧みに箸を使ったが、不器用な西洋の子供は四歳になっても上手に手で食べられず、あちこち零《こぼ》したり汚したりするので大人に食べさせてもらっていたのだろう。だから箸食と手食の対立はまた清潔と不潔の対立でもあったわけである。

清潔な食事風景

安土桃山時代の清潔な箸による食事風景については、インド（当時この言葉はアジア全域を意味していた）巡察師として三度来日し、つごう九年半も滞在していたアレッシャンドロ・ヴァリニャーノの『日本巡察記』（一五八三年）という貴重な記録がある。

〔日本人の〕食事の方法や料理、汁に至っては理解することは不可能である。ことごとく清潔を保ち、その方法は重々しく、我等の食事とはまったく類似点がない。すなわち、各人はそれぞれ一人ずつの食卓で食事をし、テーブル掛、ナフキン、ナイフ、フォーク、スプーン等は何もなく、ただ彼等が箸《ハシ》と称する二本の小さい棒があるのみで、食物にはまったく手を触れることなく、きわめて清潔、巧妙に箸を扱い、パン屑一片といえども皿から食卓に落とさない。きわめて慎ましやかに礼儀正しく食事し、食事に関する作法についても、他の諸事に劣らぬ規則がある。彼等が大いに愛好し、我等には有害な米から作った酒のほかに、食事の終りには冬でも夏でも常に熱い湯を飲む。これは、はなはだ熱く、少量ずつでなければ飲むことができない。彼等の食物と調理法については、材料の点でも、味の点でも、まったくヨーロッパのものと類似するところがない。結局、彼等の食物に慣れるまでは多くの努力と苦痛を経なければならぬ。（一九八二年）

確かにあまりにも異質の粗末な和食に多くの宣教師は辟易《へきえき》したようで、なかには病気になってインドへ逃げ帰ったヌネス神父のような人もいた。ただしザビエルは、さすが聖人だけあって、魂《アニマ》の浄化のために神が課された禁欲と苦行の試練とうけとめ、進んで食べていたらしいが……。

「酒飯論絵巻」室町時代，茶道資料館所蔵（『全集・日本の食文化』第７巻より）

フロイスの先の記述と違って、ここで三点セットが出てくるのは、ヴァリニャーノがナポリの生まれで、当時のイタリアはビザンチン帝国の影響をうけて早くからフォークを使用していたからである。なにしろティティアン、ヴェロネーゼ、ティントレット等がルネッサンス最後の栄光を輝かせて活躍していた時代のこと、ヴェネチアやローマで学んだ後、聖職者として当然貴族階級の華やかな宴会に招かれたこともあったに違いない。その彼の目から見ても、清潔で礼儀正しい日本人の箸食風景は賞讃に値したわけである。

というのも、当時すでに日本では銘々膳、銘々食器、銘々箸の配膳法が庶民階級を除いて確立していた。膳といってもヒノキの片木《へぎ》で作った角盆（折敷《おしき》）で、足のない平折敷、足打折敷、四隅を切った角《すみ》折敷、切らずに足付きのそば折敷などいろいろあったが、その上に料理を盛った銘々の椀や皿を載せて、各自で食べていたのである（図参照）。箸を使っていたから当然手が汚れることも、衣服や畳を汚すこともなかった。

これに対し当時の西洋では空間的同時展開方式といって、大きなテーブルの上にいろんな料理を山と盛った大皿がいくつか置かれ、それを皆が共用のナイフで争って切り取って食べていた。まるで獲物に群がってわれ先に喰いつくライオンの群れのような光景である。ライオンは口食だからそれでよいが、人間には取皿がいる。しかし銘々皿はなかった。昔はテーブルにくぼみがつけてあってそこに入れたが、そこでも小口に切ったため天板がすぐ傷んだので、この頃は、トランショワール（tranchoir 英語のトレンチャー〔trencher〕の語源）といって薄切りのパンを皿の代用にしていた。古くなった固いパンでもパンはパンだから、すぐに汁や脂でべちゃべちゃになる。手食だから指や袖口は汚れるし、使えなくなったトランショワールは骨や食滓《たべかす》と一緒に床に捨てられた。だから中世の宴会の絵によく見られるように、食卓の下には清掃屋としてのイヌがいたのである。

じつはこうした食習慣は、驚いたことに二〇世紀の前半までヨーロッパの田舎ではずっと続いていた。フランスの歴史学者ロベール・ミュシャンブレッドの『近代人の誕生』（一九九七年）によると、彼の曾祖父の時代（一九世紀中葉）、アルトワ地方の農村では、「各戸に真中をくりぬいた大きなテーブルがあって、そのくぼみに食べ物を流しこみ、個人用の食器に取り分けずにこれをみんなで突っついていた」という。

一九三五年にドイツで大々的な生活文化の調査が行なわれたが、「食卓の中央に置かれた大皿から

12世紀の食事風景．おこぼれを待つイヌ／パリ国立図書館所蔵（コズマン，1989年より）

みんなが一緒に食べますか」という質問項目に、北東部のポメルン（現在はポーランド領）の農村からは、次のような仰天するような回答がよせられた（南直人、一九九八年）。

約二十四年前私は以下のようなことを見た。ある農家での夕食（Krulles と呼ばれるゆでた皮付きジャガイモとにしん）のことであった。皆は大きな食卓のまわりに座っていた。食卓には黒ずんだ自家製の粗い亜麻のテーブルクロスがかかっていたが、その上には何も、皿もフォークもナイフもなかった。やがて娘がかまどにかかっていたジャガイモの鍋を持ってきた。食卓に座っている人びとがテーブルクロスの端を持って高く差し上げているあいだに、ジャガイモがその上にぶちまけられた。にしんは洗ったり皮

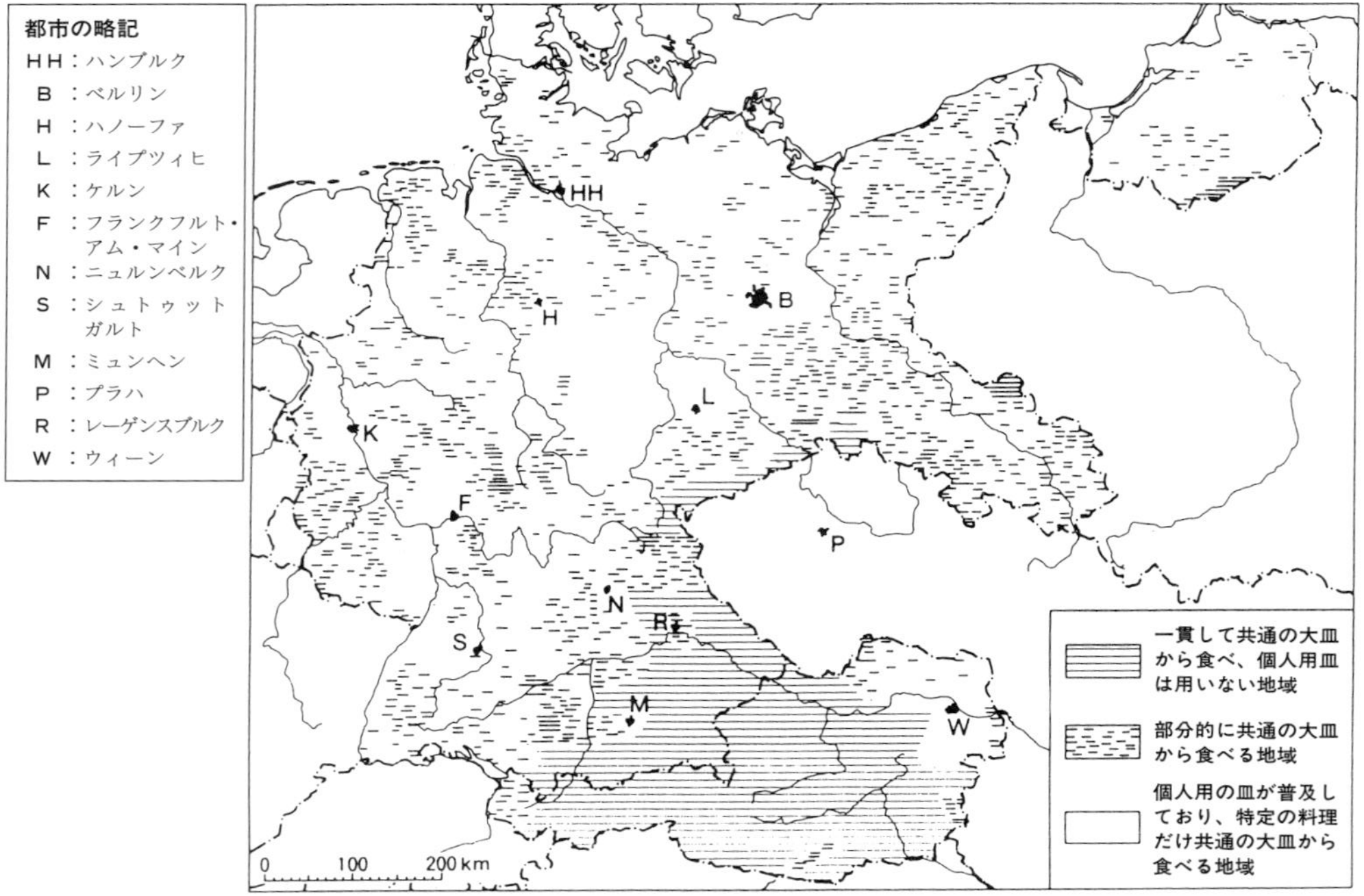

食べ方の分布図（南直人，1998年より）

をむいたりしないままその横に置かれ、ポケットナイフで食べた。

この調査結果は後に『ドイツ民俗学地図』として出版されたが、その中に、共通の大皿から食べる所、個人用の皿を使う所、その中間の所を示す貴重な分布図が載っている。原典を見ていないので南氏の同書から再掲させてもらおう（前ページ）。この地図を眺めていると、同じ空間の中での生活時間の多重性がよくわかるはずである。中世以来時間がほとんど流れず淀んだままの地域、急速に時間が流れる地帯、そしてその中間の地方というふうに。

食法に限っていうと、中世の日本は、一九三〇年代の先進工業国ドイツの大都市の時間位相に位置していたことになるだろう。

厳格、煩瑣な飲食法

西洋人を驚かせたのは、清潔な食べ方だけではなかった。ヴァリニャーノが「食事に関する作法についても、他の諸事に劣らぬ規則がある」と書いていたように、この頃の公家・武士階級の飲食法にはじつに厳格で煩瑣な慣例があった。

アビラ・ヒロンといえば、一五九四年から約二〇年間も長崎で暮らしていたスペインの商人だが、その見聞録『日本王国記』（一五九八〜一六一五年）に次のような食べ方の記述がある。

食べてゆくのにもやはり順序があって、どこからでも始めるわけにはゆかない。まず箸を片手でとって、これをそろえるために、さきを食卓〔膳〕の内がわにふれさせなければならない。ついで御器 Goqui を持ちあげ、飯を三口食べ、再びそれを食卓の内におくが、しかも他の場所においてはいけない。それから汁 Xiro もしくは煮込汁《カスエラ》の小椀 Coan をとりあげて、一口飲んだらそれを元に返し、御器 Goqui に帰って、これを取りあげて飯を二た口食べ、それを再び下において小椀 Coan をとりあげ、汁 Xiro を一と口か二た口して、それから三度目の飯の御器 Goqui をとり、ただ一と口だけ食べなければならないが、この時になれば、もしお望みなら、汁 Xiro を吸うなり、あちこちと箸を移さざるを得ない他のものを食べるなり、もうこの上は食べられない、あるいはもう食べるものがないというまでは、つづけてもかまわないのである。（一九七三年）

これには少し注釈が必要だろう。『日葡辞書』（一六〇三年）によると、御器《ごき》とは「飯を盛って食べる木製の椀」とされ、小椀には「酒を飲むための真ん中の笠〔木製の小さな椀〕」とある。しかしここでは汁物を入れる小型の椀をいうのだろう。ヒロンのこの記述は、たとえば小笠原政清の『食物服用之巻』（一五〇四年）の次の作法と必ずしも一致しない。

一食まいり候しあはせのこと。左の手にてはしをとりあげ右の手にまづもち。これにみやうあり。女房若衆は右にてとるべし。くでん。さて食椀をとりあげ。食を一くちまいり。しるをとりあげ。みばかりをまづまいりをくなり。又食をまいり。汁をとりあげ。しるをすい。みをまいるべし。

しかし、室町時代以降の諸作法書（たとえば『今川大双紙』、『宗五大草紙』、『礼容筆粋』等）によってずいぶんと違いがあるから、時代により流派によって仕来りが異なっていたのだろう。いずれにしても、手でむしゃむしゃやっていた西洋人の目にはなんとも七面倒で驚異的な食事の仕方と映ったのは確かである。

次に酒の飲み方に移ろう。ジョアン・ロドリーゲスの『日本教会史』（一六二〇年以後）によると、なにしろ盃事は、栄誉、敬意、友情、誓い等々を示す重要な儀式だったから、身分、格式、時、所、情況に応じて五種類の盃が使い分けられ、その並べ方にも三つ星、五つ星等々があって、どのような順序で盃をとるかも厳格に決められていた。たとえば小笠流の三つ星（手前を頂点とした三角形の配置）ではまず手前の盃を最初にとり、ついで右向こう、最後に左向こうをとるのが作法とされていた。

しかし主人から勧められたからといってすぐに飲んではならない。ヒロンは次のように書いている。盃と酒を運んできた小姓が、主人の合図があると、

盃を持って客人の前へ行ってひざまずいて、相手に盃を出すのだが、この場合客人がたとえこの家の主《あるじ》と同じくらいか、あるいはそれ以上の身分であっても、そのまま飲むわけにはゆかない。それより、盃を持ってこられ

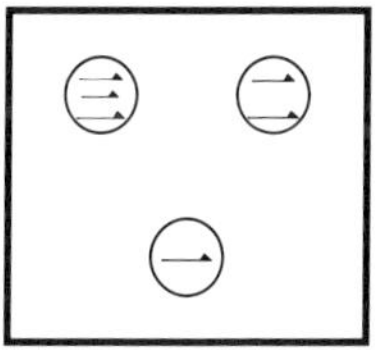

三つ星

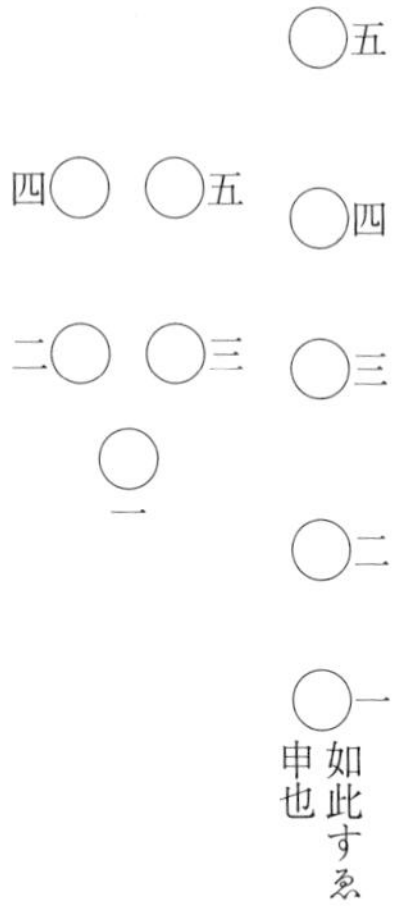

藤の花呑み

たままの食卓ごと持って、これを頭の上へおしいただいて再びそれを下へおろしてから小姓に渡し、そしてこれをご主人へ運ぶようにと言うのである。それで、もう一度それが己のところへ運ばれて来ても、断じてそれを先に飲んではいけない。この家の主人、これを一人の殿だと仮定して、これが飲み終えたら、盃を受け、まず手を頭の上にいただき、今度はそれを畳 Tatamis の上におろし、盃だけを手に取り、再びそれを頭の上におしいただき、ついでそれに唇をふれて、それから膳の外の畳の上におく。そして両手のひらを畳の上について、殿 Thono に向かっておじぎをし、それから盃を取って、再び頭の上におしいただき、酒を受けて、殿を見守りながら、「食べまるする」Tabe marsuru と言うのであるが、これはわたくしは飲みますという意味である。すると相手は「お召しゃれ」Omexare とか「おきこし召しゃれ」Oqui cox mexare と答える。

こうなるとなんともややこしい縟礼《じょくれい》の極みともいえる空疎な形式主義に陥っているが、しかし一つ間違うと無礼者ということで白刃が舞うこともあったのである。盃事のコードに従う身体の振る舞いが、礼節、忠誠、信義といった抽象観念の表示記号となっていたことがわかるだろう。

さらに『食物服用之巻』によると、酒の曲呑みといって、一露《ひとつゆ》呑み、一文字呑み、滝呑み、鶯呑み、藤の花呑みという曲芸的飲み方まであった。手や柄杓で掬ってそのまま飲むか、壺からラッパ呑みしていたポルトガル人を、南からきた野蛮人、つまり南蛮人と種子島の人々が思ったのも無理はなかったわけである。

西洋のテーブルマナー

津田塾大学の創立者、津田梅子はその長い滞米経験の知識を生かして、明治三四（一九〇一）年のある雑誌に「泰西礼法」という文章を発表している。その中の饗応に招かれた時の心得の条をみると、食堂に入る順序、席のつき方から始まって、ナプキンの扱い方、スープの喫《いただ》き方、麵麭《パン》の食べ方、肉類の食べ方、食べ終えた後の食刀《ナイフ》と食叉《フォーク》の置き方、魚の肉、オムレツなどの食刀を用いない料理の食べ方等々が箇条書きで簡潔に説明されている。食刀や食叉という表現も面白いが、スープを喫《いただ》くのに幼児のように手を曲げて食匙《スプーン》を縦にして先から吸ってはならない、横から喫《いただ》くのだなどと手取り足取り（というより口取りというべきか）親切に教示してくれている。

文明開化以来、西洋人に侮られないためにどれほど涙ぐましい努力を当時の女性がしたかが偲ばれて興味深い。いや、第二次大戦後になっても女子大では卒業間近になると、フランス料理のマナーを習うためわざわざホテルで講習会を開いたほどである。西洋のテーブルマナーに通じていることが、近代的なレディの表示記号とされた。約四〇〇年ほどの間に事態はすっかりひっくりかえってしまったわけである。

というのも、日本で煩瑣な形式主義がはびこっていたキリシタンの時代、西洋ではまだテーブルマナーが確立せず、乱雑で不潔で猥雑ともいえる無秩序な食事光景が展開されていたからである。そこでその頃までの西洋の食べ方について、簡単に駆け足で見ておこう。

グレコ・ロマンの伝統

周知のように古代ギリシア・ローマでは、男性は臥台に横になって低いテーブルから手で食べていた。この臥宴の風習はどうやら中近東の特にアラム族の習慣からきたらしい。アシュルバニパル王が妃と戦勝の盃をあげている前七世紀のレリーフがニニベで発見されているが、これが西方での最初の臥宴図とされている。

ギリシアの食事ではナイフが使われていたが、横になって使用するのは不便だったので大体が手摑みだったらしい。奇書『食卓の賢人たち』(二~三世紀頃)を書いたギリシア人アテナイオスによると、熱いものでも平気でとれるようにとキュテラの詩人ピロクセノスは、浴場で人目を憚らず手を熱い湯の中に突っこんだり、熱い湯で嗽《うがい》をして鍛えていた。湯気のたつ料理でも人より早く食べるためにで

勝利の祝杯をあげるアシュルバニパル王夫妻／ニニベ出土，
前７世紀，大英博物館所蔵（グーラリエ，1994年より）

ある。なかには美食家で知られたピテュロスのように指サックを使ったり、薄い膜で作った舌覆いを携帯し、「本当に楽しみたい時にそなえて舌を大事にとっておくように、ふだんはそれで舌をくるみ」、食後には、干した魚の皮でそれを磨いていた奇人までいた。指と舌は防護できても、咽喉に火ぶくれができなかったかどうかまでは、さすがのアテナイオスも記してくれていない。

ギリシアの臥台には一人用のものには低い背もたれがあってクッションが置かれていたので、横になってても必要なら両手を使えたが、ローマでは臥台の上で片肘をついて身体を起こしていたので、ナイフを使うには不便だった。そこで肉を適当な大きさに切って出さねばならなかったから、肉の切り分け術が主人の重要な役目とされた。貴族の子弟にはそれを専門に教える学校まであったほどである。むろん王侯の宴会では肉切り役《カーバー》がいたが、一家の主人《ホスト》が肉を切り分けて客に配分することは、気前のよさ《ホスピタリティ》を示す象徴的行為として、手食の伝統と共に西洋では後にまで長く続くこととなった。

だが、臥食の習慣の方はしだいに廃れて、カロリング朝末から一〇世紀頃にかけて椅子食になってしまった。その理由は、地面に坐って坐食していた《野蛮な》——当時の表現によれば——ゲルマン民族が、ローマ版図に侵入し、遂には帝国を滅ぼしてしまった結果らしい。だから、メロビング朝時代にはまだ臥食と椅子食が混在していた。

ただしこれには異説もあって、ローマ時代椅子に腰かけて食べていたウーマン・パワーが秩序の崩壊につれて強くなってきたからだとか、丸焼き肉を食べるのに椅子食の方が好都合だったせいだとか、あるいはキリスト教の影響力が浸透して主教座《カテドラ》に坐っていた司教を真似しはじめたせいだとか、いろいろ唱えられているが、真相はよくわからない。

わからないけれども、のんびりゆったり寝そべって食べる姿勢から椅子食、しばしば立食への移行は、ローマの平和《パックス・ロマーナ》に支配された世界から、戦争と動乱に明け暮れ、野蛮と暴力が支配していた世界への変化を物語るものだろう。一旦緩急あればすぐに武器をとって応戦できなければならなかったのだから。

一二世紀頃まで各地で群雄割拠する領主の主な収入源は戦争による戦利品、農民や商人からの掠奪、通行人を襲っての強奪だったのである。「大体どこへ行っても城主は相変わらず残忍で、強盗を生業とする猪武者である。彼らは戦いに出かけたり、馬上試合に出場したり、平和時には猟に興じ、浪費で財産を使い果たし、農民をいじめ、近隣の者たちをゆすり、教会領を荒らしまわった」とは、一二世紀末のフランスについてのある記録だった。当然、狩の獲物の丸焼きにかぶりつき、大食で大酒飲みの粗放な荒武者が騎士の理想とされた。

これもフランス一二世紀初頭の武勲詩『ギョームの歌』では、「大きなイノシシの腿肉を食べ、一スチエ〔半リットル余〕の酒を二度で飲みほした」年若きジラールが理想の勇者として褒め称えられていた。

不潔な食事風景

ところがほぼ同じ頃から、当時のこうしたテーブルマナーに対する諷刺や批判が徐々に芽生えてくる。たとえばフランスでは早くも一二世紀にサン＝ヴィクトールのユーグが『新しい教育について』の中で、粗野な食べ方を揶揄《やゆ》しているし、一三世紀の有名な『バラ物語』ではこう歌われていた。「指をソースで関節のところまで汚されるな。唇に脂、スープ、にんにくの匂いを残されるな。肉片を山のように積んで、口に一杯つめこみ召さるな」と。以後、たとえばドイツではタンホイザーの『宮廷礼式』（一三世紀）、フランスではラテン語の韻文『食卓での振る舞い』（一四世紀）、イギリスではジョン・ラッセルの『養育書』（一五世紀）、イタリアではデルラ・カーサの『ガラテオ』、オランダではエラスムスの『少年礼儀作法』（共に一六世紀）といった多くの礼儀作法書が続々と書かれ、上流階級の必読の書として流行した。《野性の馴化》が始まったのである。

それらを読むとじつに面白い。驚くほどたくさんの注意、禁止、違反事項がでてくるからである。犯罪者が犯罪取締り法を作るという逆説を用いると、これらの作法書を作ったのは、現実に世間に充満していた不作法な所業だった。

そこで、よく引用されるノルベルト・エリアスの『文明化の過程』(一九七七―七八)に主に依拠しながら、ルネッサンス期の西洋の食事風景を裏読みで再現してみよう。

まず宴会に招かれたら「念入りに爪を切り、爪垢を取り除いておけ。必ず手を洗っておかねばならぬ」という注意がある。ということは手も洗わず、爪垢で真黒な手が何本もあちこちから大皿に伸びてきたことになる。スープは深鉢に入れて順番に会食者のところに回ってきたが、「スープ鉢を奪い取って狂ったようにがぶ飲みする人もいるが、スープ鉢から直接飲むのは無作法」とされた。スプーンを使って飲むのが上品とされたわけだが、ところが自分の口をつけたスプーンを拭かずにスープ鉢に入れて次に送ったり、なかには熱いので口に入れたスープを慌てて鉢に吐きだして平気で次に回す人もいた。

そうするなという禁令があるのだから間違いはない。

スープだけではなかった。「パン切れを齧みちぎって、それを鉢に突っこむ人」、「骨をしゃぶってしまってから又鉢に戻す人」がいるが、上品な人は慎しまねばならない、と忠告されている。一六七二年になっても、「昔は食べきれないものは、巧みにやりさえすれば、口から出して地面に捨ててもよかった。今日ではそれは非常に下品な振る舞いである」（アントワーヌ・ド・クルタン『新礼儀作法論』）とあるから、この頃でもまだ骨や食べ残しは床に捨てることがあったのだろう。

「テーブルの上に唾を吐いてはならない」、「食卓ごしに唾を吐くな」という禁令まであるから、ときにはテーブルの向こうから唾や手洟《てばな》がとんできたらしい。一六世紀頃ハンカチはまだ普及せず、手洟をかむかテーブルクロスや自分の服の袖で洟をかんでいたのである。なかには「飲み物を脂で汚さないように、飲む前に口をふかねばならない」、「食事中にナイフで歯をせせってはならない」、「手を耳の中に突っこんだり、目をこすったり、鼻糞をほじくったりするな」という注意事項まであった。ということは皆がやっていたわけである。

なかでも、「食卓の上に寝そべるな」とか「食事中放屁してはならない」という面白い禁止事項まであった。後の件については、ペトロニウスの『サチュリコン』（一世紀）にも出ていた話で、クラウディウス帝は、「慎しみぶかさから我慢して生命の危険に瀕するよりも、酒宴のさい、音なしの屁も音たての屁も放って差支えなしという勅令」を出そうか出すまいかと苦慮した、と伝記作者のスエトニウスは伝えている。結局クラウディウスは放屁許可の法令を出した歴史上唯一の皇帝になったが、しかし古代ローマのおならの神クレピトゥスへの篤い崇拝は一六世紀まで続いた。この世紀初めの哲学者で詩人、メラン・ド・サン・ジュレはつい先頃まで「人々は大して気にもせずに食卓で放屁し、ナプキンで洟をかんだ」と述べていたし、偉大なユマニスト、エラスムスは一五三〇年に「昔の諺にあるように、咳払いによってごまかすとよい」と、カムフラージュ法を推奨していたのである。

そのエラスムと並び称されるユマニスト、ミシェル・ド・モンテーニュも食べ方はあまり上品ではなかったらしい。『エセ』（一五八〇〜八八年）の中でこういっていた。「私はテーブルクロスなしでも食事をするが、ドイツ式に、白いナプキンなしでは大いに困る。私はドイツ人やイタリア人以上にナプキンを汚す。スプーンやフォークはほとんど使わない。……私のようにがつがつ食うのは、健康を害し、食事の楽しみまで損う上に、みっともない。私は急いで食べるので、しばしば舌を嚙む。時には指を嚙むこともある」。

同時代の日本とは対照的なこうした不潔極まりない食卓風景は、しかも一八世紀まで続いた。たとえば一六二四年、オーストリア帝国は若い将校向けに宴会で遵守すべき規則を布告したが、そこにはこう書かれていた。「きちんとした服装で出席すること、なま酔いの状態でやってこないこと、一切れ食べるごとに飲まないこと、飲むまえに口髭と口をきれいに拭うこと、指を嘗めないこと、皿に痰を吐かないこと、テーブルクロスで洟をかまないこと……」等々、これではまるで幼児に対する躾けの訓戒である。さらに一七二七年以降何度か重版が出て世紀末まで非常によく読まれたジャン＝バプチスト・ド・ラ・サルの『キリスト教徒礼儀作法集』にもエリアスによると次のような注意、禁止事項がのっていた。

ナプキンを自分の顔をふくのに使うのは無作法である。ナプキンで歯をこするのはもっと悪いし、洟をかむのに使うのは、礼儀に反する最も下品な過ちである。……スプーン、フォーク、ナイフがよごれたとき、あるいはそれらに脂がついたとき、それをなめるのはとても下品である。これらのもの、またはその他のものをテーブルクロスでふくことは決して上品とはいえない。……指をなめること、肉を手でつかんで口に運ぶこと、指でソースを掻きまぜること、またはソースの中へパンをフォークにさして浸し、それを吸うこと、これらほど不潔なことはない。

その不潔で下品で無作法な食べ方を当時の人々がやっていなければ、何もこうした礼儀作法書の必要はなかったことだろう。もっとも一八世紀後葉にド・ラ・サルのこの本を主に読んだのは、市民階級《ブルジョアジー》だったと思われる。というのもこの頃のフランスの男女平均識字率は大体四〇％前後で、一六世紀の約三倍に達していた。貴族階級の礼儀作法を真似て社会的地位を高めようとブルジョアジーは努力し、三点セットも食卓にほぼ揃えていたわけだが、つい旧習が出て思わず食指を動かす人々が多かったのだろう。

「ヨーロッパでは、一五世紀ないし一六世紀以前においては、真にその名にふさわしい贅沢な食事などは、あるいはこういいたければ洗練された食事などは、なかったのである。西欧はこの点で、《旧世界》の他の諸文明より遅れていた」と、歴史学者のフェルナン・ブローデルはいっている。だがこと食法に関するかぎり、一八世紀までと訂正しても過言ではないのではなかろうか。

ついでにここで、食べた後の始末問題についても一瞥しておこう。暴露趣味的な糞尿譚的興味《スカトロジック》からではなく、日欧文化の対照をきわだたせておくためである。

人間は毎日何かを飲んだり食べたりしなければ生きてゆけない。しかし上の口から食物を取り入れたら、その残滓を必ず下の口から排泄しなければならない。なにしろ人生八〇年としてその間に排泄する液体は少なく見積っても四〇キロリットル、固体は五~六トンにもなるのだから。従来の経済学は財《グッズ》の生産過程だけを重視して、同時に生産される負の財《バッズ》の廃棄過程を無視し、その結果すさまじい自然破壊と環境汚染を惹起したが、ことは食文化学でも同様である。廃棄物の処理過程をも視野に入れなければ、やがて起こる食糧危機問題を無視するのと同様、片手落ちになってしまうだろう。なにしろひどい便秘が続くと糞石ができて腸閉塞が起こるし、おしっこが出ないとたちまち尿毒症にかかって死んでしまうのだから。生命体が一定期間エントロピーの流れに抗して生きていられるのは、環境生態学が教えるように、低エントロピー資源を体内に投入して高エントロピー資源を投出するという代謝作用を積極的に開放循環系のなかで行なっているからこそなのである。

臭い話で恐縮だが、一六世紀後半の西洋では上の開口部からの投入同様、下の開口部からの投出も不潔極まりないものだった。エリアスによると、次のような驚くべき規定があちこちの宮廷で掲示されていた。

ヴェルニゲロード宮廷規約（一五七〇年）

何人といえども、宮廷やしつけのよい立派な家庭に出入したこともない野人のように、臆面もなく何の恥じらいもなしに、婦人の居間や宮廷内のその他の室の戸口や窓の前で、用便をするようなことがあってはならない。時と場所を問わず、各人が分別ある身だしなみの良い、きちんとした言葉や態度で振舞わねばならない。

ブラウンシュヴァイク宮廷規約（一五八九年）

何人であろうと食事中とか食事の前後とかを問わず、夜でも朝でも踊り場、階段、廊下、室などを尿やその他不潔なものでよごしてはならない。用便の際には、規定の適切な場所に赴くこと。

ローマ時代には立派なトイレがあったのに、この頃のヨーロッパの宮廷にはちゃんとした設備がなく、着飾った貴婦人も平気でその辺で用を足していたのである。ベルギーの歴史家で作家、ジャン゠クロード・ボローニュはその『羞恥の歴史』（一九八六年）でフランスについてこう書いている。

一五七八年、アンリ三世は胸が悪くなって彼の住居を毎日自分の起床前に清掃するようにと命令する。一六〇六年にはアンリ四世がサン゠ジェルマンの宮廷において場違いな時に排泄することを一切禁止する。この王令が出されたまさにその日、王太子が自分の部屋の壁に小便をかけているところを発見される。ルイ十四世はヴェルサイユ宮やルーヴル宮、フォンテーヌブローの城に溢れる糞の山から逃れるただ一つの策しか思い当たらない。巡回宮廷という古い慣習を復活させて毎月引越しをし、一つの城を汚している間にもう一つを洗わせるようにしたのである。(一九九六年)。

そういえばヴェルサイユ宮殿にトイレがあったかなかったかで、一時大論争が起こったが、結局少数ながら設置されていたことが判明した。しかし大多数の貴顕貴女は使わなかった。あの広大な庭園の幾何学的構図は、所用中の姿を隠す死角を作るための植樹配置になっているという説がある。

艶笑作家ブラントームによると、フランソワ一世(在位一五一五〜四七年)がある愛人の家に行った時、事を済ますと尿意を催して暖炉にしゃあしゃあ滝を流した。哀れにもそこにボニヴェ提督が木の葉に埋れて潜んでいた。国王の来臨を知って慌ててそこに身を隠したのである。「国王は用を足すと夫人に別れを告げて部屋を出ていった。夫人は後ろ手にドアを閉めると、恋人をベッドに呼び、火をたいて温めると、白いシャツを着せた」と伝えられている。

ルイ一四世の弟、オルレアン公夫人パラチナ妃はドイツ生まれのあけすけな性格でスカトロジックな手紙を書いたことで有名だが、叔母のハノーヴァー選挙侯夫人にあててこんな文書をだしていた。「世界は糞垂れに満ち、フォンテーヌブローの通りは全てうんこだらけです。……私達のうんこするのが誰にでも見えるのです。男も通れば女も通り、女の子も男の子も通り、神父もスイス人傭兵も通るのです」（ボローニュ）。彼女は戸外で通行人の見る中で裾をまくり上げていたわけだが、その彼女も時々黄金の液体の洗礼をうけたらしい。

というのもこの頃まで、パリは外国の旅行者から「うんことおしっこの都」と評され、パリの古名ルテチア（Lutetia）は泥を意味するラテン語のルトム（lutum）からきたとまでいわれていた（むろんインチキ語源説だが）。各戸にトイレがなかったので、人々は夜間に使用した御虎子《おまる》や溲瓶《しびん》の中身を朝になると窓から捨てていたのである。当時の街路は真中が低くなってそこに雨水が流れるようになっていたが、その上に毎日糞尿が積もっていって時には馬車が動けなくなるほどだった。動物の死骸や塵芥《ごみ》も一緒に捨てられ、冬の間はまだしも悪臭だけだったが、夏にはすべてが腐敗して乾燥するともうもうと埃が舞い上がって目もあけていられない様だった。町中でも男も女も平気で、まるでイヌのテリトリー主張のように、大小の香料をまき散らしていた。レンブラントも木蔭で放尿するうら若い女性の姿をスケッチしている。中世以来一七世紀頃まで、西洋の都市は大体どこもかしこも似たりよったりの情景

黄金の液体の洗礼を浴びる聖職者／中世の版画（モネスティエ，1999年より）

が見られたのである。

食物の摂取も排出も自然の欲求のままに充足させていた西洋に比べて、日本はどうだったろうか。すでに平城京の西大寺や長屋王邸には川屋（厠）、つまり水洗式トイレがあったし、平安時代の﨟《ろう》たけた女性たちは漆塗りの御虎子《おまる》に白砂を敷いて、時には香を燻《くゆ》らせて用をたしていた（平安期の文献を再調査していないので申しわけないが、確か谷崎潤一郎がどこかで書いていたと記憶する）。もっとも鎌倉時代の『餓鬼草紙』では、わざわざ高下駄をはいて道端で野糞をたれる庶民の姿が描かれていたが。

時代や階級によってさまざまだったにしても、日欧では廃棄物処理の根本思想が違っていた。というのも、たとえばパリでは、大変な労働力と経費《コスト》を費やして時々街路を清掃し、それを郊外の屎尿処理場まで運び、腐敗・乾燥させて運びやすくした上で船にのせてセーヌ川を下り海まで捨てにいっていた。ロンドンでも一四世紀頃からテムズ河を使って同じような処理法を行なっていたらしい。

ところが日本では安土桃山時代に廃棄物を自然循環過程に帰すシステムがすでに成立していた。既出の『日欧文化比較』でフロイスはこういっている。「われわれは糞尿を取り去る人に金を払う。日本ではそれを買い、米と金を支払う」（二一―21）。つまり排泄→汲み取り→肥溜めでの分解・熟成→有機肥料としての畑での散布→畑作物→食料という生態学的循環経済が機能していたわけである。だから当時の世界の巨大都市だった大坂や後の江戸では、パリやロンドンと違って糞尿汚染問題はほぼ解決されていた。人糞は高価に取引きされ、京都には糞座という組合まであって、公家や花街の出物と庶民のものとでは原材料の質が違うので値段も違ったといわれている。曲亭馬琴も目撃してびっくりしたように、京女の立小便は有名だが、西洋と違うところは、辻々におかれた小便桶で用をたして、廃品回収に協力していたことである。この桶をおく権利にも所場《しょば》代が絡んでいたらしい。

　むろん西洋では三圃《さんぽ》農法を実施していたので、家畜肥料だけで間に合ったという事情があったかも知れない。が、それだけではないだろう。自分たちの出したうんこやおしっこを人肥として活用することなど夢にも思わず、最終的には人為的に処分していたところに、自然との断絶と人間中心主義《アントロポサントリスム》が透けて見えるのである。東洋でのように、厠の下でブタを飼ったり（中国）、魚を飼ったり（東南アジア）する、食物連鎖を通じての人間と動物との共生が切断されていたわけだから。

　不潔極まりない食事や排泄情景にも、同じ人間中心主義、というよりその根底にある自己中心主義的《エゴサントリック》な思想が読みとれる。というのも、自分たちだけが神の霊的本質を分有する真の理性的存在と考えていた当時の西洋人にとって、人間は自分の自然、つまり生命の維持のために自分の欲するままにその力を用いる自由が、絶対的権原として神から与えられていると信じていた。だからこの自然権の行使は善であり、自由を阻害するものは何であれ悪であろう。だがこの無数の自由権の行使は結果として無数の力の衝突となり、不断の戦争状態を惹起するだろう。ホッブズがいったように、「社会状態《シヴィル・ステイツ》のそとには、つねに各人対各人の戦争が存在する」（『リヴァイアサン』一六五一年）からである。「人間は人間にとっての狼である（homo homini lupus）」という自然状態を脱却するには、人間の内なる自然をも制限して契約による市民《シヴィル》社会を構築しなければならない。ちょうど、日欧の接触のあった頃からしきりに礼儀作法書が書かれ、清潔と不潔、上品と下品、優雅と野卑といった二項対立的な記号論的弁別が説かれたのも、こうした思想と心性の変化を物語っていた。自然状態の文明化作用《シヴィリゼーション》が始まったのである。ホッブズが政治思想で行なったことを一世紀早くエラスムスは身体技法で行なっていたわけである。

これに対し早くから煩瑣、縟礼ともいえる食作法を作りあげていた日本では、しかしその目的は自然の支配にではなく、自然の尊重の方向に向かっていた。型にはまった所作も、その人工の極致において、自然と合体し、そこに復帰することを目指していたのだから。このことは、芸の極みを花で象徴した世阿弥から、「松の事は松に習へ」といった芭蕉まで、一貫して流れる日本独特の思想だったのである。だがこの点については追々詳しく述べることにしよう。

第二章

食べ方の文化記号論

種子島の人々がポルトガル人の手食・抔飲《ほういん》する様子をみて南方の野蛮人だと思い、その本国のヨーロッパでもルネッサンス期を中心に従来の食べ方は下品で不潔で礼節を弁《わきま》えない粗野な人間のやり方だとして、批判・矯正されるようになってきた。とすれば、どうやって食べるかは記号として何かを意味しているに違いない。そこで、先に述べた食法の基本的な三形態について、それぞれの文化記号論的な意味を問うてみることにしよう。

口食

馬食といえば、ふつう牛飲馬食といわれるように暴飲暴食を意味するが、これにはまた馬のように直接口で食べるという意味もあり、日本では犬食《いぬぐ》いと共に悪しき食べ方として嫌悪されてきた。

一四世紀以降、世界各地で少なくとも三〇例ほどのいわゆる野生児の記録があるが、二〇世紀前半にインドのミドナプルで発見された狼少女、アマラとカマラは、当初四つん這いで歩き、生肉をいきなり直接に口で食べ、イヌのように舌でぴちゃぴちゃ水を舐めて飲んでいたそうである。したがって口食は端的に動物性を表示するので、先にあげた西洋の礼儀作法書でも、「動物のように食べるな」という禁止条項がたくさん記載されていた。エリアス（前掲書）からいくつか紹介しておこう。

「食事中あざらしのように鼻息を吐くな」、「鉢の上にかぶさるようにして、豚のような食べ方をし、不潔にも口でびちゃびちゃと、音を立てながら食べるな」（共にタンホイザー）とか、「鮭のように息を吹きかけ、穴熊のように鼻を鳴らすのは下品」（ダ・リヴァ）、「席についたらすぐに鉢に手を出す人が多いが、これは狼のすることである」（エラスムス）、「犬がするように、だらしなく、骨をかじるようなことをしてはいけない」（カルヴィヤック）等々。サケの鼻息が荒いのかどうかは知らないが、この頃北欧からフランス辺りまで季節になるといっぱいサケが遡上してきて、くる日もくる日も鮭料理、鮭塗《まみ》れで人々はうんざりしていたという記録が残っている。

いずれにしても人間は、洋の東西を問わず動物でありながら、いやまさにそのゆえに自分の中の動物性を嫌悪し、忌避し、できるだけ動物性を拒否して動物でなくなろうとする奇妙な動物だったわけである。だがそのためにも、食べるという動物性を発揮しなければ生きてゆけない。

口食する人間

というのも、人間はあくまで哺乳動物だからである。産まれるや否や、他の哺乳類の赤んぼう同様、誰しも母親の乳房にしがみついたはずである。特に人間は胎児状態で産まれ授乳期間が他の動物より長いから、それだけ口飲の期間も長い。いや、母乳の出が悪くて、人工的な哺乳瓶から飲んだといっても駄目である。供給源は変わっても、直接口をつけて飲んだことには変わりはないのだから。

それだけではない。離乳期に入ると、海鳥がよくやるように、一旦両親がよく嚙み砕いたものを口移しで食べさせる例がしばしば見うけられるし、大人になっても山に登ったりすると、泉や清水の水を直接口をつけて飲むことがあるだろう。小学校の運動会ではわざわざ両手を縛ってパン食い競走まででしているではないか。西洋でも聖餅《ホスチア》は口で受けるし、先の礼儀作法集にも、「スープの深皿に直接口をつけて食べるな」というのがあった。裏読みすると、食器からじかに口食していたことになる。ここでスープを飲むとはいわないで食べると書かれていたのは、現在でもフランス語では manger de la soupe といい、英語でも、eat soup といって、boire de la soupe とも drink soup ともいわない。当時のスープは現在と違って、中に具のたくさん入った一種のラグー（シチュー）だったからである。

ついでにいっておくと、一六世紀の日本でも汁と吸物とは別物だった。前者は「中に何か食物の入っている日本のスープ」、後者は「酒を飲ませるために、あるいは歓待するために供する肴であって汁と一緒に煮たもの、添物（soimono）」と、『日葡辞書』にはある。江戸初期の『料理物語』でも、汁の部と吸物の部が分けて書かれているが、汁はあくまで米飯の副菜であり、吸物は酒の肴（酒菜《さかな》）だったのである。

それはともかく、人間誰しもが一度は通過した口食期を後になって拒否するのは、それが動物性を指示する上に、さらに幼児性を記号化しているからだろう。というよりむしろ西洋では幼児は動物と同一視されていた。一七世紀初期のジャコビアン時代のある著述家は「子供とは何か、人間の姿をした野獣ではないか」と書き、ジョン・ムーアにとって幼児語は「きわめて利口な野獣が互いにかわす声とさして変わらない」(一六一七年) ものだった。だから近世西洋では子供は存在しないも同然だった。「子供たちは、母親ないし乳母の介助が要らないと見なされるとただちに、すなわち遅い離乳の後何年もしないうちに、七歳位になるとすぐに大人たちと一緒にされていた」(アリエス『子供の誕生』一九八九年) のである。口食が幼児＝動物の記号だったとすれば、立派な大人＝人間の象徴は手食だったわけである。だがそのためには、手が解放されていなければならなかった。

手　食

現在のところ最古の人類の祖先は約九五〇万年前のサンブルピテクスだが、これは類人猿との共通の祖先らしく、直立歩行していたかどうかは不明である。二足歩行した最初の人類の祖先は約四四〇万年前のラミダス猿人とされている。以後、三〇〇〜二〇〇万年前の間には確実に石器を製作し、約一〇〇万年前には火を使用していた。古くはエンゲルスが論文「猿が人間化するにあたっての労働の役割」(一八七六年) で書いたように、手が自由になることは、人類にとって決定的な第一歩だった。手が解放されたことで脳と言語が累乗的に発達してきたからである。四世紀の終わりにすでにニュッサのグレゴリウスはその『人間創造論』の中でこういっている。

もし人間が手をもっていなかったなら、顔の諸部分は四足獣におけるように、人間が自身を養えるように形づくられたことであろう。草を引き抜くために、顔は細長い形をとり、突き出して、角化した固く厚い唇をもち、鼻孔の辺で細くなったことであろう。歯で食物をこねるために、人間は歯のあいだに今あるのとは全く異なった舌を、肉の厚い強靭でざらざらした舌をもったことだろう。歯間のまんなかへ食物を流してやる、イヌや他の食肉類の舌のように、その舌は湿っていて、食物を一方へ移してやることができただろう。体に手がなかったらどうして体内で分節ある音声がつくられたであろうか。また口をとりまく部分の構造も、言語活動の必要に適さなかっただろう。その場合人間は、ウシやロバのようにないたり叫び声をあげたり、いなないたり叫んだりするか、野獣のように吠え声を聞かせたことだろう。（ルロワ＝グーラン、一九九二年）

昔は皆手食だった

ところで、現在世界の食法は、手食圏がおよそ総人口の四四％、あとの食具食のうち、箸食と三点セット食圏がそれぞれ二八％ずつとなっている。むろんこの中には既述のように混合・移行形態が見られるが。

しかしいうまでもなく昔は全人類が手で食べていた。ヨーロッパについては既に述べたから日本についていうと、『魏志倭人伝』（三世紀）に「食飲には籩豆《へんとう》（高杯《たかつき》の一種）を用い手食す」とある。また『隋書倭国伝』（七世紀）に「俗、盤俎《ばんそ》（皿、俎板《まないた》）なく藉《し》くに槲《かし》の葉を以てし、食するに手を用《も》ってこれを餔《くら》う」と誌されている。日本は世界で一番早くおよそ一万六五〇〇年前にすでに土器を製作していたのにおかしいと思われるかも知れないが、しかし『古事記』に「大御酒《おおみき》の柏を握《と》らして」とか、「八十膳夫《やそかしわで》を設《ま》けて」とあるから、古代にカシワの葉を食器に用いていたことは疑いがないだろう。

膳司を「かしはでのつかさ」と、膳殿を「かしはどの」と後世まで呼び慣わしていたのもその名残りである。神社に詣でるとき手をうつ柏手《かしわで》（拍手）も膳夫が打つ手からきたともいわれている。その意味で新芽が出ないと古葉が落ちないので、縁起をかついで端午の節句に食べる柏餅はある程度古形を残しているといえるかもしれない。ニワトリの異名、「かしわ」の方は、これは羽根の色が茶褐色でカシワの葉色に似ているからだそうである。

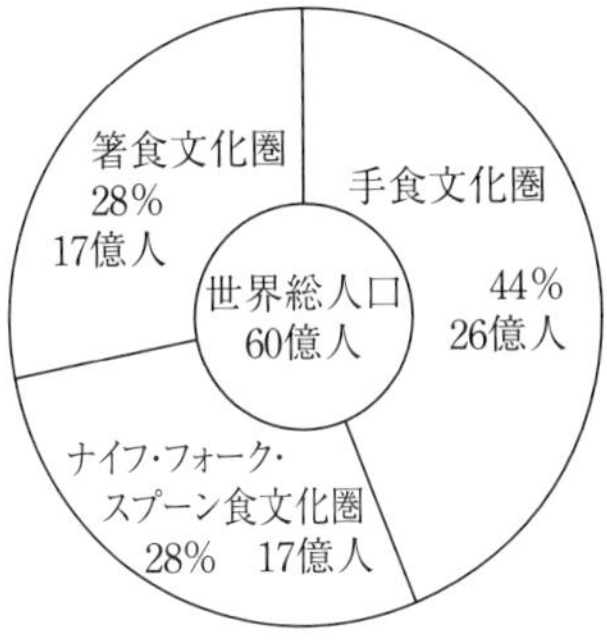

世界の三大食法

一方、倭人を手食する蛮族だと軽蔑していた中国ではどうだったろうか。諸家の考証によると『韓非子』（前二世紀）や司馬遷の『史記』（一世紀）には、殷（商）朝最後の王で、酒池肉林に耽り、悪王の名をほしいままにした紂《ちゅう》が、象牙の箸を作らせた記録（「紂始為象箸」）がある。この点は後で詳しく述べるが、しかし同じ殷の時代（前一七〇〇〜一一〇〇年頃）の青銅器に、二人の人物が器に盛った稲粱《とうりょう》（コメとアワ）を左右から手摑みで食べている銘がある——これが「饗」という字の原形とされている——から、当時の一般庶民はまだ手食だったのだろう。

今日でも人差指のことを食指というが、これは『春秋左伝』にある鄭の公子宋の故事に由来している。父の霊公に会いにゆく途中、自分の人差指が自然に動くのを同行の子家に見せて、「他日我此の如くなる時は必ず異味を嘗《な》む」、つまり「これまでこの指がぴくぴく動くときはきまって珍味にありつけたのだ」といった。はたして参内したら、楚人が献上した大きなスッポンを料理人が調理していた、という話である。春秋時代（前七七〇～前四〇三年）でもまだ食事では手掴みが一般的だったことがわかるだろう。もっとも中国の食文化学者、周達生によると、その中晩期の墓から、いくつか銅箸がでているそうだから、手食と箸食が並存していたのかもしれない。

殷代青銅器（山内昶，1995年より）

なお残る手食

何百万年にもわたる原始時代からの陋習《ろうしゅう》をなんとか断ち切ろうとして何世紀も苦労したヨーロッパで、手食がやっと完全に放棄されたのは、驚いたことに一九世紀になってのことにすぎない。著者は不明だが、一八五九年にフランスで出版された『社交界心得』というQ&A形式の本に、なぜヨーロッパ人は手食をしないかという質問に対して、「それは人食い人種的だから」という答えが載っているのがその証左である。エリアス（前掲書）もいうように、「十八世紀の終わり、大革命の直前において、フランスの上流階層では、確かに食事作法ばかりではないが、以後次第に《文明化された》社会全体で自明のこととして通用するようになっていく食事作法の基準がほぼ達成」されたのである。しかしこれは上流社会だけであって、まだ一般庶民にまでは浸透していなかった。文明化（civilisation）とは市民（civil）となること、礼儀を弁え、洗練され、優雅なこと（civilité）を意味するから、市民社会（société civile）が確立するまで待たねばならなかったのである。

だがそのシヴィルの社会でも、《人食い人種》と同じように、現に手で食べる食品がある。昔フランスに住んでいた頃、パリジャンがブドウを買うとそのまま洗いもせず、口の中にほうりこみ、種も皮も呑みこんでしまう流儀に驚いたことがある。一六一八年、ロンドン市民が街頭で「さながらヤギのように」恥かしげもなく果物にかぶりつくさまをみて目を丸くしたヴェネチア大使と同じ驚愕を共有したわけである。その他、サンドイッチやスナック菓子類も、子供だけではなく大人も手でつまむだろう。ただし、どうやって食べるかは、食物の形状や性質に制約されていて、極端に熱いものや冷たいもの、あるいは液体や粘体のものはなんらかの用具を使わねばならないが。同じコメでも、ジャポニカ種は粘々《ねば》していて手にくっつくが、インディカ種はぱさぱさしていて手で食べやすいように。

しかし何といっても一番ポピュラーなのは、毎度の食事にでてくるパンの手食だろう。もっともゲルマン系諸国では、スライスしたパンの上にカナッペ風にハムやチーズをのせ、ナイフとフォークを使って切って、口へ運ぶ習慣があるらしいが。これは昔、トランショワールの上に料理を取ってのせ、

ここでの高座（ハイ・テーブル）は奥ではなくて前面．楽士は右脇で演奏を続け，左脇ではパンター（パン係）が給仕．中央の貴人は一人で矩形のトレンチャーから食事をしている。両脇のサイド・テーブルでは20人の客人たちが丸いトレンチャーから食事．スプーンを使用している人もある．主賓の足許の足つきの容器にはワインが冷やされている，1491年ニュールンベルグの木版画，メトロポリタン美術館所蔵（コズマン，1989年より）

その上で切った習慣の名残りではないかとされている。しかしトランショワールは前にもいったように固くて古く、食べるよりもイヌに投げ与えたり、貧者への施しに下げ渡される場合が多かったようだが。それにしてもしかし、なぜ西洋人は今でもパンだけは《野蛮人》のように手で食べるのだろうか。

パンは分与しなければならない

舟田詠子の優れた著書『パンの文化史』（一九九八年）によると、古代に「パン食い人」と呼ばれたエジプト人は、今でも日常のパンをアエーシ・バラディ、つまり「私たちの命」と表現しているらしい。パンは生命そのものの象徴であり、食物全体を提喩し、一人占めして食べることは許されず、皆と分かち合い、共に食すべきものだった。

二、三例をあげれば、古代ローマ帝国には「パンと円形競技場（panis et circenses）」という言い草があった。当時ローマでは市民にパンと穀物が無償で配布――配給量と受けとる人数は時代によって違ったが――され、またしばしば支配者が豪勢な饗宴――これをダプス（daps）といった――を開いて市民を招いたことを前者は指している。たとえば三頭政治家の一人クラッススは、ある戦に勝って凱旋してくると、「一万台の食卓の饗宴をふるまい、市民一人当たり三カ月分の小麦を配給した」と、プルタルコスは伝えている。また後者はあの壮麗な円形野外劇場（キルケンセスとは英語のサークルと同根で、これが後のサーカスの語源となった。だからサーカスの舞台は今でも円形である）で、年間数カ月も支配者がいろんな見世物——剣闘士試合や戦車競技もあったがキリスト教徒を猛獣に食わせる残虐な出し物もあった——を催して、市民の娯楽に供したことを指している。大衆迎合的な愚民政策だとして詩人ユウエナリスが批判したのが、この言い回しの始まりだった。確かに一面ではマキアベリズム的な政治術の匂いがするが、しかしもともとこれは「汝与うるが故に我与う（do ut des）」という互酬原理からきたものだった。つまり支配者は人民が自分たちに与えてくれた富・権力・名声を今度は人民にお返ししなければならなかったのである。アメリカ北西岸のあの有名なポトラッチと同じ原理が作動していたことがわかるだろう。

キリストが五個のパンをさいて五〇〇〇人の群衆に分け与えたとされる《パンの奇蹟》（「マタイによる福音書」一四章一七—二一節）も、最後の晩餐のとき弟子たちにパンをさいて与えた（同、二六章二六節）のも、同じパンを食べる仲間（com-panis）の長は、必ず生命の糧を分与しなければならなかったからだった。英語で、首長・君主・卿を意味するロード（Lord）はパン（loaf）を管理する人（weard）からきているし、レディ（Lady）はパン（loaf）をこねる（dig）人からでている。レディがこねて焼いたパンを管理し、分配する人がロードの名に値したわけである。

互酬原理

こうしてわれわれは、フランスの社会学者マルセル・モースによって提起され、今日では《人類の黄金律、人間社会の重力の法則》とまでいわれる、互酬性に基づく贈与交換原則にはからずも直面することになる。パン、つまり食物は自己消費してはならず、仲間と平等に分けあって共に食べねばならぬというのが、人類の始源以来世界のいたるところで見られた原理だった。そこでまず先住民のところを訊ねて、数多くの民族誌の中からほん数例を紹介しておこう。

アンダマン島民（ベンガル湾、狩猟採集民）――すべての食物は、私有財産であって、それを取得した男女に帰属している。しかしながら、食物をもっている人は誰でも、もたない人に与えることが、期待されている。……この習慣の結果として、取得された食物はすべて、じっさいには、キャンプ全体に平等に分配されることとなるわけである。（ラドクリフ＝ブラウン）

イヌイット（アラスカ、狩猟民）――食物が欠乏する時期に、空腹をかかえているのは、かえって沢山の獲物をとった狩人とその家族の方だった。気前よく手元にあるものを何でも、くれてやるからである。（スペンサー）

マオリ族（ニュージーランド、狩猟農耕民）――首長の威信は、富、とりわけ食物をどの程度自由にできるかにかかっている。こうして、彼は、前より大きな収入を確保し、これをまた親切なもてなしを誇示するために惜しげもなくあたえ、するとまた配下や親戚が極上の贈物をもってくる、という具合にこもごもなるわけである。……首長はいわば富の流れる水路であって、富が彼のところに一旦集中されるのも、再び自由にそこから流れだしてゆくためだけにすぎない。（ファース）

ベンバ族（アフリカ、農耕民）――調理された食物の分配が、権力者の属性でもあれば、それゆえ威信にもほかならない。……食物をうけとった人は、逆に与え手に、尊敬、サーヴィス、愛想のよい返報をお返ししなければならない立場におかれるからである。……首長は食物をもち、貢納をうけ、臣下にあたえ、調理された食物を分配する。こうした属性のいずれもが部族の貯庫《カミテンボ》に象徴されているわけである。（リチャーズ）

ハワイ島民（ポリネシア、農耕民）――倉庫をたてて、食物……その他あらゆる種類の財を貯えるのは、王（すなわち、個々の島の最高首長）の職務だった。……倉庫はいわば魚《ヒナレア》をわなにかけて捕えるための籠だった、といってよい。籠の中に何か美味そうなものがあると思って、ヒナレアはその外をうろうろつきまとって離れないからである。同じように、人民《マカアイナナ》も倉庫の中に食物があると考えて、王から目を離さない。食物があると思っているかぎりネズミも食品室を見捨てないように、人々も、王の倉庫に食物があると思っている間は、王を見捨てることはないだろう。（マロ）

こういう事例はそれこそ浜の真砂《まさご》のように世界の図書館に収蔵されているが、《発見》された当時ほとんど旧石器時代の平等な共同社会の中で暮していたアンダマン島民から始まって、王制と見まがうほどの階層化された不平等社会をもつハワイ島民にいたるまで、食物はすべて分与さるべきものだったのである。古代ローマの皇帝や将軍も同じことをしていたわけである。もっともハワイの最高首長は、人民をひどく抑圧しすぎると、万人は平等であるべきだという理由でしばしば殺されてしまった点で、ローマの帝王とは異なったが。イギリスの民族学者フレイザーが、『金枝篇』(一九二二年)でいったように「初期の王国は人民がただその君主のためにのみ存在する専制的暴政であるとの見方」は、間違った近代的な偏見である。「反対にそこでは、君主はただその人民のためにのみ存在していた」のだから。

ところで、ヨーロッパでも昔は同じ互酬原理が支配していたことは、今「気前のよいもてなし」と訳した英語の hospitality、およびその同族語、すなわち主人《ホスト》(host)、女主人《ホステス》(hostess)、宿泊所《ホステル》(hostel)、施療所《ホスピス》(hospice)、ホテル(hotel)、病院《ホスピタル》(hospital)、旅館《ホストルリー》(hostelry)、等々の広汎な語群によっても明らかである。その印欧基語は ghosti-だったと想定され、「相互に歓待の義務を負う者」の意味だったらしい。

ラテン語のホスペス(hospes)は主人《ホスト》と客人《ゲスト》の両方の意味を一語が兼ね、フランス語(hôte)も同様だが、英語では ghosti-の語頭 g が脱落して host と、気音 h が脱落して guest とに分かれてしまった(これはゴート語系である)。しかし元来は同じ言葉だった。というのも、ホストとゲストは互換可能であった。つまり主人が客人を親切にもてなすと、次の機会に以前のゲストの方が今度はホストとなって、以前のホストをゲストに迎えるのが掟だったのだから。さもないと、つまり歓待を受けっぱなしだと、受け手(receiver, donee)はいつまでも恩義の負債を抱えたまま与え手(giver, donor)に頭が上がらなかったのである。

今日、臓器移植が盛んになってドナーという言葉が復活しているが、この印欧祖語の語幹 dō- ないしその変型 dā-（ついでにいっておくと日本語の「旦那」はサンスクリット語の dāna からきた同根の語で、「気前よく施しする人」を意味していた）は、元来「与える」と「受けとる」の両義を兼意していた。ギリシアの歴史家ツキディデスによると、トラキア王シタルケースが、「人から求められた時与えないのは、人から贈られた時受けとらない以上に恥かしい振る舞いだと考えていた」のもこの故である。

ところで、いま挙げた社会では人々はすべて手食していた。人類が何百万年もその中で生きてきた本源的な未開共同体では、互酬原理に基づいて、持てる者は素手で食物を与え、持たざる者は素手でその食物を受けとり、共に手で食べていたのである。西洋人が今もパンだけを籠に入れて廻し手でちぎって食べているのは、それが食物と生命の象徴として、相互に贈りあい、互いに親切にもてなしあうべきものだったからではないだろうか。

ライオンと人間との違いは、前者が口で個食するが、後者は皆で分け与え、一緒に手で共食することにある、とはカラハリ砂漠のサン族の見事な記号論的弁別だった。資本主義という最高の利益社会《ゲゼルシャフト》のただ中で、食物と生命のシンボルであるパンに関してだけは、西洋でも今なお共同社会《ゲマインシャフト》の黄金律が集団無意識的に遵守されていたことになる。

聖　餐

それだけではない。食物はすべて自然の所産であり、自然に豊かな稔りをもたらす祖霊、精霊ある

パンをほどこす修道士たち／シュトラースブルク，1477年．木版画，彩色（船田詠子，1998年より）

いは神々といった超自然的存在の賜物だったから、人々が集って一緒に食事をする会食とは、じつは超自然的存在との共食でもあり、聖餐にほかならなかった。先に挙げたラテン語の祝宴を表わすダプス（語幹にdā-が含まれていることに注意）は、もともと「供犠した神饌」を意味し、その後で神と共に食べる豪華な饗宴を指していたのである。

マオリ族の狩人は、その年初めてとれた獲物（初物）の一部を、贈ってくれた超自然的存在マウリに感謝するため必ず森に返却し、その後で祭《トフ》司《ンガ》と共に火で焼いて手食しなければならぬ決まりがあった。さもないと生命の源泉であるハウが枯渇してしまうと信じられていたのである。中世西洋でも大きな修道院には必ず宿泊所（hospitium）があって、訪《おとな》う者には誰でも、旅人、貧者、病人はおろか王侯貴族まで一夜の安息を与え、主《しゅ》（Lord）の名においてパンをはじめワイン、ときには金銭まで施して親切にもてなしていた。

ただ人々がくるのを待っているだけではなかった。フランスのクリュニー修道院などでは、積極的に「修道院の周壁の外へ出て、近隣の村の病人や大勢の子どもたち、寡婦、障害者、そして飢饉や天候被害で援助を求める農民を訪ね、パンやワインを配ってまわった」と、船田詠子はいっている。主《ロード》の名において修道士たちは素手でパンを与え、人々もまた素手で受けとって、手で食べていたのである。

まさにそれはキリストの身体を象徴する聖パンだったが、ホスチアとはもともとラテン語では神に捧げられた犠牲獣のことだった。ムスリムの人々が食具を使うと食物が穢れる、アッラーが与えてくれた手で食べるのが、その御心に添った清浄な食べ方だと信じているのも、おそらくそこに共通の思想が潜んでいるのだろう。

日本の手食

そしてじつは、日本でも手で食べねばならぬ場合があった。神道の直会《なおらい》では、神饌を下げるとき、神から下座へ神主が長い箸で順次おろし、それを全員が右手の上に重ねた左の掌に受けていただく、というのが正式の作法だった。手食といっても指でではなく左手の窪《くぼ》で押し戴いていたが。特に「おこわ」は手で食べるルールがあったことは、『今川大双紙』(室町時代の武家故実書)にみえている。

一　こは飯などくふ様、縦《たとい》箸すわりたり共、箸にてくふべからず、箸にてすくひて左の手に移して手にてくふべし、

とされていたからである。稲＝米は日本人にとって作神《さくかみ》から授けられた稲魂の宿る特別に神聖なもので、とりわけ糯米《もちごめ》を蒸した強飯《こわいい》は、小豆——これには魔祓いの機能があるとされた——を入れてあるにせよないにせよ、室町時代以降は特別のハレの食事とされたから、神饌同様掌《たなごころ》で食さねばならなかったのだろう。

今でもわれわれはおむすびを手で食べるが、これは固く握って海苔などで巻いてあるので手にくっつかないからではないらしい。むすびは本来産霊《むすひ》と関係があるらしく、祭祀の時、神仏や祖霊に供えてそのお下がりをいただくものだった。平常時ではない非常時の聖餐を表わしていたのである。

昔はさらに他にも手で食べねばならぬものがあった。平安末期の貴族、藤原忠実の『中外抄』（一一四二年の条）に、「箸ニテ食フ物ハ其物、手ニテ食スル物ハ其物、皆差別有リ、而シテ近代之人ハ全ク之ヲ知ラズ」とあり、また鎌倉期の『四季草』には、「食法の事、物くらふに、其物に依て食すべき法あり」とされている。箸食すべきか手食すべきか、またどこからどうやって食べるべきか等について、うるさい故実があったらしい。その一つに鷹の鳥があった。『山内料理書』（一四九七年）にもあるが、『今川大双紙』から引いておこう。

一　鷹の鳥喰様、努々《ゆめゆめ》箸にて挟喰べからず、手にて喰べし、若《もし》又汁に也候はゞ、たゞはさみ手にて一箸くふべし、其後はすひたるべし。

鷹の鳥とは領主などが鷹狩にいって捕えた獲物（特にキジ）のことで、臣下がこれを賜わるのは非常な栄誉とされた。ロドリーゲスは『日本教会史』でいっている。

その他盛大な歓待、優遇をするための料理のうちでは、その家の主人が鳥でもてなすのが習慣であって、彼らの間で珍重するものを自家の鷹《ガヴィアン》でとる。それは焼いて出され、両手の二本の指で食べ、他の三本の指は掌の中に折って、箸 faches〔faxis〕は使わない。そして何も残さず全部を食べる。食べる前には、まず鷹の持主に対する礼法のしるしとして、頭上に、額のところまで捧げ、押しいただく。掛け汁をつけて出される時には、両手を汚さないように箸 faxes〔faxis〕で食べる。そしてまた、一年の四季に珍重される鳥を、荘重な宴会の歓待用として、その時季に出して客人をもてなす。春と夏には雲雀、秋には非常に長い嘴を持ち、たいへんうまくて雲雀色をした鴫 xinghi、冬には雉と山鳥がいる。

同じく『今川大双紙』によると、鷹の鳥を料理する時は「きる」といわないで、「さく」と特別な用語を使わねばならなかった。また他人に贈る時には木の枝に付けて進上したが、これを「鳥柴付《としばつけ》け」といって、鳥の種類、季節、流派によってさまざまな付け方があった。大陸から伝わってきた鷹狩は仁徳帝が始めたという伝承があるように、もともとは帝王の行事だったから、聖餐とはいわないまでも、君臣の一体性を強調するため箸の媒介を拒否する慣習があったのだろう。

もう一つは酒の肴の場合で、『宗五大草紙』（故実礼法書、一五二八年成立）にはこう注意されていた。

一肴を人の給候事、貴人の給候をば、左の手を上、右の手を下に重て、諸手にて我身をちとしづめて、手のくぼに受て、深く戴きてくふべし、懐中し候を賞翫と申人候へ共、それはわろしと、金仙寺○伊勢真宗の給ひ候し、大なる物などはくひきりて、残をふところへ入候、又等輩の人の給候をば、かた手にて手のひらに請て戴てくふべし、大なる物のしかもぬれたるなどは、くひきりて残を何となくうしろに可ㇾ置、片手にてつまみて取候事は尾籠なり、但我より下ざまの人なれば苦しからず、つまみて取ほどの人なれば苦しからず、つまみてとるほどの人の給候共いたゞくべし、但戴きやうに浅深あるべきのよし、金仙寺は宣ひし。

雉子の柏懸一枝／『鷹経辨疑論』第2冊，内閣文庫所蔵（堀内勝，1998年より）

平安時代末期の『世俗立要集』にも、

「箸にて肴食はざるよう」という条があるから、この手食の習慣は室町時代になっても続いていたらしい。貴人、同輩、目下の者という相手によって食べ方の記号論的差異が明示されているが、「左の手を上、右の手を下にして諸手で掌に受けて戴く」姿勢は、明らかに恭順の意を示している。だいぶ世俗化しているけれども、添書きに「大酒の時の事、同殿中一献の事」とあるように、やはり特別の祝宴での食法だった。

通過儀礼的な年中行事や冠婚葬祭といったハレの時には、しばしば既成の規範《ノモス》が支配する秩序《コスモス》がひっくりかえって、原初の混沌《カオス》が出現することがある（拙著、一九九六年参照）から、人類の本源的な食べ方である手食が特別のハレの席では姿を現わすことがあったのだろう。手食を常習とする多くの先住民のところでも、たとえば服喪中には手を使って食べてはならない、誰かに食べさせてもらうか、動物のように直接口食しなければならないという、いわば一種の先祖返りの奇習が見られたのである。西洋では日常のケの日にパンを手で食べ、日本では非日常のハレの日に手食するという逆転形態ではあるけれども、やはりその底には互酬性に基づくホスピタリティと共食の精神が流れていたといえるのではなかろうか。

かまぼこの謎

ところがもう一つ、手食すべきものがあった。かまぼこである。しかもその理由は、今まで述べてきた理論ではうまく解けない。謎のまま提出することにして、識者の御教示を待つとしよう。

まずかまぼこは、人見必大の『本朝食鑑』(一六九七年)に「近世、江州の庖人鹿間《しかま》某という者が初めて造った」とあるように、古代にはなく、だいたい室町時代に現われた食品らしい(平安朝末説もあるが)。その色や形が蒲《がま》の穂のような鉾形をしているところからその名がついたもので、だからもともと現在の竹輪《ちくわ》のような形をしていた。板に魚のすり身を盛り上げた板付きかまぼこは桃山時代から製造されたようである。もっとも同じく人見必大によると「細かい泥状に摺って、これを熱湯中に摘み入れると、餅状に凝結《かたま》る。これを久津志《くづし》という」ともあるから、「つみれ」ないし「はんぺん」風のものもあったらしい。

さてその「かまほこの喰様」だが、熊倉功夫(一九九九年a)によると、小笠原流の『通之次第』の『聞書』に、「貴人の前にてかまほこ喰やう箸をば置きて右の手にて取り左の手を添へ右の手にてくらふへし……かまほこは箸にてくふべからざるなり」と、きっぱり箸食が禁じられていた。『大草殿より相伝之聞書』では少し違ってこうなっている。

一　蒲鉾を食ふ時は、先湯漬を食ひ、箸を取なをし、右の手にて蒲鉾のしべ〔芯〕のなき方を取り、左の手に取直し手の上に置き、右の手にて集養有りたきほど食ふ也。又取りて食ふ共同然なり。

なんともややこしい食法だが、右手で摘んで食べる点では同じである。ところが『奉公覚悟之事』では、「かまぼこ刀め付たるは、箸にて食ふべし。其ままにて候はば、取あげてくふべき也。中よりかふるべし」とあり、小笠原流の『食物服用之巻』には、「かまぼこは右にて取りあげ、左へとりかへ、上は箸、中は指、下は板ともにきこしめす也」となっている。とすると切目が入っている時は箸で、入っていない時は手で食べたようだが、白身の魚のすり身を細竹に塗りつけた竹輪型ではなく、板付け型についていわれているのだろうか。もっともかまぼこの芯は「長さ五寸、さきの広さ二寸、本の広さ一寸六分ばかり」(『大草殿より相伝之聞書』)だったようだから、足利時代末期のほぼ同時期の『食物服用之巻』でいう「板」はこの芯のことかもしれない。

では、どういう場合に切目をつけたかというと、小笠原政清の後書では、「かまぼこは、組付のよきは刀めを付くべし。折に盛るには刀めを付けざる也」とあるから、組み合わせて盛りつけた場合には切目を入れたらしい。しかし供する相手によっても違ったようで、それ以前の『四条流庖丁書』(一四八九年)では次のような秘伝が載っていた。

一蒲鉾ノ事。刀メヲ付ケテ参スル事ハ、悉ニハ不㆑可㆑有㆑之。貴人御前一両人計カト見エタリ。当世真ヲ依㆑不㆑知、推量テ万仕ル間、刀メヲ悉付ケテ出ス也。然間是ヲ喰フ人過ヲ仕出ス事アリ。古ヨリ刀メヲ不㆑付ハ人ニ誤リヲ蒙セジガ為也。貴人又ハ女房喝食ナド計ニハ刀メ有ルベシ。刀メ付ル事口伝。人ニ見セザル様ニ可㆑付。当流ノ秘事也。

これによると、貴人、女房、稚児などには刀目を付けて出したようで、「昔から全部に切目を入れなかったのは是を食べる人が過ちをしないようにするためだった」というのは、手食すべきところを誤って一般客も箸食するのを防ぐ深慮からだという意味だろう。それにしてもしかし、切ったり切らなかったり、箸で食べたり手で食べたり、複雑怪奇なかまぼこの食べ方の謎は、ますます深まるばかりである。

ただ、今でも正月のお節料理には必ず付くように、元来かまぼこは節日《せちにち》に供した儀礼的食品だった。とすればやはりそこには、混乱し世俗化した形であっても、前に詳述した聖餐の痕跡が残っていたのかもしれない。近世の『料理切形秘伝抄』(一六五九年以前)にも、「蒲鉾を食ふ事、指にて中を取りて食ふ也。これぬぐわぬがよきなり。さしみなども同」とあるから、赤飯や酒の肴の場合と同じ原理が働いていたものと思われる。

右手と左手

すでに食具を日常使用している民族になぜ手食の習慣が残っているかという問題と並んで、手食にはもう一つ大きな問題がある。どちらの手を使うかという規則《ルール》がそれにほかならない。

左右の問題については、自然科学から始まって、生物学、生理学、心理学、民族学等々にいたるまで、じつに広汎な分野でこれまで研究が行なわれてきた。パリティ保存則の破れに明らかなように、なぜ自然は弱い左利きなのか、分子構造にどうして左右型があって、たとえばアミノ酸では味が違うのか、植物の蔓や貝類にはなぜ左巻きと右巻きの区別があるのか、ヒトの大脳皮質はどうして左半球優位なのか、アルファベットの筆記体は左回りが多いのに、日本語の平仮名はどうして右回りが多いのか等々、大変面白い疑問がずらりと並んでいる。しかしここではむろんそのすべてについて論じることはできない。食文化にもっぱら照準を絞って考えてゆこう。

口食は動物のすることだというわけで、動物性から脱却したがった人間は手食を始めたが、しかしそこにもたくさん手食動物がいた。リスやネズミなどの齧歯《げっし》目の中には両手を使って器用に木の実や根茎をかじるのがいるし、カワウソなどイタチ科の動物も手で食べるものがいる。クマも時折り立ち上がって手食するし、何よりサル、とりわけ人間とはウマとシマウマほどしか遺伝的に違わない類人猿はヒトの幼児より手が器用である。原猿類のアイアイは両手の中指が伸びて鉤のようになり、固い木の実の中身をほじくって食べるが、これはもう立派なスプーンかフォークではないか。というわけで、動物性から離脱しようとして手食を始めた人類は、再びそこで動物性に逢着した結果、右手と左手の記号論的区別によって動物との差異化を試みようとした。

というのはむろんいささか悪い冗談《ジョーク》だが、人類が一般に右手優位の文化をもってきたことを強調するのはけっして冗句ではない。周知のように、手食する人々の間では、右手＝清浄、左手＝不浄という観念が広く流布している。たとえば、昔インドネシアでは子供が左手を使わないようにしばしば紐で縛ってあったというし、ニジェールでは女性が料理で左手を使っていると、毒を盛っているのではないかと邪推された。今でも世界各地で、食事のとき絶対に左手を使ってはならないという厳しい戒律が数多く存在する。左手は排便など汚いことに使用するからだというのが普通の解釈だが、はたしてそうだろうか。人類の約九〇%はいつの時代でも右利きだったのだから、排便の後始末など右手でした方がやりやすく、そうだとすると逆に左手＝清浄、右手＝不浄という文化になってもよかったはずである。

右好きの人類

太古から人類が右好きの性質をもっていたことは、いろいろな研究からよく知られている。旧石器時代の洞窟壁画を調査したロシアの記号学者トポーロフは、すでにその頃から右はポジティヴ、左はネガティヴの対立があったと考えているし、古代エジプトでも右は生、赤、東、左は死、黒、西を象徴していたと、ドイツの人類学者デュルは述べている。哲学者のプラトンも『国家論』の中で、正しい人々を右、上、天、前に、邪悪な人々を左、下、地、後と結びつけ、ピタゴラス学派でも、右を奇数、男性、光明、直進、善と、左を偶数、女性、暗黒、屈曲、悪と関連づけていた。同様に『新約聖

左	右
女の子	男の子
王妃	王
凶兆	吉兆
病気	健康
悲しみ	喜び
不毛	多産
貧困	富
地	天
黒色	白色
危険	安全
死	生
悪	善
不浄	清浄
奇数	偶数
占い師	王女
神秘的職能	政治的役職
裸	着衣
野蛮	文明
太陽	月
自然	文化
変則的なもの	分類されたもの
無秩序	秩序

（ニーダム，1967年より）

各国語の左右のコノテーション

各国語	左(の)	コノテーション	右(の)	コノテーション
ギリシア語	aristeros	不吉な，ぎこちない	dexios	幸運な，巧妙な
ラテン語	sinister	不吉な，悪い	dexter	器用な，ふさわしい
英語	lyft(古代語)	弱い，痳痺した	right	正しい，健全な
ドイツ語	link	不器用な，怪しげな	recht	正しい，適切な
フランス語	gauche	ぎこちない，歪んだ	droit	正しい，まっすぐな
スペイン語	izquierdo	曲がった	derecho	正しい，幸せな
イタリア語	mancino	不誠実な，偽りの	dritto	まっすぐな，正直な
ポルトガル語	esquerdo	歪んだ，不快な	direito	まっすぐな，正直な
ロシア語	ljevyi	価値のない	pravyi	正しい，公正な

書』でも、すべての集まった国民を左右に分けて、主《しゅ》は右側の正しい人々を祝福し、左側の悪しき人々を呪ったとされている（「マタイによる福音書」二五章三一―四六節）。

こうした事例は、民族学資料ではおびただしく採集されている。参考までに一つだけイギリスの人類学者ニーダムからニョロ族の象徴的分類図式を掲げておこう。

近代ヨーロッパ語でもこの左右の象徴的対立がみられるのは周知のところだろう。英語やドイツ語で《左手婚》といえば、身分違い婚を意味し、妻に夫の遺産相続権がなく、子供は嫡出子として認められなかった。結婚指環を左手にはめるのは、右手が権力を、左手が服従を表わしていたからである。左右を意味する各国語についてその暗示的意味《コノテーション》を一覧表で示しておこう。その他左を表わすベトナム語のタイ（tay）、インドネシア語のキリ（kiri）などに「背く、悪い、不幸な」などといった含意があるらしい。世界中の言語を調査してみれば、左に悪い意味のあるのが大部分で、善い意味のある言葉は少数派だろう。もっともメキシコのマヤ族のツェルタル語やアボリジニのグウグ・イミディール語など、もともと左右という言葉自体をもたない文化もあるが。

生物学的根拠

ホモ属がなぜこうも右好きなのかについては、一九世紀イギリスの思想家トマス・カーライルの有名な仮説がある。心臓が左にあるから左手は楯をもって守る役割を担い、右手で棒や剣を持って攻撃したせいだ、という主張である。もしそうだとすると、ヒトはいつも男女とも戦ってばかりいたことになり、少数だとはいえ、左利きがなぜ熾烈な生存競争の中で生き残ってきたのかを説明できない。また母親は自分の心音を聞かせて落ち着かせるために赤ちゃんを左手で抱くから、子供の右側が母体と接触し乳房をまさぐったり動作が活発化するので右手がよく発達するのだという説も流布しているが、背中におんぶする習慣のある社会でも右手優位は動かないから、この仮説も成りたたない。

そこでちょっと動物の世界を覗いてみよう。利き手（利き肢）があるかどうかについては種として見られるもの（鳥類）、見られないもの（ネズミ類）、個体として観察されるもの（ネコ）、観察されないもの（一般的）などいろいろあって、一概にはいえない。が、人間に最も近いチンパンジーでは個体として食事のとき右手を使うもの、左手を使うものといった非対称性が見られるが、ランダム分布であって種としての片側化は見られないそうである。人間と同様、大脳皮質機能にはある程度左右の非対称はみられるけれども、子猿が左手を使うと母猿が厳しく叱って叩くといった文化的拘束はむろん認められていない。

これに対しヒトの場合、石器の打ち欠き方、殺した動物の骨の打撃面、あるいは洞窟画の人物の向きや手形などによって、太古から現在まで種として右勝手だったことはよく知られている。紀元前三〇〇〇年間の芸術作品四六五件を調査した結果、その右手利き頻度は九一・四%だったという研究もある。これは紀元後現在までの比率とほとんど変わらない。

ではなぜ人類が種として右利きなのかという理由については、一般に左大脳優位説から説明されている。周知のように右手は左脳のコントロール下にあるが、ここには運動＝言語領野や論理的思考の分野があって、右脳より早く発達し、後頭葉がすこし大きくなる。この左右の発達度の違いは、受精卵の分割の際、原腸となる原口ができて周囲の細胞がその中に引きこまれるが、胚表面を覆う細胞は多くの場合左回りになっているので、右側より流入速度が早くなり、左半身の発達が右よりすこし上廻る。その証拠に男性の睾丸《こうがん》は右より左の方が下に垂れているが、これは左の方が早く下降しはじめて陰嚢《いんのう》におさまるからだ、というわけである。

この説は胚の勾配説であって必ずしも無媒介な遺伝説ではないが、しかしこうした先天的情報説は必ずしも利き手を決定するものではない。たとえば日本人の左手利きは二〜四%ほどだが、家族に左手利きがいると八〜一〇%となり統計的有意差がでてくるけれども、しかし両親が左利きだからといって子供のすべてが左利きになるとは限らない。一卵性双生児の約三分の一は利き手が一致しない、と前原勝矢（一九九六年）はいっている。また右脳で言語を司る人は九％ほどいるが左手利きとは限らないし、逆に左手利きの七〇％ほどは言語について左半球優位だという調査結果もある（柳澤桂子、一九九七年、コーバリス／ビール、一九九二年）。

したがって、ヒトの右好きは個体を超えた種としての共通の現象であるけれども、先天的には個体の左右選択性を規定しないといえるだろう。

利き手と使う手

というのも、生まれた赤んぼうは利き手がまだ固定していないからである。心理学者のコーバリスとビールによると、個体差はあるが一般的傾向として、成長後右手利きになった人でも、生後一六〜二〇週ぐらいでは左手、その後両手使いの期間が続き、二八週目ぐらいから主に右手が使われ、その後さらに左手を使う時期が三六週程度まで続き、四〇〜四四週目あたりで再び右利きになる、といった右往左往を繰り返している。大脳生理学者の時実利彦（一九八二年）によると、三〜四歳頃になっても、右利き三八・一％、両手利き二一・四％、左利き四〇・五％となっていて、片側性が見られないらしい。「こうしたサイクルが何回も繰り返され、その間右手への好みが次第に強くなっていくが、はっきり右手利きが固定するのは八歳ぐらいで、それ以降は変化なくそのまま右利きが続く」とコーバリス／ビールはいっている。

人間の左脳優位は現在では原則として遺伝的には決定されているけれども、しかしニューロンの網状組織が成長して脳が発達するためには、外界からの刺激を絶えず受け続けねばならない。この外部刺激はたんに感覚＝運動次元だけではなく、子供のおかれた文化的環境からも多くやってくる。どちらの手を主に使うかはむろん個別文化を超えた先天的な生物学的基盤の上にのった通文化現象だが、そこに文化的刺激が作用して個体を拘束すると考えた方がよいだろう。

じじつ、ここ一〇〇年ほどの間に社会的規範と文化的拘束がゆるむにつれ、国によって違いはあるが、左手でペンをもつ人の頻度が、日本、アメリカ合州国、オーストラリアなどで四〜六倍も増えてきている。

生物学的な利き手と文化的な使う手とは論理的階梯の次元が違うのである。ホーデンの垂れ下がり具合と同一視するわけにはゆかない。そこで、文化における左右問題について、日欧を対比しながら少しく見てゆこう。

日本における左右

左上位の少数派に日本が一時入っていたことは世界的に有名である。『古事記』の有名な国生み神話では、イザナギがイザナミに「汝《いまし》は右より廻《めぐ》り逢へ、我《あれ》は左より廻り逢はむ」といって、天の御柱を廻った後で、みとのまぐわいをした。男性が左から廻ったわけである。これは普通反時計廻りの方向だとされている。時計廻りを右廻りとするのは、北半球で日時計の影が回る方向をそのまま機械時計にも基準に採用したせいである。『記・紀』のこの左右の方向と男女の関係は、「天左旋、地右動」という中国の古い考え方、あるいは左を天、陽、男、右を地、陰、女とする陰陽説からきているらしい。

さらに大化の改新以後律令制が確立すると、左大臣、右大臣制が定められ、左系統が上位となった。左はしばしば「日足《ひたり》、日垂《ひたり》」とも書かれ、「日出《ひだ》り」と解釈されているが、これは中国風に天子が南面した時、左の方角が東（日向《ひむか》し）になるからである。

桃の節句の時、内裏雛の男雛と女雛をどちらにおくかは時代により地方によっていろいろ変遷しているが、基本的には、紫宸殿での天皇・皇后の並び方をまねて、向かって左が男、右が女とされ、これは今日の結婚式にもひきつがれている。相撲《すまい》の節会《せちえ》では、昔は力士を東西ではなく左右に分けたが、左の方が今の東方にあたり、力士が土俵を回るときは左廻りが正則とされ、これは今日の盆踊りにも継承されている。

その他、神前に供物を捧げる時には神から見て左に御饌《みけ》、右に神酒《みき》というふうに左上位に交互に並べてゆくし、聖域の注連縄《しめなわ》も昔は左綯《ない》（左撚り）が本則だった。話はとぶが江戸時代の銭湯も左が男口、右が女口とされている。

こうした民俗誌的事例はたくさんあって、古代日本に尚左の観念があったことを物語るが、しかしまたその逆のケースもあった。『日本書紀』の継体二一年の磐井の乱の条に、天皇が反乱を平定するために「誰か将軍の適任者はあるか」と問うたところ、皆が「正直で勇に富み、兵事に精通しているのは、いま麁鹿火《あかい》の右に出る者はありません」と答えたという記事がある。これは「右に出ずる者なし」という『史記・田叔伝』からきたものとされている。

また、『続日本紀』天平元（七二九）年には、「左大臣正二位の長屋王は秘かに左道を学び国家を傾けんと欲す」とあり、同じく天平勝宝二（七五〇）年に「従四位上の吉備朝臣を左降して筑前守とした」、天平宝字四（七六〇）年に「大伴宿禰上足《かみたり》は、災いごと十カ条を記し、人々の間に伝え広めていたので、多褹島《たねのしま》掾《のじょう》に左遷された」（傍点、引用者）と明らかに左卑の観念が現われている。つまり律令体制下でも尚左と尚右の思想が混在していたわけである。

その後しだいに日本全体が右傾化してきて、左に悪い意味が付着するようになったのは次のような熟語からも明白だろう。思いつくままに挙げてみよう。

左言、左計、左膳《ひだりぜん》（えびす膳ともいい、膳の木目を縦にして据えること、また汁椀を左に飯椀を右に逆に並べること）、左前、左向き、左回り（いずれも物事が悪くなること）、左封じ（凶事の手紙の封じ方）、左巻き、左歪み（夫婦の身分が不釣合いなこと、特に逆玉）、左包み（風呂敷を弔事のとき右から包み始めること）

これに対し左が善い意味なのは、左座（上座のことで、これは不思議にも古代ギリシアの場合と同じである）、左団扇《うちわ》ぐらいしか思いつかない。大工や石工が左手に鑿《のみ》をもったことから飲み手にかけた左利き（左党）が、善悪どちらのカテゴリーに入るかは、お好み次第というところだろうが。

中国における左右

左右の尊卑がこのように日本で混在していたのは、中国の影響があったらしい。では本家本元ではどうだったかというと、これまた日本以上に混乱している。

たとえば道教の古典『老子』三一章（春秋末期から漢初頃に集成）では、「君子居れば則ち左を貴ぶ。兵を用うれば則ち右を貴ぶ。……吉事には左を尚《たっと》び、凶事には右を尚ぶ」とあり、衣服も左衽《じん》の左上位だった。ところが儒教の古典『礼記』（前漢期に編纂）では、「賢を右とし愚を左とし、貴を右とし賤を左とす」とされ、衣服も右衽をよしとする右上位の観念があった。「南蛮北狄《ほくてき》被髪〔ざんばら髪〕左衽の人」は漢人と区別されていたのである。中国古典の碩学、福永光司（一九九六年）によると、北の馬の文化の人は尚右、南の船の文化の人々は尚左だったらしい。これが基本的な流れだが、しかし時代によって貴賤の観念は右に往ったり左に往ったりしていた。簡単に要約すると夏から周代までは尚左、戦国時代から漢代にかけては尚右、六朝時代から唐・宋代にかけては左尊、元代は右尊、そして明・清代には再び右卑に戻っていたらしい。大宝律令で左系統が上位とされたのは、唐の影響だったのである。

左右の尊卑と漢民族、異民族の支配王朝との間には必ずしも整合性がないが、ただベトナム、ラオス、タイ北部、ビルマの山岳民族では船の文化である中国南部の影響をうけて尚左の観念が広がっていたらしい。『老子』六章に「玄牝《げんぴん》の門、是を天地の根と謂《い》う」とあるように、道教は女性原理を根本としているから、こうした左尊のイデオロギーは母系社会となんらかの関係があるのかもしれない。

母系制の北米ズニ族も、やはり尚左の観念をもっていた。といっても、すべての母系社会が左上位だというつもりはむろんないが。

西洋における左右

西洋でも尚右の観念が強く、グレコ・ロマン時代には人々は右手で食べていたことは、前に述べた。中世末期、左ぎっちょは異端か魔女の印として、宗教裁判所に逮捕・処刑されるほど文化的強制がきつかったものである。ところが一五世紀頃に書かれたテーブルマナーの本、『食事訓』には次のような訓示があった。

隣席の人から離れている方の手で、
いつも食べなければならない。
その人があなたの右側にいるのなら、
左手で食べるのがよい。
両方の手で食べることは、
やめてもらいたいものだ。（エリアス、一九七七年）

この頃の絵画や版画、ゴブラン織などでは、しばしば右手でナイフをもち、左手で切った肉や魚を

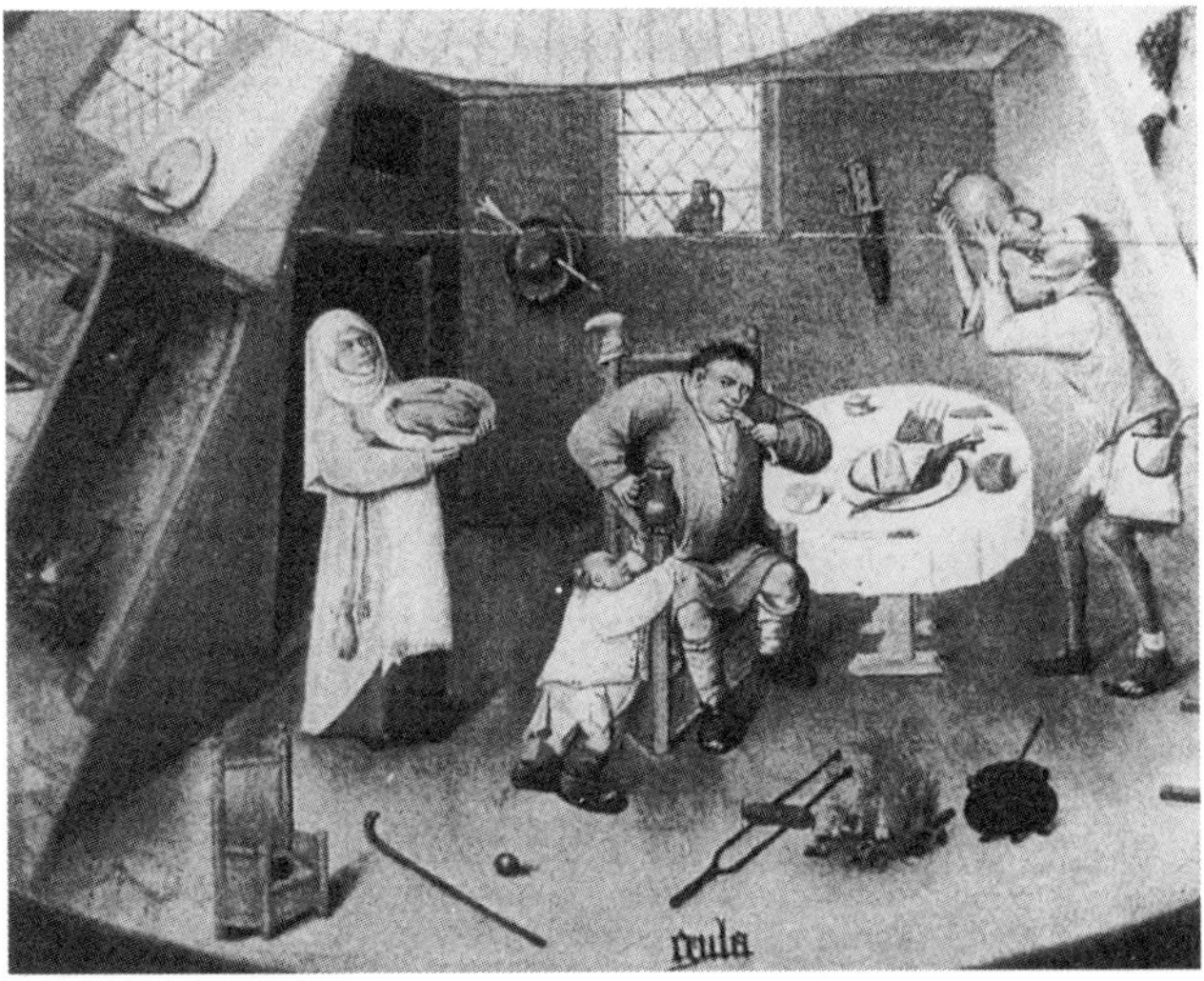

ヒエロニムス・ボス「貪食の大罪」／一五世紀（山内昶、一九九四年より）

食べている図、あるいは左利き（酒呑み）が左右どちらかの手でゴブレットをもち、空いた方の手で肉や魚を齧《かじ》っている図が見られる。西洋ではルネッサンス期になると、旧来の伝統に反して、また左右の非対称性という人類共通のマナーに反して、食事の時だけ左手を使うことが公認されるようになったらしい。

　その理由についてはよくわからないけれども、やはりそこには文明化作用の影響があった。つまり、自己と他人の間に明確な境界線がしだいに引かれるようになり、お互いに隣席の人の動作を邪魔しないという身体空間の侵犯を禁じる暗黙のルールが成立してきたものと思われる。文化的な手の使い方が生物学的な利き手を左右するようになり、文化が自然をコントロールするようになったわけである。

　以後さらにフォークが導入されるようになると、右手にナイフ、左手にフォークという今日の食事マナーが日常的に確立されてくる。自然の食具である手で食べている時は自然のルールに従っていたが、各自が銘々皿から銘々の食具で食べるようになって、自然性から離脱したともいえるだろう。

しかし、と反論されるかもしれない。サルには種として左右の利き手の片側化がなく、またヒトの乳幼児にも柔軟な左右の弾性が認められたのだから、両手使いは結局自然に舞い戻っただけではないか、と。確かにどんな文化システムも生物学的基盤なしでは成立しない。自然内存在としての人間は、自然の外に出られないのである。「左手だけで食べよ」とか「足で食べよ」——手の不自由な人に見られるように、訓練次第では不可能ではないが——という食作法がないのはこの故である。

ところがたとえばイギリスでは左手のフォークで押えながら右手のナイフで切った肉をそのまま左手のフォークで口に運ぶのが正式のマナーとされているが、アメリカ合州国では同じようにして切ったビフテキを、一旦ナイフを皿の上において、左手のフォークを右手にもちかえて食べるのが本格的なマナーとされている。共通の祖先から出自しながらマナーがこんなに違ってきているのは、これはもう遺伝子の拘束からある程度離れて、文化的拘束をうけているとしか考えられないだろう。生物学的な利き手の上に文化的な使い手がかぶさってきているのである。

日本の場合、ヒミコは手食していたはずだが、左右どちらの手で食べていたかは記録に残っていない。たぶん生物学的原則に従って主に右手で食べていたと思われるが、古墳時代の埴輪に左衽の像が出土しているから、未開の手食民ほど左右の二項対立が峻厳ではなく、必要に応じて左手も使っていたのかもしれない。八世紀以降箸食制度が導入され、一般にもしだいに流布するようになると、一貫して箸を右手にもつルールが成立したことは、これはもう中世以来の諸資料から明確である。

したがって、手という自然の食具を使用していた限りで、生物学的一般性に従って右手優位だった点では、日欧の食法は同じだったが、日常的に人工的な食具を使用しだすと、西洋では右手にナイフ、左手にフォークという人為的なテーブルマナーを確立した。これに対して日本では、相変わらず箸は右手という自然な食作法を固守していた。そこに自然と文化の記号論的対立の強弱が現われていたといえるだろう。

食具食

口食や手食はあまりにも動物的だというわけで、人間は食具を考案したが、しかしそこにもすでに先輩がいた。またしてもサルである。

他の動物でもたとえば腹の上にのせた石で貝を割って食べるラッコや、サボテンの棘を嘴についばんで木の幹から虫をほじくりだすガラパゴス島のダーウィンフィンチ、あるいは高い所から石を落として固いダチョウの卵を割るエジプトハゲワシのように道具を使うものもあるが、しかし何といっても一番よく道具を使うのは類人猿だろう。

昔、動物園で服を着たチンパンジーが椅子に坐って、テーブルの上の料理をナイフとフォークを巧みに操ってみせるショーがあったほどだから。そこでちょっとサルの道具食風景を覗いてみよう。

食具を使うサル

チンパンジーのシロアリ釣りはよく知られている。シロアリの塚は固くてなかなか壊せないので木の枝を使って穴にさしこみ、しがみついてきた奴を舐めとって食べるわけである。曲がりくねった穴の奥に届くように、細い木を適当な長さに折って使うし、しなやかにするため歯で嚙んで使ったりしている。こうしたアリ釣りはサファリアリやオオアリなどでもおこなっている。ボルネオのオランウータンも同じく木の枝を使って木のうろにある蜂蜜を掬《すく》いとったり、棘のある木の実の割れ目に棒を突っこんで割って食べたりしていた。

また、これも有名な話だが、アブラヤシの実は非常に固く、歯で嚙んでも割れない。そこでチンパンジーは、すこし大きめの石を探しだしてきて台座とし、その上に実をおいて別の小石をハンマー代わりにして叩き割り、中の果実を食べていた。台座がぐらぐら不安定な時にはさらにその下に小さな石をかませて、安定させているそうである。サル学者の松沢哲郎（一九九一年）はこの台座石の下に入れる楔《くさび》石をメタ道具と呼び、チンパンジーはすでに道具を作る道具を作る、入れ子構造の高度な思考ができるといっている。

ついでにつけ加えておくと、下痢をしてお尻が汚れると、木の葉をトイレットペーパー代わりにして拭くそうである。個体によって左右の使う手に偏倚《へんい》性も見られるらしい。

ふつう肉食獣はナイフやフォークあるいはスプーンを爪、牙、舌など自分の身体内装置として装備しているが、類人猿は手食以外にも身体外装備としての道具を使って食事していた。有名なフランクリンの定義をもじっていえば、「人間は食具を使う動物」だという人間中心主義的な考え方は、みごとにひっくりかえされてしまったのである。

しかも面白いのは、それぞれの棲息域で独自の食文化を発達させていたことだろう。たとえばゴンベとマハレはタンガニイカ湖の東岸にあって一五〇キロほどしか離れていないのに、マハレのチンパンジーはシリアゲアリやオオアリをよく食べるが、シロアリ釣りをしない。ところがゴンベではシロアリやサファリアリをよく食べている。シロアリ釣りでもゴンベでは草や木の皮を使うが、アシリクでは木の小枝を多用し、オコロビコでは太めの棒でアリ塚を突き崩して採っている。しかもこの食習慣を小猿は社会的に学習して身につけていたのである。

河合雅雄もいうように「ある社会の中で創出され、社会を構成するメンバーに分有され、世代を超えて社会によって伝承される生活様式」を《文化》と呼ぶことにするなら、こうした「食習慣は、その社会独自の食物文化だということができる」（一九九二年、上）だろう。チンパンジーの食文化は先天的に決まっているのではなく、遺伝子の拘束からある程度離脱して、それぞれの地域集団に固有の独自性を作りだしていたわけである。

サルからの贈物

ふつう動物は環境が変化すると、自分の身体の方を変えて環境に適応しようとする。たとえば温帯地方で暮らしていたクマが北極圏へ移動すると、足の裏まで毛を生やして体毛の密度を高め、皮下脂肪をたっぷり貯えて、海を渡るので首が長くなり、白い保護色に変化した。一方、同じく北極圏に移動したモンゴロイドの一部は、体毛を密にする代わりに動物の毛皮をまとい、皮下脂肪を増加させる代わりに獣脂を燃やして暖をとり、氷雪を切り出して寒さをしのぐ住居を造った。だからさらにアメリカ大陸を南下して今度は裸でアマゾンの熱帯林にも住むことができたわけである。

人間は環境に合わせて自分の身体を変化させるのではなく、自分に合わせて環境を変化させようとする。特殊な適応能力を発達させる代わりに、適応能力一般を発達させたのである。

身体装置の特殊進化は一面では有利だが、反面ではきわめて不利で、進化の袋小路に迷いこんでしまう危険がある。たとえばギフチョウの幼虫はカンアオイの葉しか食べられない。食物の食べ分けの面で有利な生存圏を確保できたが、カンアオイがなくなると、種としても消滅せざるをえない。じじつ森林開発等で食草が少なくなり、今日では絶滅が危惧されている。その意味で人間の文化とは、ヒトの一般的適応能力を包みこむ、脱着自在の便利な外套膜にほかならない。

人間が雑食動物（omnivora）となり、ほとんど何でも食べられる《よろず食い（omni-vora）》となったのも、こうした一般的形質を文化によって保持・発達させたせいだが、しかしそれもじつはサルから継承したものだった。サルがなぜこうした一般的形質を保持できたのかについて、河合雅雄は、その食性が一つの大きな原因だったといっている。エノキの葉しか食べないオオムラサキの幼虫の食性は、遺伝子によって決定されていて、その絶対的拘束から逃れられない。ところがサル類は遺伝情報の制約からある程度自由になって、食物選択の幅を広げ、集団によって特有の食文化環境を作りだすのに成功した。以下は河合の名著『人間の由来』からの引用である。

文化というのは、主体的に創造し決定できるものである。自然環境に対しては、それを改変できない限り、自分を改変することによって適応化を進めるより方法がないが、文化環境は自分にあわせてつくりあげ、それに適応するようにすればよい。同じ適応といっても、自然環境へのそれは、形質の変化をともなうものであるが、文化環境へのそれは、対策の変化で対応することができる。サル類が一般的形質を保持しえたのは、食物をめぐっての文化環境への適応ということに大きな力があったからだと考えられる。

そこでヒト（アントロポス）と類人猿（アントロポイド）の食域と食性の比較をすこししておこう。筆者は一度もフィールド調査をしたことがないので、もっぱら日本の優れた霊長類学者の研究を借用するが、西田利貞他編の『サルの文化誌』（一九九一年）所収の各氏の論文によると、マハレ国立公園のチンパンジーの食物レパートリーは次のようになっている。

マハレ――一九八種の植物、二五種の昆虫、五種の鳥と卵、一二種の哺乳類、シロアリ塚の土、計二四一種
ゴンベ――一四七種の植物
ボッソウ――一五六種の植物

ゴンベとボッソウ地域では植物だけを勘定したもので、それ以外のものを食べないという意味ではない、と上原重男はいっている。ザイールのボノボ（ピグミーチンパンジー）では、加納隆至によると次のようだった。

ワンバ――植物一〇六種、昆虫類三種、ミミズ二種、鶏卵（人工給餌）、哺乳類一種、シロアリ塚の土、計一一四種
ロマコ――植物八一種、昆虫類一四種、ヤスデ、巻貝三種、ヘビ、哺乳類四種、計一〇四種

さらにマハレ山塊のチンパンジーは三六〇種の食物を食べていたという別の報告があるし、河合雅雄によると、植物だけに限ってもカフジのマウンテンゴリラは一〇四種、ボルネオのオランウータンは一三三種、比叡山のニホンザルは三七〇種も食べている。

この貴重な研究をみて、まず驚かされるのは類人猿の食域の広さだろう。植物性資源だけをとって

みても、チンパンジーは平均一六七種、ボノボは九三・五種の食物を食べている。しかも葉や茎だけではなく、果実、花、根や皮など、さまざまな部位が食域に入っている。チンパンジー、ボノボ、ゴリラ、オランウータンの全平均は一三二種となるから、これはカナダの人類学者リチャード・リーが調査したサン族の一〇五種より多い（一九七九年）。いや現代のわれわれが日頃食べている野菜類よりも多いだろう。

もっとも、この広汎な食物リストの中で、年間を通じて類人猿の生活を支えている、いわば主食は、思いのほか数が少なくて一〇～一五種にすぎないらしい。しかしこれもリーの研究によると、サン族では一〇五種中一四種の植物性資源が摂取カロリーの四分の三を供給していたし、栽培種に限っていうと人類は一五～二〇種の作物にもっぱら依存して存続してきたのだから、あまり変わらないことになるだろう。ムギ類、コメ類、トウモロコシ類、それに根菜類と雑穀類が人類の主要な生命流の維持エネルギー源だったのだから。

この食物リストを見て、もう一つびっくりさせられるのは、サルの肉食性にほかならない。従来、アンドロポイドは純粋な菜食主義者《ヴェジタリアン》だと信じられてきた。原猿類が昆虫を主食としていることはよく知られているが、大型化するにつれ、果実食から葉茎食へと移行したと考えられてきたのである。

ところが、一九六〇年代になって、まずアメリカ合州国の人類学者ドヴォアがレイヨウを食べているサバンナヒヒを目撃し、ついで先駆的な研究者グドールがチンパンジーの肉食を発見して、学界に衝撃をあたえた。完全なヴェジタリアンだと信じられていたゴリラも、ときに食べる昆虫以外に、そ

地域のチンパンジーの肉食頻度

観察地域	タイ		ゴンベ		マハレ	
種名	数	%	数	%	数	%
アカコロブス	63	77	203	64	43	57.3
クロシロコロブス	11	14	−	−	−	−
アヌビスヒヒ	−	−	8	3	−	−
アカオザル	−	−	5	2	5	6.7
チンパンジー	+	−	5	2	2	2.7
その他のサル	7	9	−	−	3	4.0
ヤブイノシシ	+	−	51	16	3	4.0
ブッシュバック	−	−	39	12	3	4.0
ブルーダイカー	+	−	−	−	7	9.3
その他	−	−	4	1	8	10.7
計	81		315		74	

タイは7年間，ゴンベは10年間，マハレは2年間の観察記録
（河合雅雄，1992年より）

の糞から動物の骨が発見されて、再び人々にショックをあたえた。しかもこの骨片は、フォッシーによると同時に出てきた赤んぼうゴリラの毛から推測して、子殺しと共喰いの形跡が濃厚だったので、ますます人々の度肝をぬいた。

上表は、ブッシュ夫妻の研究から、河合雅雄が引用したものの再引用である。これでみると、樹上性のコロブス類や同じチンパンジーの同類喰いがおこなわれているほかに、小型のレイヨウ類やイノシシ類などの哺乳類まで獲って食べていることがわかるだろう。初期人類と同様に、チンパンジーは共喰いもする、すでにして立派な採集狩猟民だったのである。

この表からさらに興味深い二つの事実が現われてくる。その一つは地域によって狩の対象に大きな偏倚があることだろう。たとえばアカコロブスは三地区でともに高率を占めているが、クロシロコロブスはタイでは食域に入っているのに、他の地域では入っていない。一方、ゴン

べとマハレではヤブイノシシを食べているが、タイではどうやら食べていないらしい。ピグミー族も喜んで食べるほど肉の美味しいブルーダイカーはゴンベでは棲息していないので、食べないのは当然だが、しかしタイでは棲息しているはずなのに、ヤブイノシシともどもまだその食べるところが確認されていない。つまり、生態系に規定された地域差の上で、各グループごとに獲物の選択に特異な文化的偏差が見られ、しかも学習によって伝承されていたわけである。

もう一つ関心を惹く点は、その食域の広さに比べて、肉食頻度が案外に低いことだろう。一番よく肉を食べるマハレでも年間三七回にすぎない。この表ではしかし、グループの頭数や捕獲食肉量が不明だから、別の資料によると平均して大人のチンパンジーは一年間に約一〇キログラム、一日当たりわずか約二八グラムしか食べていないらしい。これをサン族の平均と比較すると、リーでは一日当たり二五六グラム、田中二郎（一九九〇年）では三〇〇グラムとなっているから、およそ十分の一である。大正末期の日本人の平均一人当たり一日の消費量は四グラム弱だったから、それよりは多いにしても、これでは植物性食物に不足している栄養分を動物の肉でチンパンジーが補給しているとは、とてもいえないだろう。

では、チンパンジーは何のために肉食しているのだろうか。どうやら類人猿は昆虫や鳥獣を副食的な嗜好品として食べる相当な美食家らしいのである。アントロポイドの味覚がどの程度発達しているかは、検査が難しいのでまだあまり調査が進んでいない。しかし飼育すると普通は食べない菓子類やラーメンまで喜んで食べることが知られている。このことはサルが集団として遺伝子の拘束からある程度離脱した固有の文化をもつと同時に、個体として好き嫌いという食物選択の相当に高い自由度をもっていることを意味している。いいかえると、集団内での個体の嗜好に変化がみられるとともに、集団文化を改変する可能性もみられるわけである。

たとえば、有名な宮崎県の幸島では、人間に与えられたサツマイモについていた砂を、ある日子ザルが海水で洗って食べだしてから、このイモ洗い文化がグループ全体に波及した。ムギ洗い文化も同様である。ふつうこういう行動は、好奇心の強い子供か離れザルが開始する。というのも、ある文化のなかで適応して永く生きてきた大人ザルは——ヒトも同様だが——一般には保守性が強い。文化は何世代にもわたる過去の体験の結晶であって、その枠外に出る冒険はしばしば死の危険を意味することがあるからである。たとえばゴリラは、シジジュウム属のギネーゼという木の果実は食べるが、その皮はけっして食べない。食べると二四時間以内に死ぬ毒が皮の部分に含まれているからである。どの食物のどの部分が有毒か無毒かの知識を母から子へ代々文化によって受けついできているわけである。シカやウマ、ウシもアセビの葉——アセポトキシンという毒があって食べると麻痺する、そこから馬酔木と名がついた——を食べないが、これは学習によるのではなく生得的ものだから、文化とはいえないだろう。

文化とはこのように種の存続を保証する安全装置の役目も果たしている。したがって文化は、脱着自在な外套膜ではあったが、またその中に生きるヒトやサルを強く縛りつける拘束衣でもあった。日本人はタコやナマコを生《なま》で喜んで食べるが、西洋人は見ただけでもぞっとするらしい。ところが日本人はアリやクモのカラ煎り、焼きサソリやガの芋虫を出されると飛び上がって逃散する。なかにはゲテモノを試そうとする勇敢な人もいるが、これはたいてい好奇心の強い若者か自文化から離れたソリタリーに限られている。その点ではヒトもサルも同じだったわけで、だからサルは遺伝子の拘束から離れて文化を作り出す能力をもっていた上に、この目にみえない文化の拘束力をもさらに乗り超える能力も持っていたといえるだろう。そこから食性と食域の多様性、広汎性も発達してきたのだった。

このように見てくると、ヒトの食域と食性の大部分は、サルから貰ったプレゼントであって、食の分野にかんする限り、アントロポスとアントロポイドには連続性のあることがわかるだろう。土を食べるゲオファギアの習俗も古代ギリシア以来、世界各地に散在しているから、人間の食文化の基礎はサルからの遺産だったという驚くべき事実が、霊長類学の発展によってしだいに明らかになってきたのである。自民族中心主義《エトノサントリスム》だけではなく人間中心主義《アントロポサントリスム》も今日ではもはや成りたたない。

ヒトとサルの差異

このように道具を使っての食事、雑食性といった人間の食文化の特性はほとんどすべてサルから引き継いだものだった。まだその他にも食物の贈与交換、近親相姦禁忌《インセスト・タブー》など人類が社会システムを形成する上で重要となった基本的要素の原型もサルから贈与されていた。「高等動物の知力は、ヒトの知力と量的にかなり違っているけれども、質的には同じ」と、ダーウィンがいったのも当然である。

だがアントロポスとアントロポイドとの間には、決定的に違う点が一つあった。火の使用である。

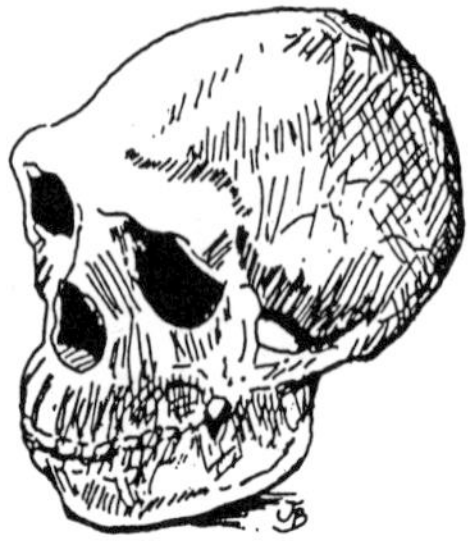

儀礼的食人をおこなっていたらしい北京原人の頭蓋の復元図（バロー，1997年より）

これまで数多くのサルの食文化が調査されてきたが、チンパンジーやゴリラが火を使って食材を化学変化させた事例は一つも報告されていない。ホモ・サピエンスの中で唯一発火法を知らなかったのは《発見》された当時のアンダマン島民だったが、火を消さないように大切に携帯して利用していた。

約三〇～七〇万年前と推定されるシナントロプス・ペキネンシスの周口店の遺跡からは火を用いた跡が発掘され、しかも共喰いしたらしい焼けた人骨もでてきて人々を驚かしたが、人類はだいたいホモ・エレクトゥス期——北京原人もその中に含まれる——の約一〇〇万年ぐらい前から火の使用を始めていたらしい。身体内的エネルギーの使用だけではなく、この身体外的エネルギーの利用がヒトの大きな特徴であって、人間はだから食材と食具の領域でサルの遺産を相続しながら、さらにその上に調理法と冶金法という二次的文化を形成することで、サルとの同質性を異質性に、連続性を非連続性に転換したことになる。

火の使用以外に、この高次的文化の形成、いいかえると文化による文化的意味づけというメタ文化の有無によっても、さらにヒトとサルとの間には大きな差異と隔絶がみられる。

類人猿が使用する前述の道具の例のうちで、木の葉のスポンジはまちがいなくスプーンの原型だろうし、アブラヤシの実をおく台座は俎板《まないた》、手に握る小石は握斧《ハンドアックス》ないしナイフ、といっても柳庖丁ではなく、叩いて切る出刃庖丁の祖型といえるだろう。木の枝は蜂蜜をとる時はスプーン、果肉をほじくるときはスプーンともフォークともいえるが、アリ釣りの時は、フォーク、スプーン、箸いずれの雛型とも区分できない。が、いずれにしても自分と食べにくい対象との間に適当な道具をすべりこませて、媒介手段を用いて食欲を満たすという目的を達成している点では、確かに立派な食具だった。

しかしサルの使う用具は、まだ完全な文化的意味では食具とはいえない。木の枝がまだ完全に自然から分離していないように、サルの食具はまだ自然的欲望に全面的に支配されていて、文化的欲望の実現手段とはなっていない。いいかえれば、感覚＝運動次元の行動の範囲に収まっていて、表象＝意味次元の行動にはいたっていない。実際的・実利的な目的因によってその行動が全面的に支配されていたのである。早い話、一匹のサルが作ったアリ釣り用の木の枝が多くのサルのものより精巧で目的達成のために効率的だからといって、そのサルが特別な社会的評価をうけ、ボスザルになったり、他のサルから依頼をうけて道具製作の専門家になったりすることはないだろう。

ところがヒトの場合はこれとは異なる。英語に「彼は銀のスプーンを口にくわえて生まれた」という表現がある。むろん匙をくわえて誕生する赤んぼうなどどこにもいない。あくまでも比喩的な表現であって、「木のスプーンを口にくわえて生まれる」と対《つい》になって、金持ちの家に生まれたか、貧乏人の子に生まれたかを示差化している。つまりスプーンという食具が、その実際的目的のための実用的手段であることをやめて、社会的地位、経済的格差、文化的状況等々を差異化する別の表象になっている。銀の匙でも木の匙でもまったく同じようにシチューを食べられるのに、どちらを使うかによって一定の社会的コンテキストの中でその文化的意味が違っているわけである。

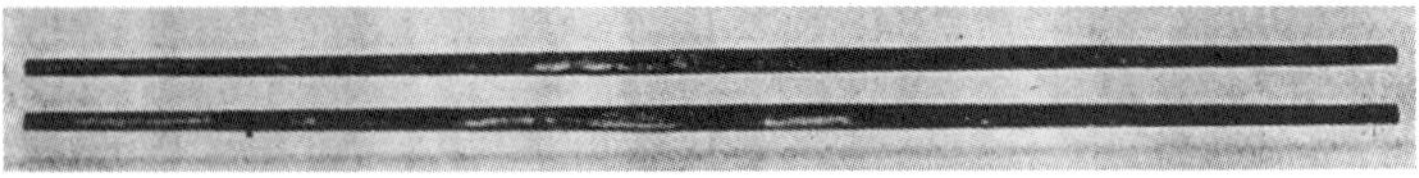

金銀箸／長さ25.8cm，正倉院所蔵（関根真隆，1969年より）

記号としての食具

そこで食具がその材質・形状・装飾等によって一つの弁別的記号システムを構成していることを明らかにしておこう。

日本の箸の場合、木製か竹製か、骨角製か金属製かによって、古来からその使用者がほぼ決まっていた。正倉院には金銀箸一双が蔵されているが、その他にも『延喜式』や諸寺資財帳には白銅・鉄・竹の箸などが記録されている。関根真隆（一九六九年）によると、「銀あるいは瑇瑁《ばいしょう》・白銅は仏具または貴人の用具で、一般には竹箸を用いたようである。ことに文書中『竹箸』の例の多いことは、写経所の写経生、造寺所の工人などが竹箸を常用していたことを物語っている」。後世になると、同じ木箸でも紫檀や黒檀は貴人、杉や桑は庶民、沈金、螺鈿、蒔絵などの塗り箸は上層階級、素材のままの白木箸は下層階級が普通は使用するものだった。

もっとも神事には主に白木の柳箸を用い、形態は中太両細の両口箸が基本——神社によってさまざまだけれども——で、白木の清浄さと柳の霊力を暗示している。現在でも正月の祝い箸にはこの種のものを使って、ハレとケの食事を区別しているし、客用にはこれも清潔志向から使い捨ての割箸を用い、家族だけの食事では各人に所属する常用の箸を使って内と外を弁別している。

料理屋で食卓に檜の天削《てんそげ》か利休、竹の霧島の割箸がでてくると、だいたい高級店の

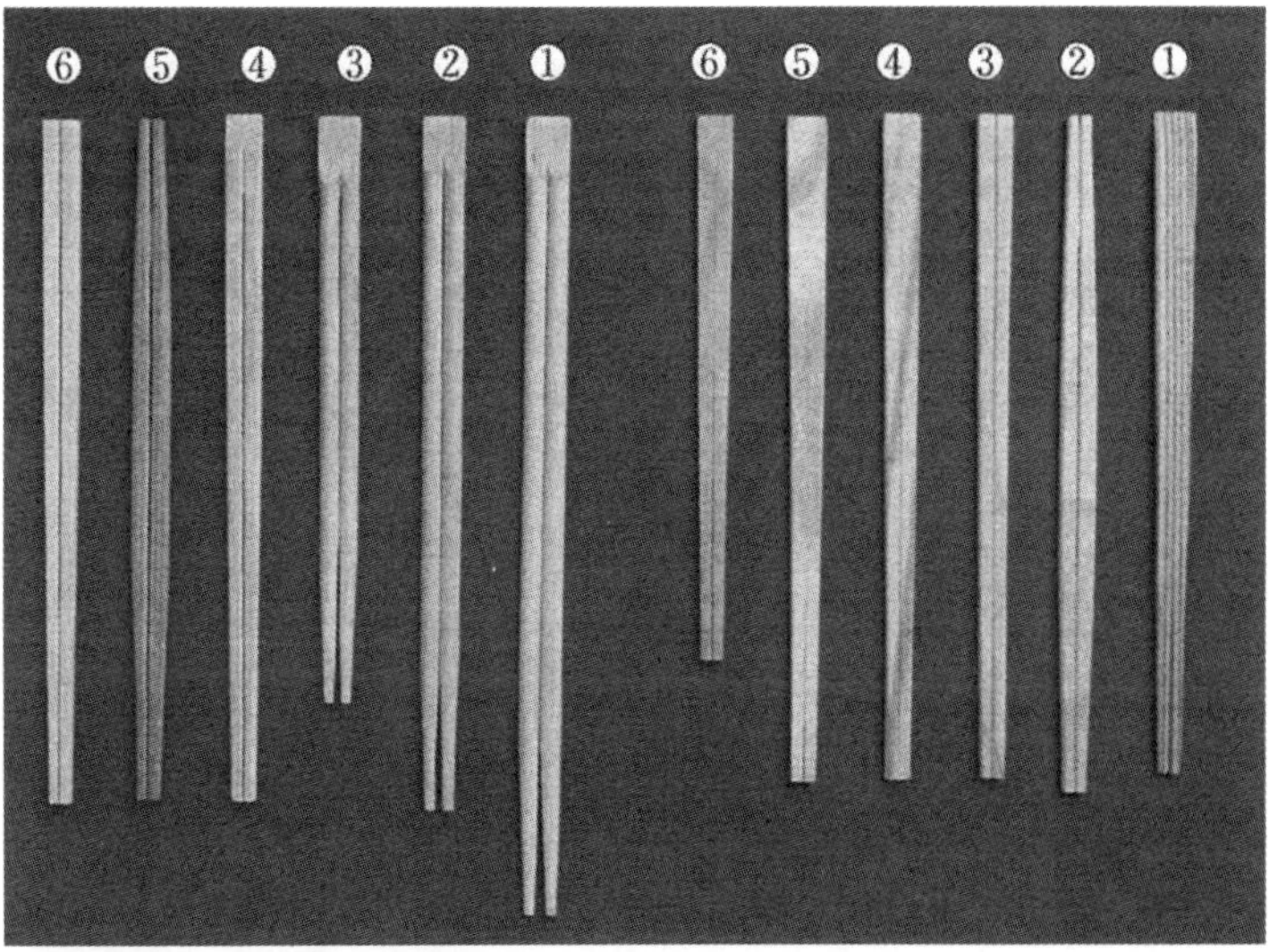

割箸の種類（一色八郎，1993年より）
左：竹の割箸　①霧島　②阿蘇　③九重　④天削　⑤利休　⑥角
右：木の割箸　①天削　②利休　③元禄　④小判　⑤丁六　⑥丁六（弁当用）

しるしで口福を予告するが、懐が痛むことを覚悟しておかねばならない。丁六がでてくると大衆料理店のしるしで、懐のほうは安心して食べられるが、味のほうは心もとない、といった具合である。もっとも現在ではこうした区別はだいぶ崩れているが、箸が店の格式や料理の等級《クラス》あるいは客の経済力を記号論的に分類し、クラス分けしていることがわかるだろう。サルの食具にはむろんこうした意味づけ作用は見られなかった。

日本ほど複雑に細分された食具の記号作用は見当たらないけれども、西洋でも食具が弁別記号になっていたことは同様である。木と銀のスプーンについては前述したので、ナイフについてだけいっておこう。中世から近世にかけて庶民や農民は鉄か真鍮製の粗末で武骨なものを、しかも一家で一本共用していたが、一方王侯貴族は、金銀製で柄に象牙・ほうろうなどをあしらい、真珠母貝の螺鈿《らでん》を施したような豪華なナイフを銘々で使っていた。

たとえば「一三五二年、フランス王ジャン二世は、上品さと敬虔さを結びつけること、および四旬節用には黒檀の柄のついた切り分け用ナイフ一組、復活祭用には象牙の柄のついたもの一組、そして聖霊降臨祭用には象牙と黒檀の市松模様の柄のあるもの一組を注文することによって、ベリーの公爵に相応しい父親であることを証明した」と、ヘニッシュはその『中世の食生活』(一九九二年)でいっている。

宴会の時、王侯はこうした華麗な自分用のナイフを使ったが、下位の陪席者にはもっと粗末な下級品を何人かに一本ずつあてがったにすぎなかった。食具が社会的階級や身分を表示する有徴項としてここでも機能していたわけである。

差異化理論

一般に道具は、ある実際的な目的の達成のために使用される身体外的な手段として定義される。たしかにサルは木の枝をそうした実用的手段として使用していた。しかし二次信号系としての言語を通してしか現実と関係できない文化の繭《まゆ》の中に住む人間では、しばしばこの目的と手段の関係がひっくりかえってしまっている。

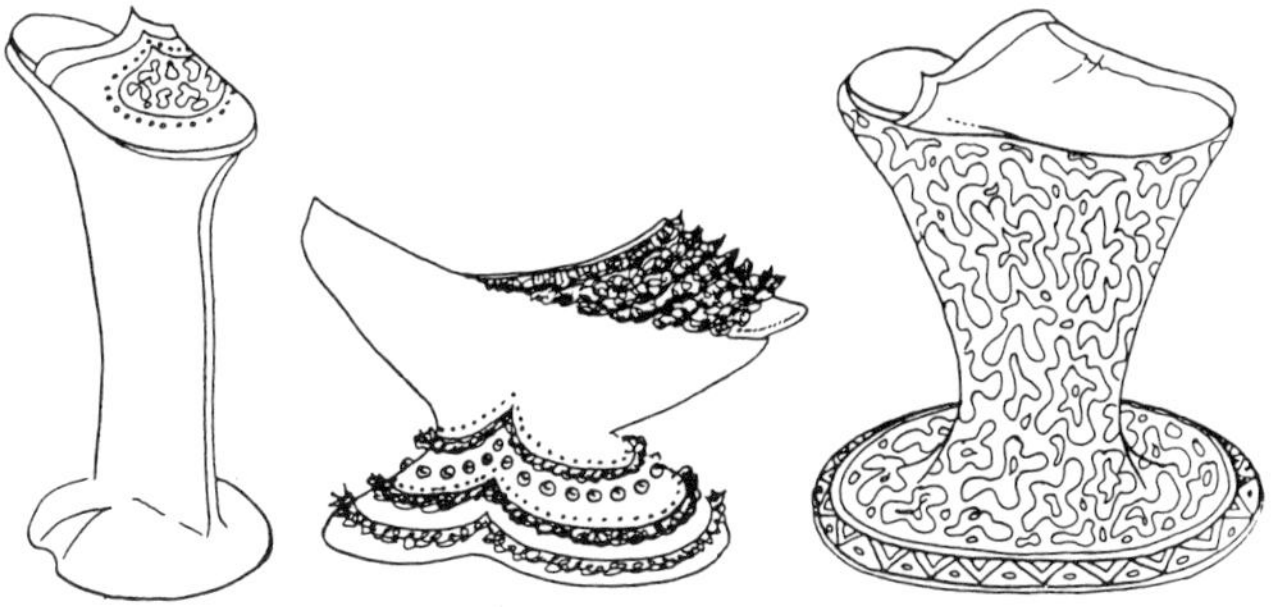

各種のチョピン／プラットフォーム・シューズは15世紀から18世紀の間に隆盛を極めた．これはチョピンとして知られているスタイルで，6インチから30インチも高さがあった（ロッシ，1899年より）

たとえば靴は、砂漠の熱砂や極北の酷寒から足を保護するための手段として考案された、と普通は考えられている。たしかにサンダル系は古代エジプトで発明され、モカシン系は環北極圏の先住民によって考案された。だが、現在でも裸足で暮らし、頑丈な登山靴で武装した探険家が難儀するジャングルや山岳地帯でも平気で歩く人々が存在する。日本の修験道をはじめ、世界各地に散在する火渡りの行事では、まっ赤に燃える火の上を素足で渡っても、火傷一つしない。別に靴をはかなくても、さほど不便でも不自由でもなかったはずである。

一般的な靴使用の功利的解釈からだけでは、なぜ一五～一八世紀の西洋で、高さが五〇～六〇センチもあるチョピンが大流行したのか説明がつかないだろう。あまりにも高いので、当時の宮廷の女性たちが急ぐ時にはスカートをもちあげてカンガルーのようにぴょんぴょん跳ねたといわれ、また妊娠した女性がその上から転げおちて流産する事件も起こったとされている。世紀末の今日の日本でも厚底《プラットフォーム》靴が流行しているが、転倒して怪我したり、死亡した若い女性まで出ている始末である。これでは靴はもはや足の保護器ではなく、かえって兇器だといわねばならない。

同じことは、衣服についてもいえるだろう。一六～一八世紀の西洋で、なぜ女性がウエストを細く見せるためコルセットできりきり締めあげ、健康を害したのか、身体保護のための衣服という通念では説明できない。いや日本の着物は男女とも右衽《おくみ》だが、西洋のスーツは男が右衽、女が左衽になっていて、しかもなぜ下にズボンとスカートをはくのか、功利主義からは解釈できないだろう。効用が文化を造るのではなくて、文化が効用を造りだすのだとして、人類学者のサーリンズ（一九八七年）はこういっていた。

いくつかの理論は、明快に、個人がその最善の利益を追求する合理的活動が、文化を結晶させてきたと主張している。これが本来の《功利主義》であって、その論理は、手段＝目的関係の効用極大化にある。客観的効用理論は、自然主義的あるいは生態学的なものであり、人々の一定集団や所与の社会秩序の生存のための決定的な物質的英知が、文化形態に実体化されたのだと主張する。有利な適応ないし、生存の自然的限界内でのシステムの維持が、その明確な論理にほかならない。こうしたあらゆる種類の実践理性に対立して、本書で提起しようと思うのは、別種の理性、象徴理性あるいは意味理性なのである。人間固有の特質は、他のすべての有機体と分有する状況としての物質界のなかで生きねばならぬことではなく、まさに人間の能力の独自性を示す、自ら考案した意味体系にしたがって生きているという事実にある。それゆえ、文化が物質的制約に順応しなければならぬという事実ではなくて、決して単一ではない一定の象徴体系にしたがって、このことがおこなわれるという事実を、文化の決定的特質――それぞれの生活様式に、それを特徴づける固有性をあたえるものとしての――だと考えるわけである。だから、効用を作りだすのは、文化だといえよう。

この目的と手段の転倒は、明らかにヒトが幻想の共同体としての文化を産みだし、この文化というヴェールを透してしか現実と関係できなくなった結果である。

ヒトとチンパンジーの遺伝距離はわずか〇・五程度とされているが、その文化差は想像以上に大きく開いてしまった。チンパンジーはあくまでも実際的目的から出発して食具を使っていたが、ヒトは文化から出発して記号として食具を使用している。極端な主張だと思われるかもしれないので、よくおこなわれるいたずら実験の例をあげよう。

今、一本数十万円もする極上のワインかブランデーの空瓶があるとする。それにほんの数千円の中級品を入れて友人に供したら、たいていの人は、「さすがにロマネコンチだね」とか、「ルイ一六世はやっぱり違うね」といって、よほどの酒通でない限り舌なめずりするだろう。じつは中身の実体を飲んでいたのではなく、彼は瓶のレッテルを飲んでいた。レッテルという記号に欺かれて、現実の味覚を喪失していたのである。

こうした現実との生きた接触の喪失から、近代における分裂病の発生を解明したのは、フランスの精神分析学者ミンコフスキーだった。

そしてじつは本書の冒頭で紹介したブリア＝サヴァランの警句も、同化理論の他にこうした差異化理論を含んでいた。「どんなものを食べるか」は、まずヒトと動物を区別し、ついで自民族と異民族を弁別し、自民族内部でも性差、年齢差、階級＝身分差、経済的格差等々を次々に差異化してゆく。たとえば古代中国では、東夷・南蛮は生《なま》のものを食べる、北狄・西戎《せいじゆう》は穀物を食べない。つまり、穀物を食べるか食べないか、火にかけた肉を食べるか食べないかで、中華民族と野蛮な異民族を区別していた。大航海時代以降、世界各地で先住民を《発見》した時、《野蛮人》は生肉を喰い、あまつさえ同類の肉を焼いて食べているが、自分たちは調理した肉を食べ、カニバリズムをしない——ただしその痕跡は残っているが——ことをもって、《文明人》の証拠だと西洋人は考えたのである。

その西洋社会の内部でも、中世以来白パンは上流階級の食べ物だったが、黒パンは下層階級の食べ物だったし、ウシのフィレやサーロインは客用、モツは召使い用の食物だった。「テーブルは社会的ヒエラルキーを表示する場だということを、中世末の人々は完全に意識していた」とローリウー（一九八九年）はいって、一四世紀ウィーンでのこんな例をあげている。

日曜の昼餐で、王太子夫妻には、大きな若鶏ないし二匹の若鶏のパテがそれぞれ二皿ずつ供されたが、領主や高位の騎士には一皿だけ、下級の騎士には二人に一皿、さらに社会階梯を下ると、侍臣・礼拝堂付き司祭・小聖堂聖職者には大きな雌鶏四分の一か若鶏半分とブタの腿肉の輪切り八分の一をそえたパテを二人で一皿、下っ端の従者は別の場所で食べねばならなかったが、彼らにはニワトリはなく、ブタの腿肉の輪切り一二分の一が、二人に一皿あてがわれただけだった。

家禽はブタより上等だとみなされていたから、城館の内部での社会的ヒエラルキーは、それゆえ供される料理の量によっても質によっても表現されていた。料理人たちは栄養の少ないと考えられていた家禽を閑雅な人々、つまり社会の上流階級の専用とし、《身体を頑丈にする》とみなされていた《下品な肉》（牛肉、羊肉、豚肉）を肉体労働者や貧民の食物に特定していたのである。

あからさまな食物による格差づけだが、これは何も昔の西洋だけとは限らない。一八世紀のロアンゴ王国では、バナナは支配階級の食べ物であり、トウモロコシは平民と奴隷の食べ物とされた。サモア諸島ではハレの祝祭日には男がブタの石蒸し《ウム》料理をおこなったが、ケの平日には女がタロイモの煮物をおこなっていた。日本でもことは同じである。平安時代から江戸時代まで、上は宮中から下は庶民にいたるまで、通時的にも共時的にも、先の食法の例で見たようにじつに煩瑣な形式主義による食事の社会的ヒエラルキーがあって、ここで詳しく述べることはとてもできない。

たとえば大饗料理では高位の貴族は屋内で床几風の椅子に腰かけ台盤で食べていた――だから殿上人という――が、下級の者は地面に敷物を敷いて坐り――だから地下《ぢげ》といった――地べたに直接おかれた膳で食べていた。テーブルの上にのる料理も、その品数、食材、調理法といった量と質とで身分

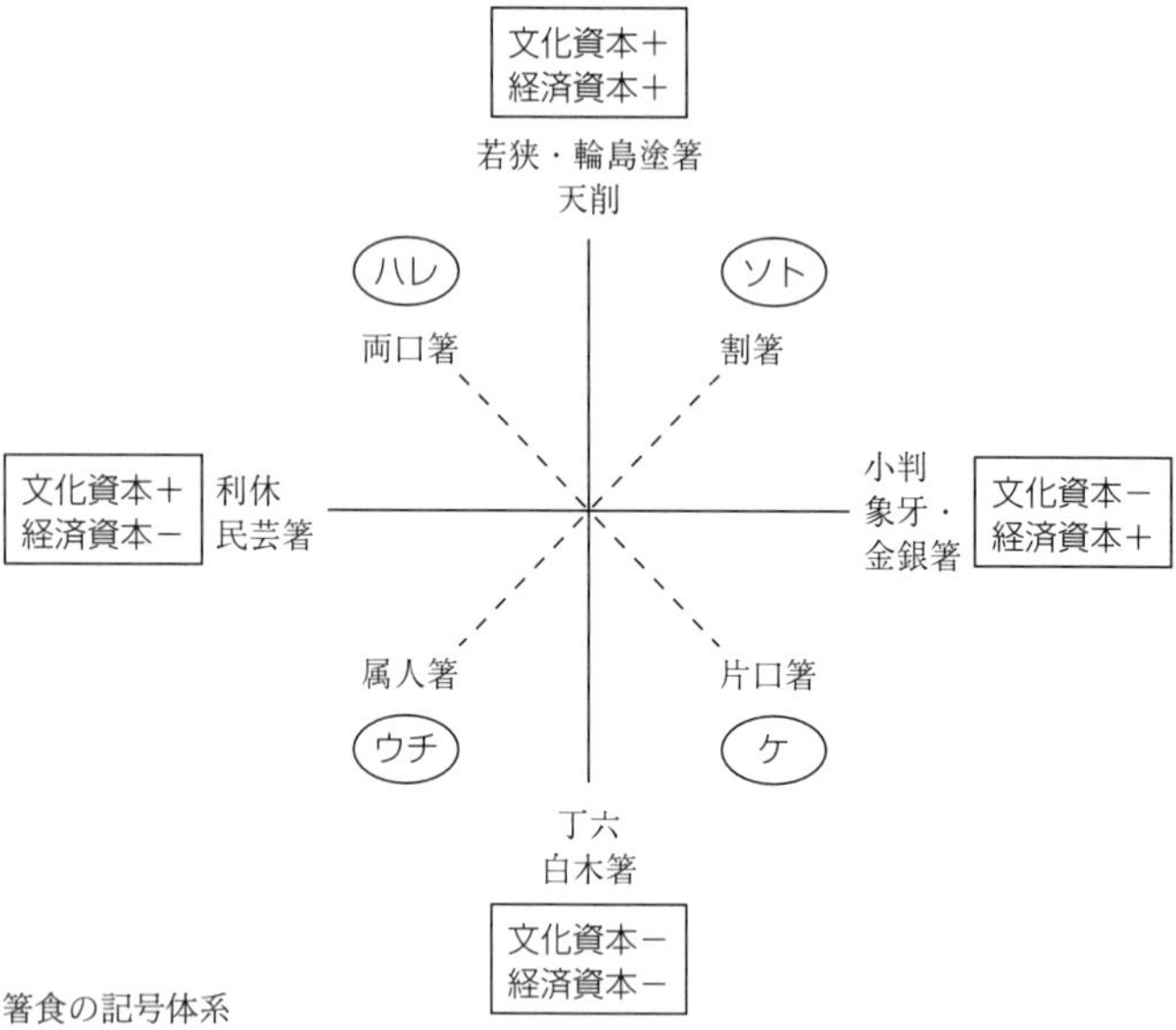

箸食の記号体系

によって皆違った。食事が位階制を表示していたのである。室町期の大膳料理でも、食事の場所や席次から始まって、膳や菜の種類や数、食器や食具の品質等々にいたるまで、格式や身分に従って見事な記号体系を作っていたことが、いくつかの御成・饗応献立の記録から明らかである。

江戸時代の商家でも、たとえば主人以下の上座下座の順位が決められ、同じ切身の魚でも当主は尾頭つき、妻や子供は尾や腹の部分、家族は米飯でも奉公人は麦飯というように厳しい上下の秩序があった。農村では庄屋は瀬戸物碗、小作人は木椀が普通だったのである。時代により場所により現象はさまざまだったけれども、食事における差異化の記号体系は一貫して存在していた。

「何を食べるか」だけではなく、「何で食べるか」という食具の場合でも、「食物の記号論」と同じく「食具の記号論」が当然成立する。フランスの社会学者ピエール・ブルデューの《文化資本・経済資本》の概念を借りてその有無を＋《プラス》と－《マイナス》とし、普段の常用箸と割箸の使用種類を社会階層別に分類すれば、およそ前ページの図のようになるだろう。ついでにハレとケ、内と外の対立も入れておいた。

経済資本については説明の要もないが、文化資本とは、『ディスタンクション』（一九九〇年）によれば、知識・教養・趣味などの身体化された資本、書物・絵画などの客体化された資本、学歴・資格などの制度化された資本の三つからなり、各個人のうちに蓄積されたものである。したがって座標軸の上はいわば名門の上流階層、下は一般庶民、左は知識階層、右は成金階層ということになる。けっして正確な分類配置ではないが、一応の参考にはなるだろう。

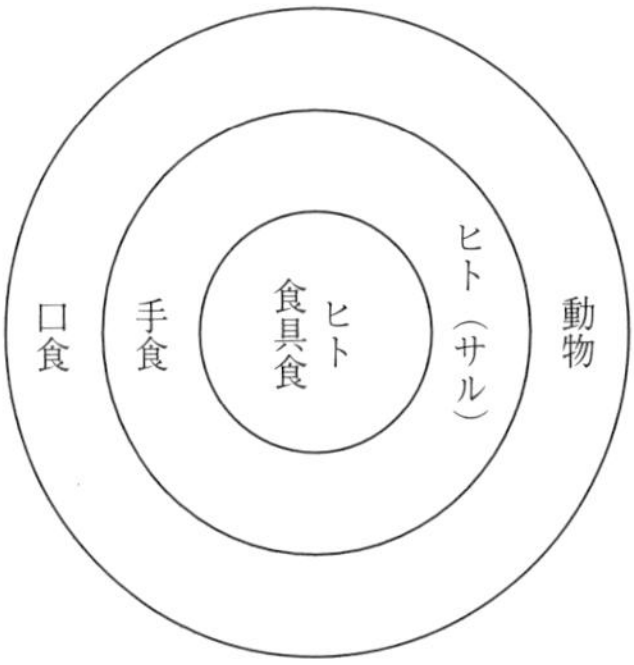

食具の構造

長くなったが、以上をまとめてみれば、要するにこういうことなのである。口食は人間をも含めたすべての動物の生物学的基礎条件だった。そこからヒトは自己を差異化しようとして、いいかえると人間化しようとして手食に移行する。が、そこにもサルをはじめとする少数の動物がいたので、さらに差異化しようとして食具食に移行した。そして動物や他文化、異階級等々、要するに他性からの分離と自集団のアイデンティティを確立しようとしたわけである。これを図示すれば上図のようになるだろう。

といっても、食具食が手食より文化的に上位にあるという意味ではない。この三層構造が示しているのは、ヒトは程度の差こそあれ、食具を記号媒体として、できる限り動物性から離脱し、自然からの距離をとりたいと希求する奇妙な動物だ、ということにほかならない。

第三章

食具の文化史

食具とはむろん食べるために食物を口に運ぶ道具だが、しかしそれはまた目的と手段とが転倒して、異文化間および同一文化内でさまざまな社会的意味を表示する弁別的記号ともなっていた。食物を口に運びながら同時に意味を運んでいたのである。

だが、すべての食具が同じ意味を運んでいるのではない。既述のように食具文化圏は、箸の文化圏と三点セットの文化圏とに大別できる。同じ食具を使うという点では両者は等価だが、その文化的意味は同じなのだろうか、それとも違っているのだろうか。そのことを明らかにするために、まずその前に箸、スプーン、ナイフ、フォークのそれぞれの歴史を尋ねてみよう。

箸の歴史

1　日本の箸

以前、「お箸の国の人だもの」というテレビのCMがあったことを覚えておられる方も多いだろう。たしかに「箸の上げ下ろしにも小言をいう」とか、「箸が転んでもおかしい」といった諺がこの国には多い。「箸にも棒にもかからぬ」といえば「手がつけられない」という意味だし、「箸より重いものをもったことがない」といえば、良家の安楽な子女を換喩する。明治以降西洋の食具が入ってきて日常でも使われるようになったが、それはあくまで副次的な傍役《わきやく》であり、日本の食具の主役はなんといっても箸だろう。

最近では和食のよさが見直されて、外国でも日本料理店がたくさんできたが、手先の不器用な西洋人は、やはり箸使いが苦手らしい。低カロリーの理想的なダイエット食品の豆腐やコンニャク、モズクなどを摘《つま》むのに四苦八苦しているさまをよく見かける。フロイスも日本人の巧みな箸使いに感嘆していたことは前にも述べた。滞日中、ナイフとスプーンの使用を断乎として貫いたコエリョ神父のような人までいたほどである。日本人の繊細な手工芸品や精密機械類の精巧さは、箸を使ってきたので指先が器用になったせいだ、という説もあるくらいである。

その日本人もしかし六世紀頃までは手食だった。とすれば一体いつ頃から日本はお箸の国になったのだろうか。

『記・紀』の箸

まず、よく引用される古代神話にでてくる箸の話から始めよう。

天上で乱暴狼藉を働いたスサノヲが高天原を追放されて、出雲国の肥《ひ》の河上の鳥髪《とりかみ》の地に降った時のことである。おりしも「箸その河より流れ下りき。ここに須佐之男命、その河上に人ありと以為《おもほ》して、尋ね覓《ま》ぎ上り往きたまへば、老夫《おきな》と老女《おみな》と二人ありて、童女《をとめ》を中に置きて泣けり」と『古事記』

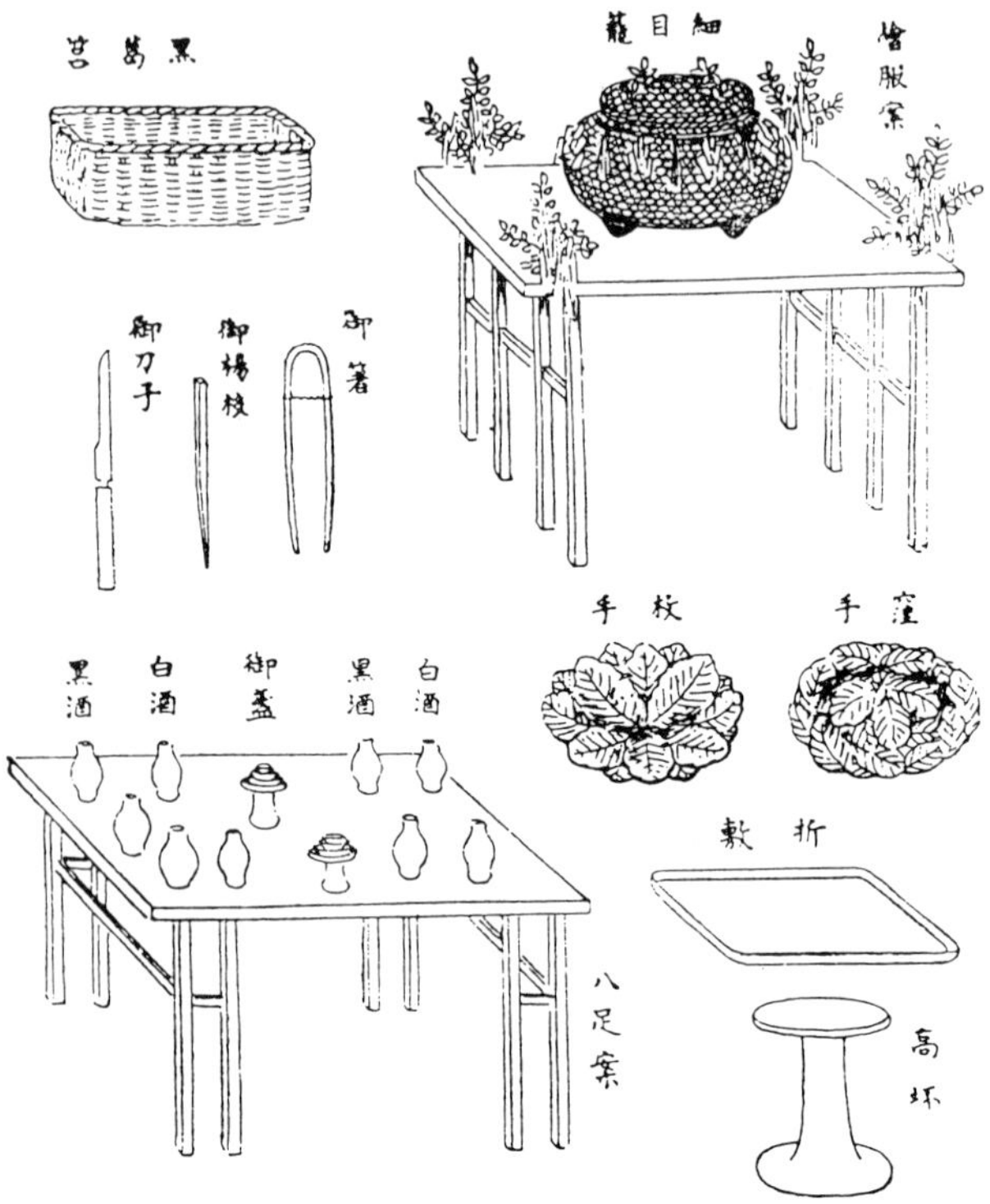

大嘗祭用食器具（江馬務、一九八八年より）

にある。有名なヤマタノオロチ退治伝説がここから始まるが、これが年代的に——といってもいつのことか定かではむろんないが——一番古い箸の記述とされている。

しかし、この箸は現在われわれが使っている二本箸ではなく、竹を折りまげたピンセット状の折箸ではないか、という説がある。二本箸なら一緒に流れてくるはずがなく、別々に流れてきたとすれば、チンパンジーが使用していたような単なる木の枝と見分けがつかないはずだからだ。

大嘗祭や古い神社でこの形式の箸が神饌に用いられているこ

とから、二本箸以前に折箸が日本にあったのではないか、と従来考えられてきた。鉄製と銀製のピンセット状の挟子《きようす》、つまり鉗《かなばさみ》の一種が正倉院に蔵されているのが、その傍証とされてきた。しかし大嘗会が始まったのは天武の時代とされ、大阪府の島田遺跡からの折箸の出土品も八世紀頃とされているから、二本箸より古形だったという確証には必ずしもならない。考古学者の佐原真（一九九九年）は「確実に弥生時代に属する、あるいは、古墳時代に属する遺物として、鉗《かなはし》形の箸は知られていない」と断言している。そうしたことから鳥越憲三郎は、旧説に疑問を呈して、ピンセット型が日本の箸の原形ではなく、むしろ中国から二本箸が渡来した後で、祭祀用に創作されたものと考えている。

ニューギニアにもこれと似たようなピンセット状の箸があるそうだから、独立起源説の根拠になるかもしれない。ところが、周達生（一九八九年）によると、紀元前四三三年頃の湖北隋県の會侯乙墓から、古代の弓の弓弭《ゆはず》に似た、長さ一尺二寸のピンセット形の箸（竹筴）が出土している。真相はまだ藪の中だが、折箸も二本箸も中国伝来のものかもしれない。

もう一つは、異類聖婚譚としてこれまた著名な『日本書紀』の箸墓伝説である。

この後に、倭迹々日百襲姫《やまとととひももそひめ》の命、大物主の神の妻《みめ》となりたまいき。然るにその神常に昼は見えずして、夜のみ来ましつ。倭迹々姫の命、夫《せ》に語りて曰く、「君常に昼は見えまさねば、公明《あきらか》にその尊顔《みかお》を視《み》ることを得ず。願はくは暫留まりたまへ。明旦《あした》に、仰ぎて美麗《うるわ》しき威儀《みすかた》をみま欲《ほ》し」

箸墓古墳（中央）と三輪山（左）／(一色八郎，1993年より）

という。大神対えて曰く、「言理《ことわり》灼然《いやちこ》なり。吾明旦《あした》に汝が櫛笥《くしげ》に入りて居らむ。願わくは吾が形にな驚かしそ」という。ここに倭迹々姫の命、心の裏に密《ひそか》に異《あや》しみ、明くるを待ちて櫛笥をみれば、遂に美麗《うるわ》しき小蛇《こをろち》あり。その長さ太《ふと》さを衣紐の如くなりしかば、驚きて叫び啼《な》きき。時に大神恥ぢて、忽に人の形となり、その妻に語りて曰わく。「汝、忍びずて、吾に羞《はじ》見せつ。吾還りて汝に羞見せむ」といいて、よりて大虚《おおぞら》を践《ふ》みて三諸山に登りたまいき。ここに倭迹々姫の命、仰ぎ見て悔いて急居《つきう》。箸にて陰《ほと》を撞《つ》きて薨《かむさ》りましき。すなわち大市《おうち》に葬《おさ》めまつる。故、時人《よひと》その墓を号《なづ》けて箸の墓という。この墓は、日《ひる》は人作り、夜は神作りき。

南方熊楠はヘビをトーテムとする部族の男と他部族の女とのタブー破りの恋愛だと考え、吉野裕子は『常陸国風土記』のユカヒメ伝承とあわせて、日本の上古に蛇巫があった証拠だとしている。が、それはともかく、この箸が二本箸だったのかピンセット箸だったのかは明記されていない。しかし、ヴァギナを突いて死んだとあるから、先の尖った二本箸の方が可能性が高いだろう。

だがなぜ箸でなければならなかったのだろうか。箸は一般にファロスの象徴とされ、ヘビもまたいろんな象徴を表わすが、その一つに男根をもつ祖神としての表象が世界各地に散在していた。

三輪山の蛇神とされるオオモノヌシは以前にも丹塗の矢となって、容姿麗美なセヤダタラヒメが「大便《くそ》まれる時、その大便《くくそ》まれる溝より流れ下りて、その美人の陰《ほと》を突きき」という前科がある。驚いたヒメが慌てふためいてその矢を床の辺におくと、「忽ち麗しき壮夫《をとこ》と成りて、すなはちその美人を娶《めと》して」めでたく子供が生まれた（『古事記』）、という話である。

したがってこの女陰《ほと》突きはあくまでも交合《まぐわい》だと見なければならぬが、セヤダタラヒメとは成功し、ヤマトトヒモモソヒメとは破局に終わったのは、やはりこの情交が、昼には顔を見せられず夜しか通えぬ禁婚圏の女性とのタブー侵犯だったからだろう。そのことが、本来上の口に入れるべき箸を下の口に入れるという、カテゴリーの混乱で暗示されていたのだろう。

最後は、これも『古事記』の、神功皇后が新羅遠征にでかけようとした時の話である。

西方の宝の国を侵略しようとして神憑《かみがかり》したオキナガタラシヒメにアマテラスの神託が下った。「今寔《まこと》にその国を求めむと思ほさば、天神地祇《あまつかみくにつかみ》、また山の神また河海の諸《もろもろ》の神に、悉に幣帛《みてぐら》を奉り、我が御魂《みたま》を船の上に坐《ま》せて、真木《まき》の灰を瓠《ひさご》に納れ、また箸また葉盤《ひらで》を多《さは》に作りて、皆皆大海に散らして浮かべ度《わた》りますべし」との託宣である。

そこで軍勢を集めて神託通りに執行して船出すると、『日本書紀』によれば、海中の魚がすべて浮かんで船を運び、舵や楫《かい》を使わないでも新羅についた。この時、船をのせた波が国の中まで及び、新羅王は恐れおののいてたちまち降伏した、という伝説である。真木とは優れた木の意味で、スギかヒノキを指し、ヒサゴつまりヒョウタンは縄文前期の福井県鳥浜遺跡からすでに出土していた。葉盤《ひらで》(枚手、葉手とも書く)はカシワなどの葉を数枚丸く並べ竹ひごなどで刺した平たい器(一〇八ページの図参照)をいうが、肝心の箸の材質や形状についてはこれではよくわからない。が、海神に捧げ、航海安全を祈る神具として使われたのは確かである。

スサノヲの話は神話時代、オオモノヌシの伝承は「神武記」(前六〜七世紀)と「崇神記」(前一世紀)、そして神功皇后の伝説はヒミコとほぼ同時代の三世紀頃のことと一応されている。とすればすでにこの頃から日本に箸が存在したのだろうか。

「日本の箸も、隋や唐の影響を受けて、八世紀に日常の食器として一般化する前段階として、弥生時代末期の三世紀ころからハレの神事儀礼のなかで誕生した。それは、神に供える神聖な神饌に手づかみによるけがれが触れないように、神聖かつ清浄な姿で供え、神と共食するための聖なる祭器として誕生したものである」と、本田總一郎(一九九七年)は独立発生説を主張している。

だが弥生〜古墳時代の遺跡からは現在のところ箸が一膳も出土していない。もっともこれには異説もあって、サルと同じように木の枝を串や箸の代わりに使っていた、という可能性はあるが。遺物が出ていないから存在しなかったとは明言できないが、出土していなくても存在したとはなおさら断言できない。やはりここは判事同様物証の方に重きをおくべきだろう。この点については後で触れるが、大安万侶《おおのやすまろ》が自分の時代――『記・紀』の成立はいずれも八世紀――にあった箸を、過去に投影した時代錯誤的《アナクロニック》な記述ではないかとの疑いを拭えない。

箸の伝来

日本に箸が渡ってきたのは、小野妹子が推古一六（六〇八）年に隋から帰朝した時、同行した隋使裴世清《はいせいせい》らを歓待するため宮中で饗応の宴が催された。その節、中国式のテーブルマナーを採用して、二本箸と匙を正式の食具として台盤においた。これがわが国における箸使用の最初の公式記録だ、というのが定説になっている。《野蛮な》手食民だと侮られないために急遽先進国の食作法をとり入れたわけだろう。『旧儀式画帖』の元日節会の記録でも内膳司が馬頭盤に銀箸、匕《さじ》、木箸をのせてあらかじめ台盤に置くとされ、『厨事類記』（一一世紀末以後）の絵でも同じく箸二、木箸二、匕二が並んでいる。

不思議なことに図では食具が台盤の中央に縦におかれているのに、ほぼ同時期（一二世紀初め）の『類聚雑要抄』巻一上では図のように、箸と匙が手前に横におかれていることである。これは直置《じか》きだが、箸置き（耳皿）を使っている場合もあった。いつから縦向きが横向きに変わったのだろうか。

現代では縦方向は中国、横方向は日本と決まっている。ところが昔の中国では、箸と散蓮華《ちりれんげ》を横向

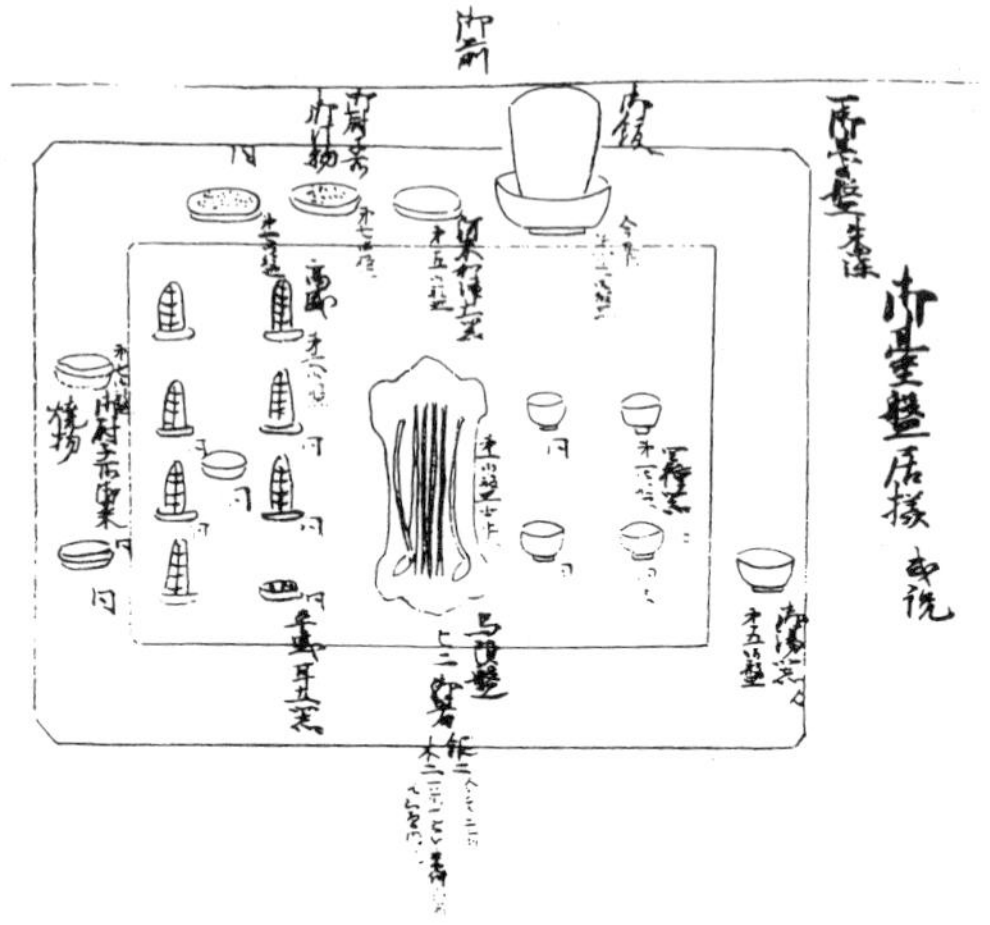

大饗の食卓／『厨事類記』上巻部分，慶應義塾大学三田メディアセンター所蔵（熊倉功夫，1999年より）

きに置いていた。これは陝西省長安県南里王村の中唐期の墓壁画や晩唐期の敦煌莫高窟壁画の会食図から明らかである。莫高窟壁画（一一六ページ上段）について田中淡はいっている。「この宴飲図は、漢族の椅坐《いざ》式による食生活習慣への変遷をしめす初期の実例に数えられるとともに、その箸と勺のセット使用という具体的内容の点でもまた、後世との差異を如実にしめす稀有の資料である」（一九八五年）と。ところが五代の画家、顧閎中《ここうちゅう》が、南唐の大臣、韓熙《かんき》載《さい》の豪奢な生活を描いた図（一一六ページ下段）ではすでに箸と匙が縦向きになっていた。この絵は宋《そう》摹《ぼ》本、つまり宋代の模写本だから、二点セットを後から画き加えたのかも知れないが、そうだとすると逆に宋代には縦置きが一般化していたことを明証する。張競（一九九七年）がいうように、唐と宋との間の五代の間に、中国の箸は九〇度回転しはじめ、元代で完了したわけである。もっとも唐以前の置き方の変遷についてはよくわからないが。

これに対し日本では、奈良朝のことは図録が残っていないので不明だが、少なくとも確実な資料に

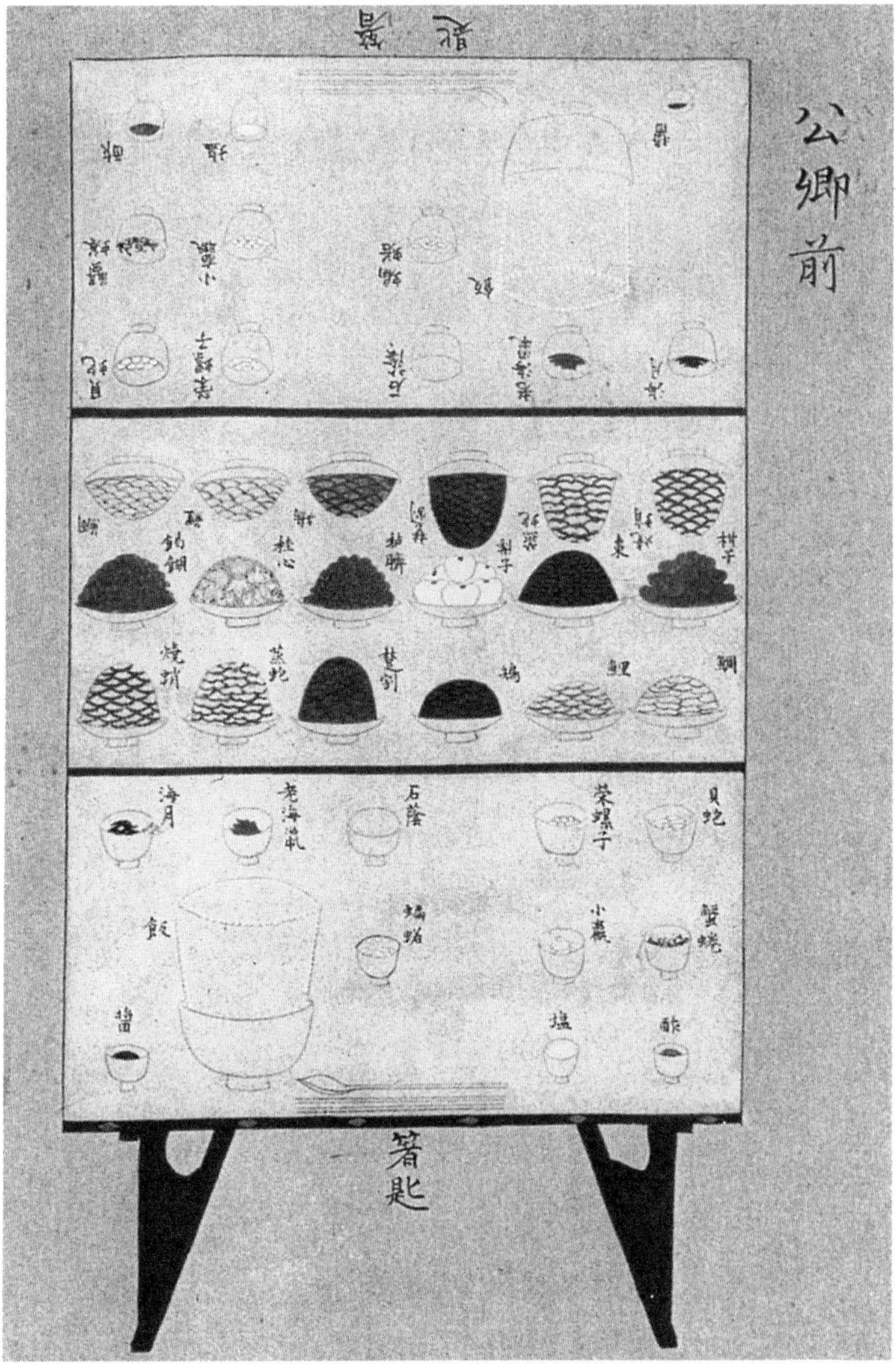

大饗図／『類聚雑要抄』(『講座・食の文化』第 2 巻，1999年より)

宴飲図／甘粛・敦煌莫高窟437窟壁画，晩唐（田中淡，1985年より）

顧閎中「韓熙載夜宴図」／部分，五代，宋摹本（田中淡，1985年より）

よる限り、原則として平安末期には箸を縦におき、混在期を経て鎌倉時代には九〇度回転していた。箸が中国から伝来したのだとしても、その置き方はほぼ同時期に逆転したわけである。ちょうど、貴族の祝宴の場合、中国では唐・五代期までは床か牀《しょう》に坐って跪坐していたが、宋代になると椅坐に移行した。反対に平安期の日本では椅坐し、その後床か畳の上に端坐ないし安坐していたのと同じように。なぜこんな相違が生じたのか、その原因はよくわからない。しかし日中のこの二重の相互逆転の構図からすると、箸を手前に横に並べ、坐食するという現在まで伝わるわが国の食事様式は、中国の模倣ではなく、箸置きや夫婦箸の区別と共に独自の和式スタイルを展開させたものといえるだろう。

土の中から

では日本における箸の出現は、文献からではなく土の中からどの程度のことが明らかになっているのだろうか。じつは筆者は一度も発掘に従事したことがないので、ここではもっぱら諸家の考古学的研究に依拠しなければならない。安楽椅子派の謗《そし》りを甘受するが、しかし日本中の出土品を見て廻ることさえ、一人の老門外漢の能力を超越する。他人の褌で相撲をとるのもまたやむをえない苦衷《くちゅう》を、読者や先学にあらかじめお許しを乞うておきたい。

まずわが国最古の箸は、六五五年に焼失した飛鳥板葺宮からの出土品で、材料はヒノキ、粗削りで先端がすこし細くなっている（一一八ページ右図）。

ついで藤原宮（六九四〜七一〇年）では、佐原真の前掲論文（一九九九年）によると、「墨書を記し

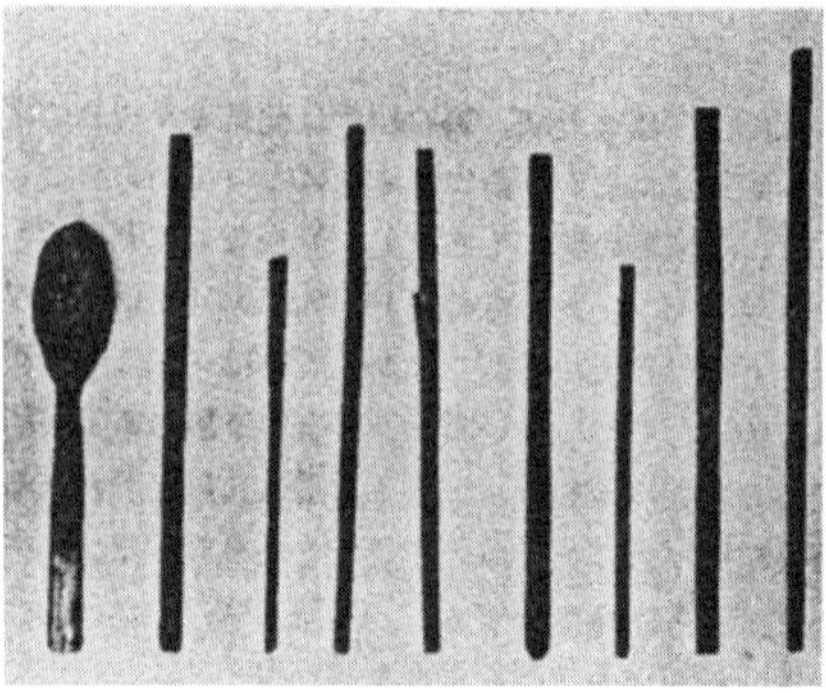

藤原宮跡出土品／1967年発掘（『調理科学』／一色八郎，1993年より）

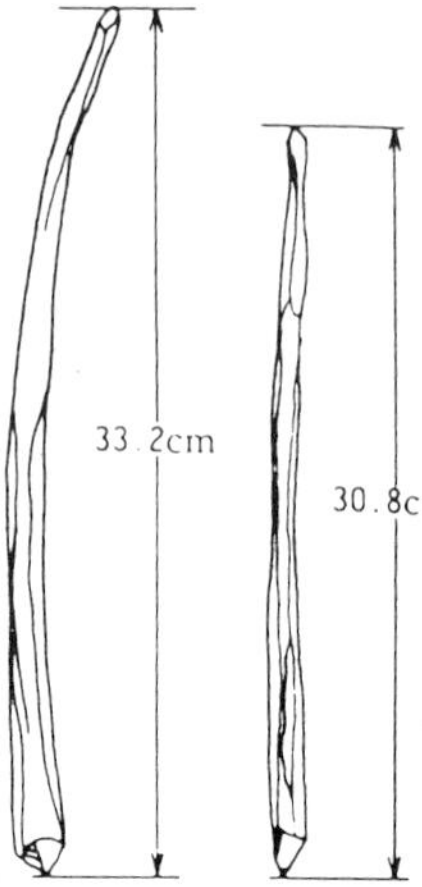

板葺宮跡出土品（一色八郎，1993年より）

た板、木簡《もっかん》と共に、木製品もみいだされている」が、箸と確証できるものはほとんど見当たらない。小野妹子の故事から一世紀近くたっているのに、「藤原宮跡には箸はまれ」だった。しかし一色八郎は長谷川千鶴他執筆の『調理科学』から出土品の写真を転載しているので上に掲げておこう。

平城宮跡（七一〇〜七八四）では、内裏のごみ捨て穴から遺物がたくさん出土している。「奈良国立文化財研究所の町田章さんの記述を紹介すると、ヒノキを小割にして棒に整えた細い丸棒（直径〇・五cm内外）であって、削りは粗い。太さは一様で、本《もと》と末《すえ》の区別は無い。完全な形の三〇二本を測ったところでは、長さ二二〜一七cmのものが全体の八割を占め、このうち特に二一〜二〇cmのものが最も多かった。使った痕跡が分かるものはない。作りも粗いから、現代の割箸のように一回限りで使い捨てにしたものだろう、と町田さんは見る」と、佐原はいっている。板葺宮のものと比べると長さは短くなり、中国風の寸銅《ずんどう》箸が多くなっていたらしい。しかし一般人の住居である京跡からはほとんど出土していない。当時の宴会は宮内でおこなわれたから、役人は——当然一般庶民も——家では手で食べていたことになる。現在正倉院にある金属製の箸が作られたのもこの頃のことだった。

未完成のまま中断された長岡京（七八四～七九四）では、どういうわけが宮跡からほとんど出土していないが、京跡からはたくさん発見されている。ある溝からは一万本近い遺物がでたそうである。しかも、手元より先が細くなった形式のものが八割にものぼっていた。当然宮中でも使われていて、まだ出土しないだけだと思われるから、ほぼこの頃から平安時代（七九四年以降）にかけて、現在われわれが使っている形状の箸が普及してきたと考えてよいだろう。日本人が手食から箸食の習慣に一般に移行したのは、したがって大体八世紀末から九世紀初めにかけてのことだったのである。

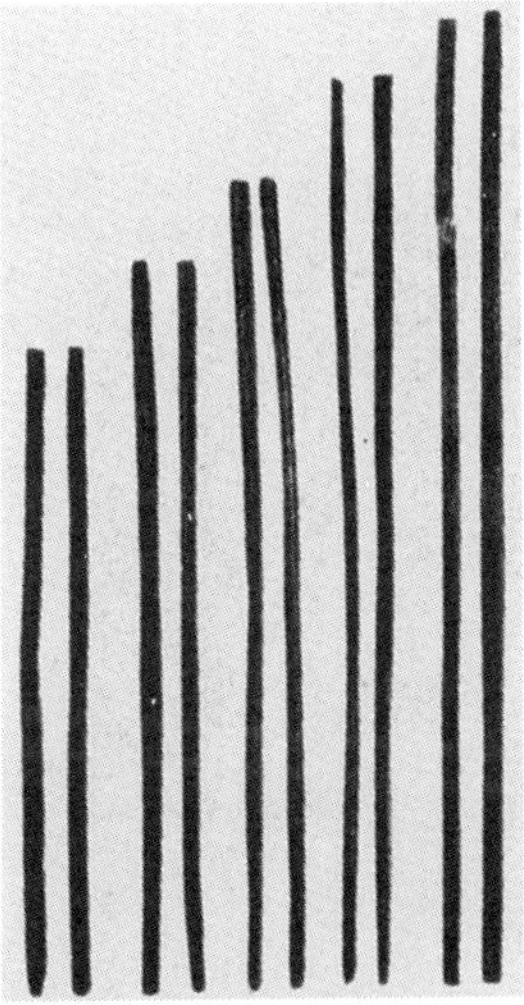

平城宮 K820出土木製品
奈良国立文化財研究所所蔵
（佐原真，1999年より）

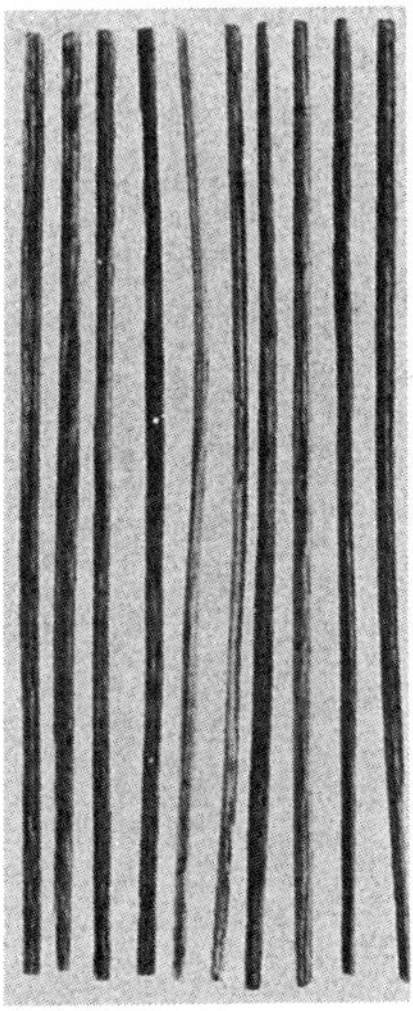

長岡京第13次調査出土箸
／向日市教育委員会所蔵
（佐原真，1999年より）

2 中国の箸

では、日本に箸をもたらした中国ではどうだったろうか。といっても筆者は中国の考古学にはまったく無知で、中国語も読めないので、ここでももっぱら諸家の研究に拠らざるをえないことをお断りしておかねばならない。

先に殷の紂《ちゅう》王の象箸のことを書いたが、これはどうやら伝説の類だったらしい。周達生の好著『中国の食文化』によると、一九七六年、河南安陽で殷王武丁の配遇者「婦好」の墓が発掘された。盗掘をまぬがれた唯一完全な王室墓だったので、出土品は非常に多く、骨匕、銅匕、象牙の杯なども出てきたが、しかし象箸がなかっただけではなく、銅・竹・木の箸も出土しなかった。武丁王は紂王より約二〇〇年前の人物だから、この間に箸が考案されたのかというと、そうは問屋がおろさない。商末から周初にかけての墓からも、箸がまったく出土していないからである。したがって「殷商の時代の中原地区には箸がなかった」と結論せざるをえず、司馬遷は、大安万侶同様、時代錯誤を犯していたのではないか、と周氏はいっている。周初期（前一一世紀）頃から五〇〇年間にわたる最古の詩華集『詩経』にも、箸にかんする描写は見られないそうだから、この頃はまだ一般に手食だったのだろう。

では中国で最古の箸はどこで出たかというと、雲南祥雲の大波那地区からで、銅箸二対が出土している。一対は長さ二八センチ、もう一対は二四センチの青銅製、円柱体のもので、放射性炭素の測定では二三五〇年±九〇年前（春秋時代中期）とされた。これが沈濤による《箸の雲南起源説》の根拠となっている。

その後、安徴省貴池（揚子江下流）から春秋晩期の竹箸が、湖北省（揚子江中域）の雲夢大墳頭墓から前漢早期の竹箸、同じ頃の有名な馬王堆一号墳の軑侯夫人墓や湖北省江陵県でも地主階級の墓から銅箸や竹箸が出土していた。

したがって箸の使用は戦国末期から前漢期にかけて、主に中国南部から始まったらしい。『荀子』（前三世紀頃成立）に、「山の下から山頂を仰ぎみると、十仭《いん》（約二〇メートル）の木も箸のように短くみえるが、箸を求めている者はだれも山を上って行って折り取ろうとはしない」という記述が見えているから、この頃にはかなり流布していたのだろう。

なぜ南からか

ではなぜ雲南地方で最初に箸が発明されたのだろうか。

『礼記《らいき》・曲礼』（前漢初期の成立）に、「黍《しょ》を飯するに箸を以てすることなかれ。……羹《あつもの》の菜あるものは梜《はし》を用い、その菜なきものは梜を用いず」とある。羹とは濃厚なスープないし汁物を煮つめた食品で、具《ぐ》のたくさんあるものは箸で摘《つま》んで食べてよい。しかしキビは箸で食べてはならない、とされていたわけである。当時中原地域ではコメはさほどなく、穀類としてはアワ、キビ、コウリャンなどを主食として粒状で食べていた。特に黍はモチキビのことで粘り気があったから上流階級にも好まれていたようである。しかしコメに比べるとやはりパラパラして食べ難いので、手や匙で食していた。

これに対しアッサムから雲南にかけては周知のように稲作の発祥地――その後しかし長江下流域が有力視されてきているが――で、その多くはジャポニカ種だったと推定されている。中国で粳《こう》と呼ばれたこの品種は当然粘り気が強くて、スプーンでは食べ難い。時代は下るが、『唐詩』に、

飯渋《しぶ》り匙綰《すべ》りにくく（飯はねばって匙に着き）
羹稀《こうう》く筯寛《はしひろ》め易し（汁の実まばらで箸にかからぬ）

と歌われた通りである。薛《せつ》令之が東宮御所の宿直室の壁にかいたこの諷詩を、玄宗皇帝が見つけて激怒し、そんなに嫌なら食べるなという答詩を書いて、薛を免官、郷里の福建省へ放逐した、という逸話がある。それゆえ、漢代から唐代まで、主食は匙、副食は箸で一般に食べていたが、宋・元代にかけて逆になった。前に述べた箸の置き方の九〇度施回もこのこととなんらかの関係があるのかもしれない。

なぜ宋代から現代の方式になったかというと、女真族の金に圧迫されて江南に逃れ、粳をもっぱら食するようになったからだ、という説がある。コメの性質が食法を変えたわけで、わが国で匙が一旦食卓にのぼりながら、その後いつのまにか姿を消して、箸だけになったのもそのせいだ、と主張する人もいる。

しかし、東南アジアで唯一のお箸の国ヴェトナムでは、インディカ種が主流である。宋代に寒冷による旱魃《かんばつ》が起こったとき占域稲《チャンパ》――チャンパは今のヴェトナムを指す――を移入しているが、これは籼《せん》といってインディカ種に属する。そのヴェトナム人はしかし米飯を箸で食べていた。またお隣りのコリア半島では食膳に必ず匙箸《スヂョ》――匙のスッカラクと箸のチョッカラクを約《つづ》めたもの――の二点セットが横向きに置かれるが、儒教の『礼記』の古訓を守って、ジャポニカ種の米飯を匙で食べていた。とすれば食品の性質が必ずしも全面的に食法を規定するものではなく、食具はさまざまな意味論的要素を運ぶ記号手段になっていると考えた方がよいだろう。

再び匙の話が出てきたので、ここらでスプーンの歴史に移るとしよう。

スプーンの歴史

1　西洋のスプーン

スプーンは何といっても西洋の食具だと思われているので、まず西方から話を始めよう。確かにヨーロッパでは昔からいろんなスプーンの種類があった。テーブルスプーン、スープスプーン、ティスプーン、エッグスプーン、マロースプーン（骨の髄をかきだす匙）、アイスクリームディシャー（アイスクリーム用の匙）等々。その他スプーンの親玉ともいうべき料理に使う大型の匙、つまり玉杓子《レードル》、網杓子《スキーマー》、穴杓子《エキュモワール》、柄杓《ディバー》等々、材質・形態・寸法・用途に応じてじつにさまざまである。食事用だけではなく、古代エジプトには化粧用・医薬用の匙があったし、一五〜一六世紀の西洋では分解して携帯するものまで作られていた。匙ぬきで西洋の食具について語るわけにはゆかないのである。

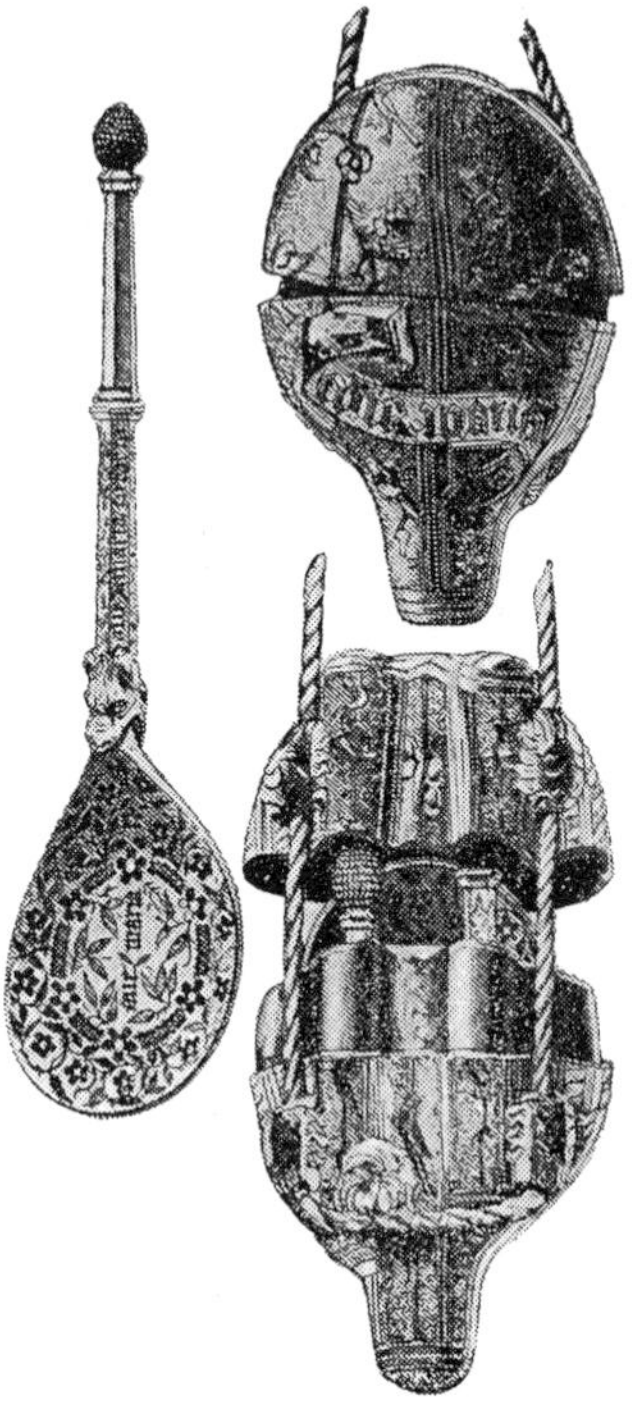
15世紀に携帯用のスプーンができた．右側は匙頭と柄を分解して収めるケース（春山行夫，1975年より）

スプーンの起源

英語のスプーン（spoon）は、印欧祖語のsp(h)e-からきていて、ドイツ語のスパン（Span）、ギリシア語のスフエン（sphēn）から明らかなように、元来は「木片、楔《くさび》」を意味していた。材料が木質タイプだったわけである。

一方、フランス語のキュイエール（cuiller）はラテン語のコクレア（cochlea＝カタツムリ）を通ってギリシア語のコクロス（koxlos＝貝）にまで遡るから、これは貝殻系のタイプである。日本語の匙も古くは「賀比《かひ》」と読み、『和名抄』に「以て飯を取る所也」とあるから、同系だった。自然の貝殻をスプーンに利用している所は現在でもオセアニアをはじめ、世界各地に見られる。地中海沿岸には旧石器時代から新石器時代にかけての貝塚の遺跡がたくさん残っているが、その中には火にかけて焼いて食べた痕跡のある貝殻も混在していた。これが貝殻《コキーユ》の形をした容器に入れて焼くところからきたグラタンの一種、コキーユの語源である。当然栄養豊かで美味な中の汁も口をつけて飲んだだろうから、鍋と匙を兼用していたことになる。日本でもアワビやハマグリあるいは大アサリなどは同様にして現在でも食べている。

　こうした自然の形そのままの利用は、石や骨、土――フランスのセーヌ・エ・ロワール県からは新石器時代の素焼の土製スプーンが出土している――あるいは金属製のスプーンのように製作の手間がかからないから、人類にとってきわめて原古的な利用法だったと思われる。現在の日本でも、ホタテガイやツキヒガイの殻に柄をつけた素朴なスプーンが、海辺の土産物屋などで売られているのだから。

　世界的に見ると、しかしスプーンの起源には、もう一つの系統があった。ヤシの実やヒョウタンなどの堅果の殻や鳥類の卵（古くはこれも「カヒ」といった）の殻を利用する方法である。日本でも柄《ひ》杓《しゃく》はもともと「ひさご」、つまりヒョウタンから派生している。じじつ先住民は今でもヒョウタンを柄杓や水入れに使用しているが、英仏語の語源からすると、西洋では気候風土の関係で、この系統のスプーンはなかったらしい。なおドイツ語のスプーン（Löffel）は別系統で、「なめる、飲む」という動作を表わす言葉（英語のlap、ドイツ語のleckenと同根）からきていることをつけ加えておこう。

スプーンの使用

では西洋人はいつ頃からテーブルにスプーンを置くようになったのだろうか。

古代ギリシアについては、テーブルの上にあったという人、なかったとする人で諸説が入り乱れている。たとえばメルボルン大学のタッカーは、『古代アテナイ人の生活』で、「紀元前四四〇〜三三〇年代のアテナイにはナイフやフォークや、非常に軟かい掛け汁をすくったり、貝殻から貝肉を引きだすためのスプーンはなく、通例は指か、用途上の凹みを作ったパン切れで用を足した」（春山行夫、一九七五年）と断言していた。

ところがダランベルグとサグリオの『古代ギリシア・ローマ辞典』（一八七四〜一九一九年）によると、ある種の形の匙だけがテーブルで使用されていた。「保存されている古代のスプーンの中には、現在使われているのとよく似た、頭部が長楕円形の、円くなったあるいは先の尖ったものがあった。柄はまっすぐか反っていて、末端には何か装飾が施されているものである。反対に軸がまっすぐで先細りになり、一端が尖って、他端に小さな円形の窪みのついたものもあった。後者が《コクレアレ》、前者が《リグラ》である。《コクレアレ》は特別な用途の小型のスプーンだった。尖った先で卵の殻に穴をあけ、別の端で中味を掬いとるのである。軟体動物を食べる時には、尖った方で動物を突きさし、かきだして口に運んだ。迷信をかついで、卵や貝を空にしたあと、突きさしたままにしておくことがあった。悪運から身を守ろうとしてである」。

ラテン語になっているが、コクレアレ（ギリシア語ではコキリアリオン）は、貝類などの中身をひっぱり出して食べる骨髄《マロー》スプーンに似たものであり、リグラ（ligula）は舌状のものをいい、リンガ（linga＝舌、言語）と同根である。

なお、タッカーの引用文の最後に、パン切れが食具の代用になったと書かれていたが、これはその通りで、前述したようにパンは皿代わりにもなったし、スープに浸して食べるスプーンの代わりにもなっていた。現代でもフランスの安食堂や学生食堂に入ると、お年寄りや労働者あるいは学生がスープ皿を最後にパンで拭って食べるのを見かけるが、これはケチ――モリエールの『守銭奴』のようにフランス人の吝嗇《りんしょく》は有名である――からではなく、この古い風習の名残りだった。

ギリシアの文献をさほど調べたわけではなく、どちらの意見に軍配をあげたらよいかわからない――識者の教示をえたい――が、必ず食卓にスプーンが出ていたわけではなく、必要に応じて出したというところが真相だろう。一般の家庭では台所と食堂が一緒で、料理用のスプーン類がすぐ手近にあったから、必要に応じてテーブルでも使ったのではないかと思われる。

同じ手食時代だったが、古代ローマの食卓にスプーンが鎮座していたことは、これはもうはっきりしている。先に述べたアテナイオスの奇書にも金の匙が出てくるし、ペトロニウスの有名な小説『サチュリコン』（一世紀）には、半リブラ（約一七〇グラム）の重いスプーンを使って卵を割る食卓風景が出てくる。この卵はじつは捏粉《ねりこ》でできていて、中にコショウで味付けした黄味に包まれたフィケド

聖ルイ，貧者に食べ物を与える／13世紀にパリで書かれた『マルグリット女王の聴罪司祭による聖ルイの生涯』（山内昶，1994年より）

ラ鳥（秋になるとイチジクやブドウの木にやってくる、ウグイスかメジロのような小さな渡り鳥で非常に美味とされた）の丸焼きが入っているという、凝った料理である。

ところが、ゲルマンの《蛮族》が北方から移動、侵入してきて、西ローマ帝国が滅びると、テーブルの上は再び野蛮な未開状態に戻ってしまった。なにしろ地面にじかに坐り、殺した動物の骨付き焼肉をナイフで切ってそのまま口へもっていった連中のことである。その結果、中世を通じて、地上からローマ帝国が姿を消したように、テーブルから匙が姿を消し、ナイフだけが君臨するようになってしまった。スープのような汁物でも、具は指で摘んで食べ、汁は深皿から直接口をつけて飲むか、あるいは添えてあるレードルで掬って呑み、順々に回していった。聖ルイ王（一

1338-44年にブリュージで書かれた『アレクサンダー物語』より
（ヘニッシュ，1992年より）

三世紀）の絵（一二八ページの図参照）でわかるように、右から三番目の貧者はスープ皿に直接口をつけて飲んでいる。もっとも国により時代によってかなり違いがあったし、台所では大型のスプーンをずっと使用してはいた（一二九ページの図参照）のだが。

西洋人がこうした《野蛮状態《バルバル》》から《文明状態《シヴィル》》へ移行したのは、スプーンでいうと大体一四世紀以後のことらしい。この頃から次第に絵画や文献で食卓の上のスプーンが描かれるようになってくるからである。たとえば同じ聖ルイ王の慈徳を表現した次世紀の絵（一三一ページの図）では、王の方がひざまずいて、貧者にスプーンで食べさせている。

とはいえ、金属製のスプーンは貴重品であって、一般にはまだあまり流布していなかった。特に貴金属の匙は王侯貴族の象徴であって、大切に扱われ、代々財産として継承された。レスタ伯爵夫人の一三世紀の勘定書には、壊れた四本のスプーンを修理するために、八枚の一ペニー銀貨が溶かされた、と記載されている。修理しながら代々にわたって使い続けていたのである。シャルル五世（一四世紀後半）の財産目録には、金銀のコップが二八〇箇もあったのに、スプーンはわずか六六本しか記載されていない、と春山行夫も探しだしてくれている。したがって宮廷の宴会でも三、四人の客に一本しか当たらず、なかには盗んで帰る不心得者もままあったので、宴が終わると数が調べられ、すぐに食器棚にしまいこんで鍵がかけられた。一般の家庭では、相変わらず粗末な一本の木匙で家族全員が食べていたのである。

しかしこの頃から、料理を手摑みで食べたり、直接食器から口飲するのは、下品で、野蛮で、粗野

スプーンで食事を施す聖ルイ王／1326年頃，パリで書かれた『ジャンヌ・デヴールの聖務日課書』より（ヘニッシュ，1992年より）

な振る舞いであり、食物と口との間に媒介物を挿入する方が、上品で、シヴィルで優雅だという意識が徐々に芽生え始めてきたことは、既に述べた。自然と人間との距離が民族の文明度を測る記号的差異化の手段となってきたことを示す一例として、ドイツの学者スタキウスの『古代の宴会』（一五九七年）から引用しておこう。

パイまたはシチューといったものをスプーンですくって諸君に差しだす人があったら、諸君はパン（註、ドイツではその頃でもかたく焼いたパンの皿を用いていた）にそれを受けるか、そのスプーンを受けとって自分のパンの上にあけ、スプーンを返すがよい。もし差しだされたものが汁物だったら、（スプーンを受けとって）それを吸い、スプーンをテーブル・クロスでよく拭いて返すがよい。手を皿のなかにつっこんで、たくさんの肉汁をとる（肉汁といっしょに煮た食物《たべもの》の意味）のは田舎者のやることで、欲しいものをとるには、ナイフまたはフォークを使った方がいい。シチューまたはカユをたべるときに、木製、真鍮製、銀製のスプーンを用いるのはドイツ人のあいだではしばしばみかけるが、フランス人やイタリア人その他の国民は、今日でも素手を用い、スプーンを用いていない。肉汁はパンをそのなかにひたしてとりあげている。（春山行夫、一九七五年、註は同氏）

誰でも自分の国や故郷の料理が、世界で一番美味いと思うように、食法も世界一優れていると妄信する自文化中心主義に陥りやすいものだが、スタキウスのお国自慢はいささか度外れで、客観的には成立しない。というのも、この当時スプーンは西洋諸国でかなり一般的に流布していたからだ。

その証拠に、一六世紀から一七世紀前半にかけて、イギリスでは《使徒のスプーン》という贈物の習慣が流行していた。これは、スプーンの柄《ハンドル》の先がキリストの一二使徒の一人を象《かたど》ったもので、洗礼をうけた子供の名付け親が記念に贈る習わしだった。富裕な上流階級では一ダースのセットが贈られたが、さほど豊かではない家庭の子供にも、そのクリスチャンネームに因んだ守護聖人の像のついたものが一本は贈られたといわれている。むろん高級品は飾っておくほうが多く、並製品でも普段の食事で使われることは少なかったとしても、イギリス人はほとんどすべて自分専用のスプーンを持っていたことになる。

中世では共有されていた食具がこの頃から個人の占有に移行したことは、私的所有の観念が発達し、それとともに人間と人間との間に境界線が引かれて距離が開き、個性が確立されると同時に人間関係が次第に疎遠になってきたことを物語るものだろう。

使徒のスプーン（春山行夫、一九七五年より）

その他、スプーンの使い方には、奇妙奇天烈《きてれつ》といってもよいほどのややこしいルールがあった。たとえば一七世紀のフランスでは、オリーヴの実をとるにはフォークでなくスプーンでとらねばならなかったし、ロースト料理のつけ合わせのオレンジは、ナイフで縦に十文字に切らねばならなかったが、一九世紀中葉の『社交界心得』には、オレンジの皮はスプーンでむけというマナーが載っていた。これは現在のイギリスでも同じらしい。そのイギリスで、デザートにシャーベットが出てきた時にはスプーンでもよいが、メインコースの口直しに出てきた時にはフォークで食べねばならなかった。

現在の西洋でスープを食べる時、スプーンを向こう側に動かして掬って口に運ぶが、コリアではそんなことをしたら福が逃げるといって、スプーンを手前に動かして掬って飲んでいる。こうした複雑な礼儀のコードは、食具がもはや実用性を離れて、ある文化集団に属しているか否かを判別し、仲間の確認と非＝仲間の排除をおこなう意味論的な記号媒体になっていることを示している。

2　中国の餐匙

チンパンジーでもスプーンの原型を使っていたのだから、太古からホモ・サピエンスが匙を使用していたことは想像に難くない。世界各地で木切れ、貝殻、木の実の使用が自然発生していたことから明らかなように、スプーンは何も西洋だけの専売特許的な食具ではないのである。そこで今度は西欧と並ぶ一大食文化圏であり、日本とも関係の深い中国について、駆け足で見ておこう。

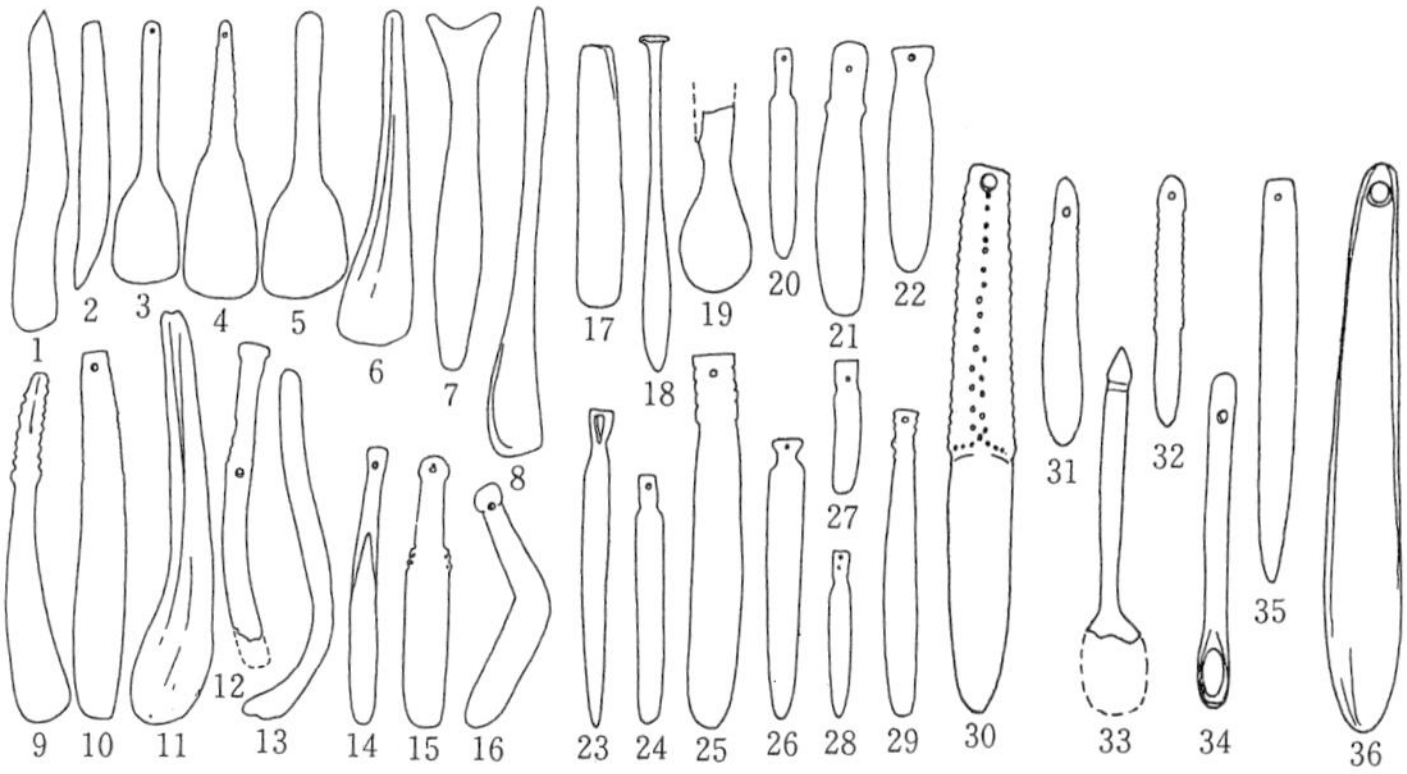

史前時代の匙／知子氏の図から作成（周達生，1989年より）
1•2:河北武安　3:浙江余姚　4•5•6•7•9•11:江蘇邳県　8:山東曲阜　10•13•14•15•16:山東泰安　12:山東諸城　17:山東夏県　18:河北内丘　19:山東濰坊　20•21•22•23•24•25•26•27•28•29:甘粛永靖　30•31•32:黒竜江密山　33:内蒙古包頭　34•36:遼寧赤峰　35:遼寧建平

先史時代の匙

考古学的資料をまとめた知子の論文「我国史前時代的餐匙《さんし》」——周達生が前掲書で紹介している——によると、中国では新石器時代の遺跡から大量の匙が出土していた。材質は多く骨製で、形状は、長条状の末端がかなり薄い口になっている匕《ひ》型と、柄と頭部に形の相違が見られる勺《しゃく》型との二種があって、前者のほうが出土量が多かった。「黄河流域からの出土が多く、約七五〇〇年ほど前の磁山文化に関するものでは、河北武安磁山遺跡から、二五〇数点の骨器が出土しているが、そのうち二三点が骨製匙であった。その『磁山骨匙』には、一端が尖刺形のものと、一端が弧刃形のもの二種類が見られる。どちらも長状形で、最大のは二〇センチ、小さいのは一〇センチに満たないものである」とは周氏の解説だった。

長江流域からは約七〇〇〇年前の匙が出土しているが、これは勺型が多く、現代のものとよく似てい

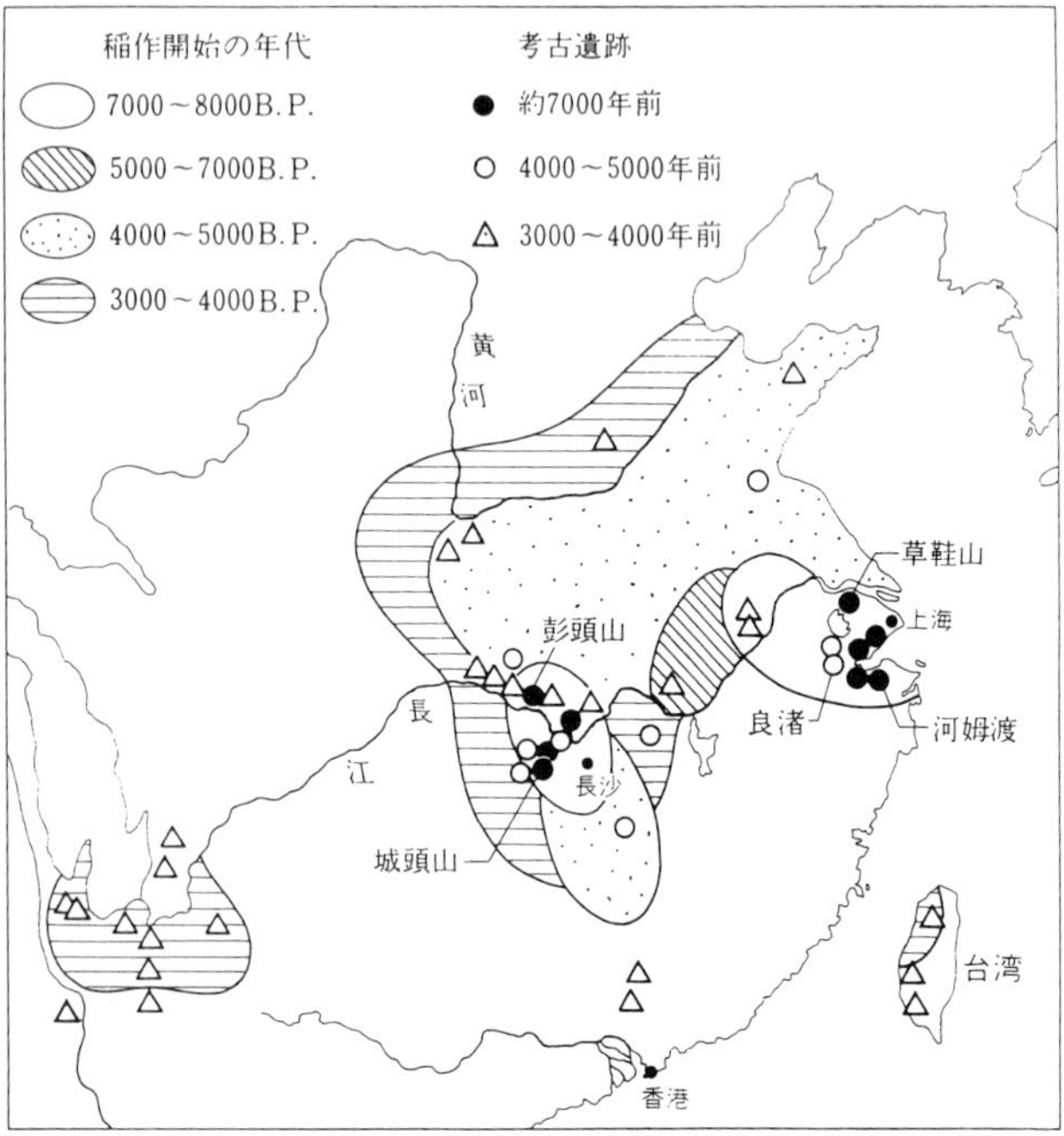

中国の考古学のデータに基づく稲作の起源／王在徳、渡部武、中村慎一、厳文明などによる（佐藤洋一郎、一九九六年より）

るようである。特に浙江省余姚《よよう》県の河姆渡《かぼと》遺跡――ここは最古の稲作文化があった所として注目を浴びている――からは、頭部の凹んだ勺型の骨製が多く出ている。華北と華南を比較すると、前者では頭部の平らな匕型のものが多く、後者では勺型の出土例が多かった。青銅器時代になると、「匕型の匙は徐々に食卓から姿を消し、勺型の匙が逐次大量に出現するようになった」らしい。

　飯《はん》の掬いやすさという面から見ると、北の雑穀文化圏と南の米穀文化圏とではタイプが逆になっていてもよさそうなものだが、あるいは華北の匙は、匕の字が示すように鏃《やじり》や石刃、匕首《あいくち》、つまりナイフから発達してきたものだろうか。そして徐々にではあるけれども勺型が増えてくるのは、稲作の北進を物語っているのだろうか。むろんこれは素人の推測にしかすぎないが。しかし佐藤洋一郎（一九九六年）によると、今から四〇〇〇～五〇〇〇年前には山東省に、三〇〇〇～四〇〇〇年前には山西・河北省にまで稲作が北進しているから、あながちアマチュアの妄言ともいえないだろう。

なお図（一三五ページ）で見るように、当時の匙には柄に紐を通したらしい穴があいているものがあり、これはいつも身につける習慣があったからではないかと推測されている。なかには匙を手に握って埋葬された遺骸もあるようで、おそらくこれは古代エジプト同様、来世でも食べ物に不自由しないようにという一種の呪術的願望を示し、スプーンが食を象徴していたのだろう。

文明時代の匙

知子の今度は「我国文明時代的餐匙」によると、歴史時代の中国の匙の展開史はほぼ四段階に分類できる。

第一段階——夏・商時代。この頃の匙は先史時代の伝統をひいていて、多くは匕型骨製であり、新石器時代と造型的に異なるところはない、とされている。しかし研究者の中には、これはスプーンではなく紡織用の刀杼《とうじょ》ではないか、という説を唱える人もいる。「もともと可能性としては、匙として、および刀杼として、兼用されることもあり、新石器時代においては、状況はそのようであったと思われる」というのが、知子の見解である。妥当といえよう。

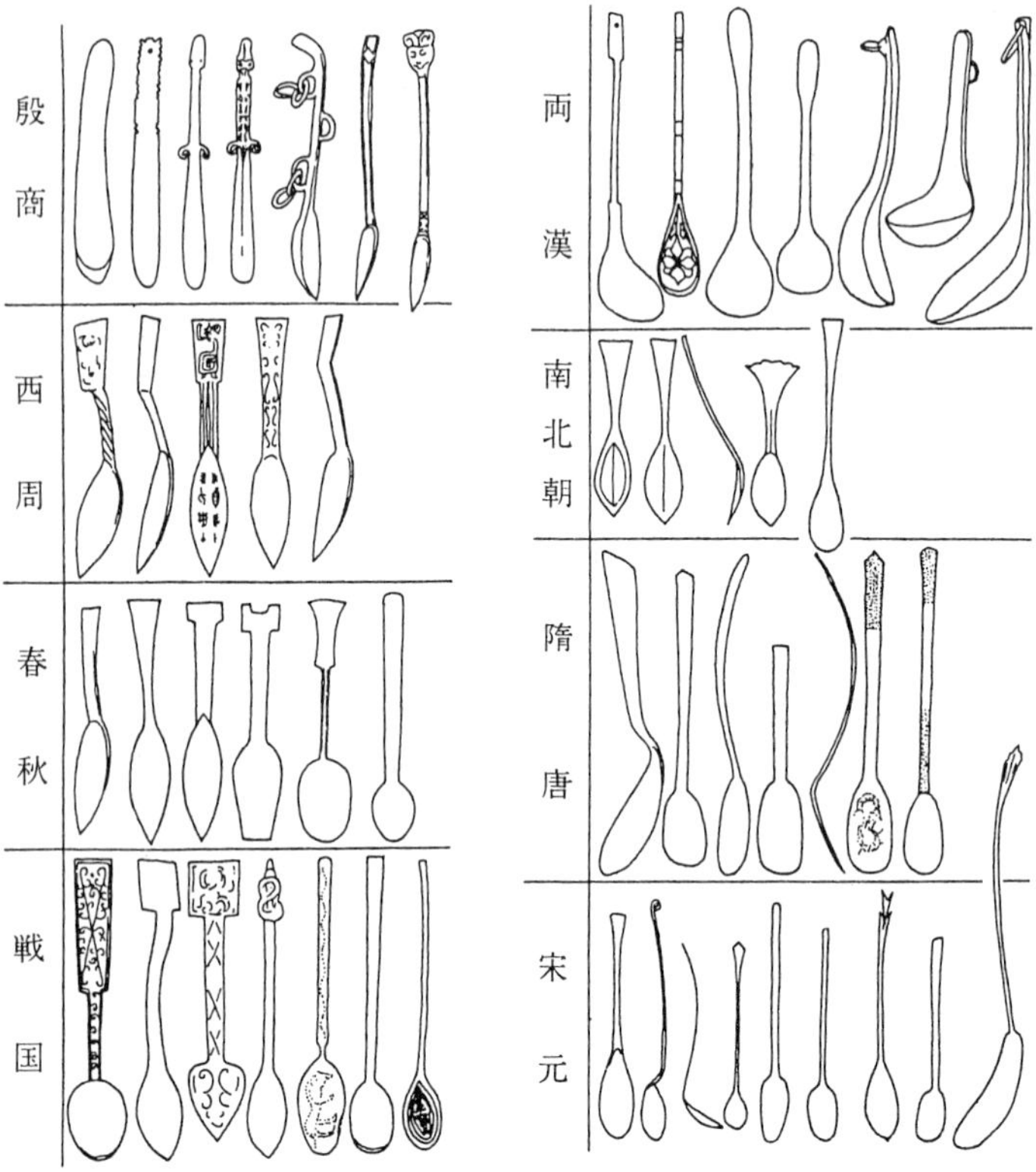

文明時代の匙／知子氏の図から作成（周達生，1989年より）

商代も晩期になると、「北方では、青銅製の勺型匙が現われる。しかし、それは、まだ普遍的に存在するものではなかった。それとともに、一層多く現われたのは、銅匕で、一般には、長さ約三〇センチで、柄端には、通常蛇の頭とか、羊の首が装飾として鋳造されていたという。その刃は、鋭利であるので、人によれば、それは匕首だろうというようだ。しかし、それは、やはり一種の食器であって、切ったり裂いたりするナイフとしても兼用されたものである。この種のものは、主として北方の古代遊牧民の集中する地区で分布しているので、食肉用なのである。中原では、この種のものの大量出土はない」と、周氏は知子の見解を紹介している。

確かに現代でもモンゴルでは、蒙古刀《ホタクツ》と箸《サバハ》をセットにして差した鞘《ヘト》を常時携帯している。原始人は器用仕事《ブリコラージュ》によって何でも自分で作りだす万能人だったが、また数少ない道具を必要に応じて何にでも転用する器用人《ブリコラール》でもあったから、石鏃・石刃が一方ではナイフに、他方ではスプーンに機能分化してきたのかもしれない。

第二段階――周・春秋戦国時代。西周では匕型が少なくなり、尖勺型青銅製が多く出土している。知子によると、「その柄の握部は、やや広く、柄上に幾何学的な紋様があり、長さは約二五センチで、わずかではあるが、長さが三〇センチ以上のものもある。銘文の鋳されたものには、『匕』と銘のあるものもある。この種の匙は、東周になってもまだ普及しており、戦国時代の末期になってから、だんだん消失するようになった。……この時代の大きな『匕』は、儀礼用のいわゆる礼器であったが、小さい『匕』は、日常の飯を食べるのに用いられたもの」だということである。「匕」という字は、もともと年老いた女性の象形であり、妣《ひ》の原字とされるから、羹に添えて亡母の家廟に捧げる礼器でもあったらしい。

春秋時代になると平勺型と円勺型の匙がしだいに多くなり、前述のピンセット状の竹筴の出た會候乙の墓からは、円勺型の金匙が一点出土していた。戦国時代になるとさらに円勺型のスプーンが普及し、なかには漆器製のものも製作されていたようである。

第三段階――漢・南北朝時代。「漢代の漆器匙は、すべてが美しく図案の描かれたもので、表裏ともそのようになっており、ほとんど平勺型なので、飯用であり、スープをすくうものではなかったようである。たぶん前漢の前期頃から、かなり大きな銅勺が現われるようになるが、その勺頭は凹部を形成しているので、流動物をすくうことができるようになっている。それは、たぶん食事する人びとに、食べものをすくい分けるのに用いたものと思われる」とは、周氏の推測だった。

ただ不思議なのは晋と南北朝の時代になると、出土品の数が少なくなり、しばしば青磁製の小勺が酒器とともに発掘され、銅製のものもむしろ戦国時代の形状に似て、柄の幅が広く、尖頭型になっていることだろう。これは漢代を飛びこえて先祖返りをおこしたものか、新しく創案されたスタイルかはよくわからないけれども、テクノロジーの進歩同様、食具の発展史も、けっして単純な一直線の線型的展開を示さないことを物語っている。

第四段階――隋・唐時代。「この時代になると、銀製食器が盛んになり、箸も匙も、銀で作られるようになり、銅製のは、逆にあまり発見されないようになる。もちろんこれは、上層社会についての状況であって、一般の農民層には、そのような匙はなかったのである。なお、その時代の匙の形にも、大きな変化が現われる。すべてが、円頭勺狭で柄の長い、かなり軽いものになる。中唐以後は、それ以外に、短柄の銀匙もいくらか現われるが、その柄部はやや幅広くもなっている」(同前)。

宋・元代になると、さらに小型化し、軽量化してくるようだが、基本的な形状には大きな変化はない。とすると、この間に米飯を匙から箸で食するという大きな食法の転換があったのに、菜用に一般に普及しだした匙の形には影響しなかったことになる。その理由はよくわからないが、「何を」食べるかは、必ずしも「何で」食べるかを規定しない。いいかえると食具の形状は食物の性質と単純な因果関係にはなく、一程度の解離の自由があることが示されている。そこに食具の記号論的使用の可能性があるわけだろう。

それはともかく、小野妹子がもし中国のテーブルマナーとともに匙も持って帰っていたとすれば、推古一六年の宴では図に示したような隋唐型のスプーンが使われていたことになる。そこで、中国から海を渡って、この辺で日本の話に移るとしよう。

3 日本の匙

中国の知子の論考ほどまとまった体系的な匙の研究は、管見の限りではまだわが国では発表されていない。箸についてはかなり出版されているが。専門の研究書がないのはむろん日本に匙がなかったからではない。それどころか、先史時代からこの列島のあちこちにスプーンがあったことは、考古学的に証明されている。

たとえば青森県の三内丸山遺跡は、約五五〇〇年〜四〇〇〇年前の長期にわたって花開いた縄文文化の粋を閉じこめたすばらしいタイム・カプセルだった。巨大建造物をはじめ、すでに原＝農耕の痕跡が発見されて、人々を仰天させ、と同時に旧来の縄文観を根底からひっくりかえした記念物《モニュメント》である。生活文化にかかわる膨大な出土品があったが、その中には豊富な土器もあった。食具はどうだったろうか。

土器のサイズは一般に八〜一二リットルも入る大型のもので、個人が食事に使う手頃な小鉢や皿は少ない。そうした「大きな器からとりわけるための杓子《しゃくし》（ほかの遺跡にはある）、口に運ぶハシ、スプーン、フォークなどは見つかっていない。これは三内丸山にかぎらず縄文時代に一般的にいえることで、今日にちかい個人的な食事のかたちができあがるのは米食が普及した古墳時代末以降だといわれている。

縄文人は食事のとき調理器から直接食べたのだろうか。木の葉など残らない素材をつかったのだろうか。それとも西洋のパン食に似て食事には器を必要としなかったのだろうか、」と、小山修三はその『縄文学への道』（一九九六年）で述べていた。

しかし同氏自身同じ本の中で出土した黒曜石の石匙の写真を掲げている。この石匙は、現物を見ていないが、一見すると石鏃に近い形をしており、そちらに分類する人があるのかもしれない。原石は

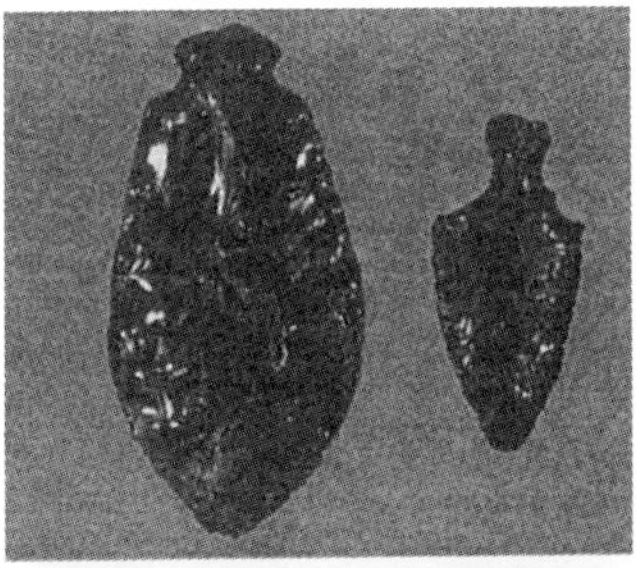

黒曜石の石匙／青森県三内丸山遺跡対策室所蔵（小山修造，1996年より）

縄文時代の杓子（金関恕，1999年より）

北海道産だそうだから、舟で津軽海峡を渡り、何十キロ以上もの遠距離交易をしていたことになる。他の資料にもスプーンの記載があり、またフォーク様のものも少数ながら出土しているそうだから、今後の分類調査が期待される。

その他縄文時代の杓子としては千葉県多古田《たこだ》遺跡（下段の左図）や鳥取市桂見遺跡（同右図）から出土したものがある。右側のものは「なかをえぐりきらないうちに折れて捨てられたと思われる」と発掘者の渡辺誠はいっている（金関恕監修、一九九九年同前）から、これも現物を見ていないけれども、たぶん木製なのだろう。

弥生時代では、岡山県南方遺跡や奈良県唐古＝鍵遺跡からもかなりの数の木匙がまとまって出土していた。しかしいずれも毎度の食事に使って食べたといえるほどの量ではなく、既述のように原古の器具は万能性をもっていたから、他の石鏃・

縄文中後期の石匙（直良信夫、一九九二年より）

石刃・ハンドアックスなどと見分けが困難な場合もあるにちがいない。石匙で獣皮をはぐ際に使用された脂痕の残っているものもある。上掲の図は縄文中後期のそうした一例である。

したがって今後さらに匙・杓子類の出土例が増えてくるかもしれない。それに古代には杓子は「飯《いい》匙《かひ》」とも呼ばれていたから、考古学者の分類する杓子は広くスプーン類と考えてもよいだろう。

自然の貝がそのまま匙に使用された場合には判別がつかないが、正倉院には人工的に手を加えた貝匙が六〇枚伝わっている。「アコヤ貝を磨いて卵型に切り、竹柄にかませて銅釘一本で固定」し、これを「一〇枚を一束として紐で縛り、一束中篠竹柄が九枚、繁節竹柄が一枚」となったものである。「篠竹柄が個人用、繁節竹柄が共用」ではなかったかと、関根真隆（前掲書）は考えている。

その他、正倉院には金メッキの銀匙、佐波理《さはり》（銅と鉛・錫の合金）匙、銅匙などがいくつも残っている。形状は木葉形・円形浅型・円形深形などがあり、次ページにその一例を示すが、上が円形浅型、下が木葉形で、いずれも新羅からの渡来品らしい。そこから小野妹子も隋匙をもち帰ったのではないかという想像も成りたつが、いずれにしても縄文時代からすでにスプーンになじんでいたわれわれの先祖は、最新流行の箸と匙との二点セットの食作法をさして違和感なしに受けいれる素地がすでにあったわけである。といっても、あくまでも上層階級での出来事ではあったが。

佐波理匙／正倉院所蔵（関根真隆，1969年より）

ところがその匙が、いつのまにか、なぜか日本の食卓から姿を消してしまった。この不思議な謎について考えてみよう。

匙の行方《ゆくえ》

平安期末期まで、貴族階級の食膳には箸と並んで匙がおかれていたことは確実である。二、三例証すると、清少納言の『枕草子』に、「御ものまゐるほどにや箸・匙《かひ》など、取りまぜて鳴りたる、をかし」とある。「お食事中なのだろうか、離れたところから箸や匙の音がまざって、聞こえてくるのは心にくい」というわけで、執筆は一〇世紀末頃からのことだから、この当時匙が食事に使われていたのは明らかだろう。

また、藤原頼長の『台記』（一一三六年）によると、「予箸を立て、次に匕を立て、次々に人之を立て、先ず最華《さば》を取りて之を食し、食了りて汁土器を机下に置く」と記されていた。この当時米飯は高く小山のように盛りあげた高盛り飯（鼻につかえるので後に「鼻つき飯」ともいった）で、それに箸や匙を突きたてて食べていたらしい。なお「最華」は「生飯《さば》（散飯とも書く）」のことで、食事の前に少量

『赴粥飯法』の食具（同訳書、一九九七年より）

畳んだ状態の鉢単《はつたん》

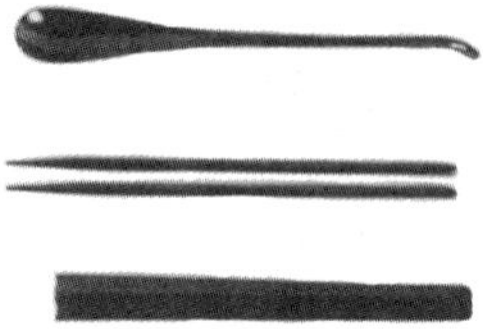

上から匙《さじ》，筯《はし》(箸)，鉢刷《はつせつ》。右は水板（今は使うが，赴粥飯法には出てこない）

頭鉢《ずはつ》を鉢揲《はつてつ》の上にのせたところ

匙筯袋《しじょたい》

頭鉢の中に大小の鐼子《くんす》が収まっている

小から順に鐼子《くんす》を取りだしたところ

の食物を施餓鬼のために取りわけることを意味し、西洋中世の修道院でも貧者のためにほぼ同様のことがおこなわれていた。

さらに鎌倉初期になるが、順徳帝の『禁秘抄』や『厨事類記』によると、大床子膳の第一盤には、酢、酒、塩、醬《ひしお》の調味料と銀箸、木箸各二雙、匙二支が載っていた。それゆえ、この頃はまだスプーンが宮廷関係で使用されていたことは疑いがない。

もう一つ、鎌倉時代になっても匙が食事に使われていた場所があった。寺院である。道元はその『赴粥飯法《ふしゆくはんぽう》』の中で、

「法若《も》し法性《ほっしょう》ならば、食《じき》もまた法性なり、
法若し真如《しんによ》ならば、食もまた真如なり。
法若し一心ならば、食もまた一心なり。

法若し菩提ならば、食もまた菩提なり」と説いた。つまり食事作法と法の一体性（「等」）を教え、法性・真如・一心・菩提を求めることが人間の真の生き方であるとすれば、食もまた本質的な真実相の現象的顕現であり、究極のところ法と食は絶対無二のものであると諭したのだった。これは西洋には見られない優れた食事観である。したがって永平寺僧堂での食作法はきわめて厳しかった。原漢文ではわかり難いので、鉢《はっ》や鐼子《くんす》を並べた後の作法を訳文（一九九七年）から引用しよう。

次に匙筯袋《しじょたい》を開いて、匙《さじ》と筯《はし》を取り出す。いつも、出すときには筯を先にし、しまうときには匙を先にする。鉢刷《はっせつ》も匙・筯と一緒に匙筯袋に入っている。匙・筯を取り出したら、横にして頭鐼《ずくん》の後（つまり手前）に置く。このとき、匙・筯の頭は左に向けて置く。次に鉢刷を取り出し縦にして頭鐼と第二鐼の間に置く。その柄は出生《すいさん》にそなえて外に向けておく。次に匙筯袋を折って小さくし、頭鉢《ずはつ》の手前の鉢単《はったん》の下に挿しいれておく。あるいは鉢単の手前に置く。つまり布巾と一緒にして横にしておくのである。

わかりやすいように訳書から図を示しておいたが（前ページ）、筯《じょ》とは箸のことで、中国の唐宋時代にはこう呼ばれることがあり、道元も南宋で学んだのだろう。また出生《すいさん》とは先に述べた生飯《さば》のことで、自分の飯から七粒ほどを餓鬼衆に施すためにあらかじめ鉢刷《はっせつ》の柄にとり置くことをいう。さらに同じ時代に描かれた『法然上人絵伝』やすこし後の『一遍上人絵伝』などの聖人絵巻でも、しばしば椀の

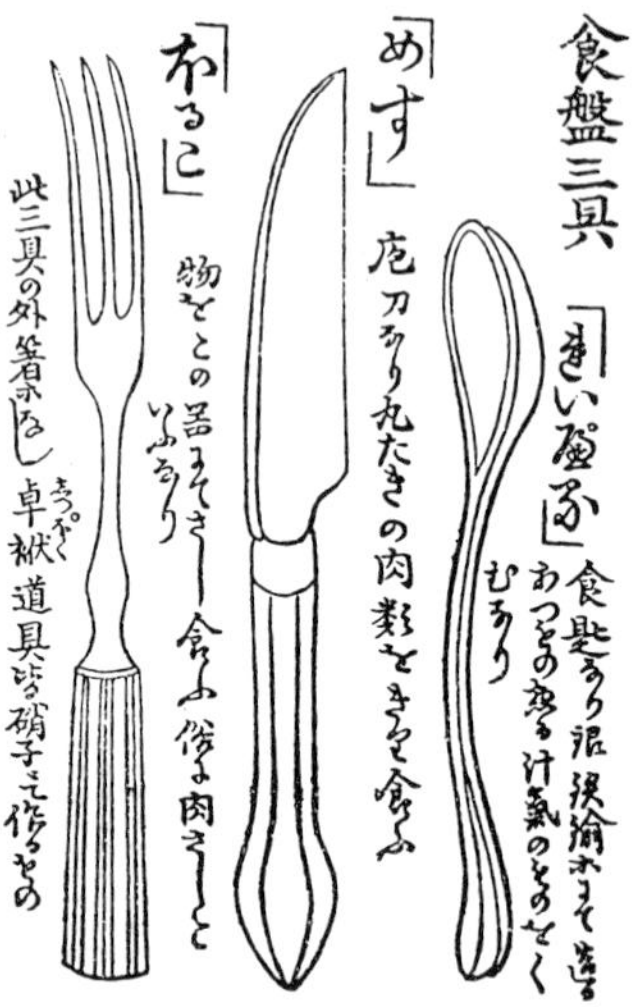

オランダ人の食具／『蘭説弁惑』より

粥を貧者に布施している光景が見られるから、鎌倉期まで、一部上流階級や僧院で匙が使用されていたことは疑いがない。一四世紀後半の『庭訓往来』にも大斎の布施物の中に「筯匙《はしかい》」（「十月状返」）が入っていた。

ところが室町時代に入って、いわゆる七五三の本膳料理が発達してくると、どの流派の料理書をみても食卓の上からきれいさっぱりと匙が姿を消してしまっている。鎌倉期から室町期の間にかけて、日本の食法には大変動が起こったらしい。したがって江戸時代になると、むろん料理用の柄杓や杓子はあったが、その小型の物がオランダ人のテーブルに載っているのを見て、日本人はびっくり仰天することになる。

蘭学者の大槻玄沢（盤水）はその『蘭説弁惑』（一七八八年）にまるで珍奇なもののように三点セットの絵を載せ、簡単に解説している。それによると匙は「れいぺる（lepel）」といい、「食匙なり、銀、鉄、鍮（真鍮）などにて造る、あつもの惣じて汁気のものをくむなり」とされ、ナイフは「めす（mes）」で「庖刀なり、丸たき（丸炊き）の肉類を切り食ふ」とあり、フォークは「ほるこ（vork）」で「物をこの器にてさし食ふ、俗に肉さしというなり」とある。「此三具の外箸はなし」と説明されているから、よほど珍しかったのだろう。当時巷間では、オランダ人は片足をあげてイヌのようにおしっこするなどという珍説が流布していたものである。
もう一つ、画人だった磯野信春の『長崎土産』（一八四七年）からも引用しておこう。

凡《およそ》阿蘭陀の食事をなすには、箸を用ひずして三叉鑚《ほこ》・快刀子《ハアカ》・銀匕《さじ》の三品を以てす。ホコは三股にして尖りあり象牙の柄を着く、これを以て器中の肉を刺し住《と》め、ハアカを操て截割《きりわけ》、これを匙にすくひ取て喫《くら》ふなり。匙は銀を以て造り其ふち花形をなせり予め右の三器と白金巾《かねきん》を中皿に盛《い》れてタアフル卓子の上、主客の前に各一枚を具す、白金巾を膝の上に蔽ひ置て、一菜を食し了すれば、則三器及金巾を易置なり。

鑚《さん》は錐ないし鉾先のことで、ほことフォルクと掛けた洒落訳かもしれない。ハアカはポルトガル語のナイフを指すfacaで、パンやその他のロマンス語系のいくつかの言葉ともども、キリシタン禁圧以後も依然として生き残り流通していたわけである。しかしオランダ人は当時、ハアカで肉を切った後、本当に匙で掬って食べていたのだろうか。箸しか知らなかった信春は、驚きのあまり、フォークとスプーンを書き違えてしまったのかもしれない。

ところがそれと同じ驚愕を、今度はわれわれの方が体験することになる。室町時代以降箸一筋と信じていた和膳に、匙が鎮座している記録が江戸時代にあったからである。享保七（一七二二）年に前関白九条輔実が法皇を迎えた御幸御膳図（次ページ）を見ると、並べられた懸盤六脚の第二膳に、銀

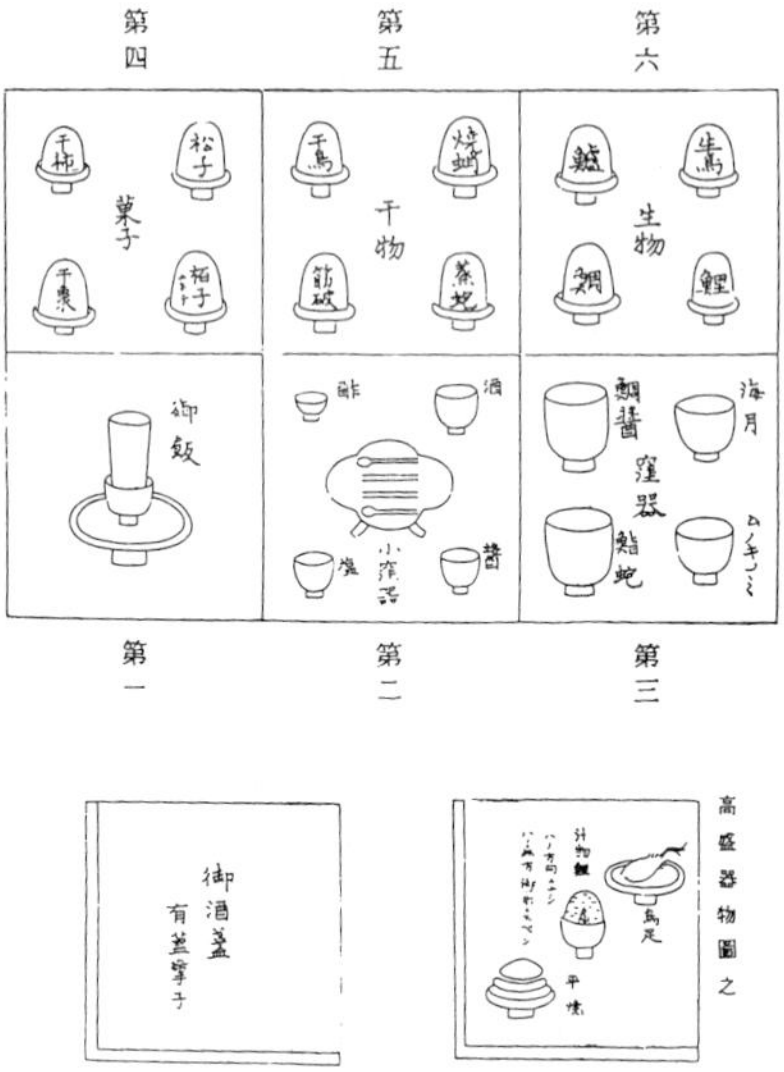

御幸御膳図(『古事類苑』より)

箸、木箸各一雙と銀匕、木匙各一支が馬頭盤にのせて出されている。今日ではなじみのない食品名などもあるので、御膳色目《しきもく》(種類)によってちょっと解説しておくと、まず御器はすべて銀器だった。「モ、キコミ」とはキジ・カモ等の鳥醢《とりびしお》で、民間でいうタタキのごときもの、「鯛醬《たいびしお》」は、タイの肉を切り和《あ》えてこれもタタキのごとくにしたもので、この醬は醢と「ナシテミルベシ」とされている。「鮨鮑」はアワビの切積み、「筋破《すわり》」(楚割《すわやり》とも書く)はサケの肉を干したもの、「松子」はマツの実、「栢子《はくご》」はカヤの実のことらしい。匙箸の横置きを除いてほぼ平安期の大饗膳の古式を踏襲しているから、故実家が苦労して再現したものだろう。おそらく宮中関係では何かの祝宴や祭儀の時には、こうした匙食の風習が連綿として続いていたものと思われる。もう一つ、匙食の習慣が残っていたのは寺院で、特に禅林系のいくつかの僧堂では、筆者のささやかな経験でも少なくとも第二次大戦以前までは確実に粥を匙で食べていた。したがって、ごく一部の特別な空間では、古代の食法が細々ながら秘かに残存していたことになるが、むろん一般では匙は見捨てられ、食膳には箸しか置かれなくなっていたのである。

なぜ匙は消えたか

ではなぜ、われわれの先祖はスプーンの使用を止めてしまったのだろうか。こんな単純なことでも、じつはよくわかっていない。というより、あまりにも明白な日常の生活文化ほど、かえってその原因や理由について不明なのである。

たとえば、なぜ日本人は手招きする時、掌を下にするが、西洋人は上にするのか。なぜ日本人は鋸や鉋を手前に引くのに、西洋人は向こうに押すのか。なぜ日本人は湯上がりに濡れ手拭で身体を拭くのに、西洋人は乾いたバスタオルで拭くのか、等々といった、日頃何気なくやっている身体技法の謎はいまだに完全に解けていない。ただ昔からそうしてきたから、そうしているまでだという同語反復《トートロジー》で一般に説明されているだけである。それにこんなくだらぬ些細事の原因究明は、まともな学者のやることではないと軽蔑されてきた。

しかしそうした瑣末事の集合が文化であり、そこに人間精神の大きな秘密が隠されていることが、フランスのアナル学派や文化人類学によってしだいに明らかにされてきたのである。

箸食専門の習慣もこの部類に属するが、トートロジックな説明をのりこえてこの謎の現象を解明しようとする努力が、食文化学の発展につれて少数ながら積み重ねられてきた。今それを手掛かりに考えてみるとしよう。

その一つは「粘々《ねばねば》説」である。つまり、米飯は粘り気が強いので、接触面積の広い匙だとくっついて食べ難い。そこで接面の狭い箸に代えたが、食器を置いたままだと途中でこぼしてしまうので、手で飯椀や汁椀をもって直接口をつけて箸だけで食するようになったのだ、というわけである。

生態民族学者のジャック・バロー（一九九七年）は、「少年時代に学校の寮の食事で、べたべたした汚らしいペースト状になって食堂のテーブルにべっとりコメがくっついていたよくない記憶」から、「それだけでもこの貴重な穀物が決定的に嫌いになった」といっている。フランスではコメは、「くっつく、ひっつく」傾向のある厄介な食品だと長い間感じられてきたらしい。インディカ種でもそうだったから、むろん彼が来日した折、ジャポニカ種の御飯を敬遠したのも無理はない。

そこで、コメの種類と炊き方について、ちょっと調べておこう。平成の米騒動でタイ米が緊急輸入された時、日本人の嗜好に合わなくて不評だったことは、まだ記憶に新しい。インディカ種はパサパサして不味《まず》いと感じたのである。コメは澱粉のアミロースとアミロペクチンの含有比率によって粘り気の度合が違う。長粒のインディカ種のアミロペクチンの含有量は七〇〜八〇%、これに対し短粒のジャポニカ種ではアミロペクチンが八〇〜八五%ほども含まれていて、粘りのある御飯ができる。糯《もち》米《ごめ》ではほぼ一〇〇%に近いから、さらに粘って、餅にもなるわけである。日本ではむろん古来から主としてジャポニカ種が栽培されてきた。

しかし同じ品種でも、また炊き方によって出来上がり具合が違ってくる。炊飯法は湯取り法、炊干し法、炒め加熱法、蒸し加熱法に大別できる。湯取り法というのは、わかした湯にコメを入れ、煮たったらコメを笊《ざる》にあげて水洗いするか、あるいは籠などに入れて中のおねば（糊分）をくみだした後で、もう一度加熱するやり方で、これは中国で主流である。炊干し法は現在の日本の普通の炊き方であり、炒め加熱法とは、コメを油脂で炒めた後、水を加えて加熱する方法で、トルコのピラフ、スペインのパエリア、イタリアのリゾットなどがこれに入る。甑《こしき》（蒸籠《せいろう》）で蒸す方法については説明の要もないだろう。同じジャポニカ種でも、湯取り法、炊干し法、蒸し加熱法の順に粘り気が強くなってくる。

湯取り法で炊いた御飯でも、先の『唐詩』で見たように匙にくっつくのだから、炊干しした御飯を匙から箸に代えた日本人はきわめて合理的で賢明だった、というのが「粘々説」の根拠になっている。しかしコリアでは日本と同様に一般には炊干し法だったけれども、前にふれたように一貫して匙で食べていた。中尾佐助（一九七二年）は、半島では湯取り法が一般的だといっているが、しかし李盛雨（一九九九年）は『林園十六志』などを引用して、炊干し法だといっているからこちらを取っておこう。日本では「赤子泣いても蓋とるな」という諺があるが、半島でも似たような俚言があるらしい。それにおこげのついた釜で沸かした湯（スンニュン）は、日本同様――『本朝食鑑』にも「食湯《めしのゆ》」のことがでている――韓国人も大好物だったのである。

それだけではない。「粘々説」ではすっきり説明できない厄介な難題が残っている。弥生時代に移作が普及すると、弥生人はコメを煮たのではなく蒸したのだという説がしだいに優勢となり、学界の定説とされるようになった。遺跡から発見された底部有孔土器はじつは蒸し器なのだというわけである。たとえば石毛直道（一九九三年）はこう書いていた。

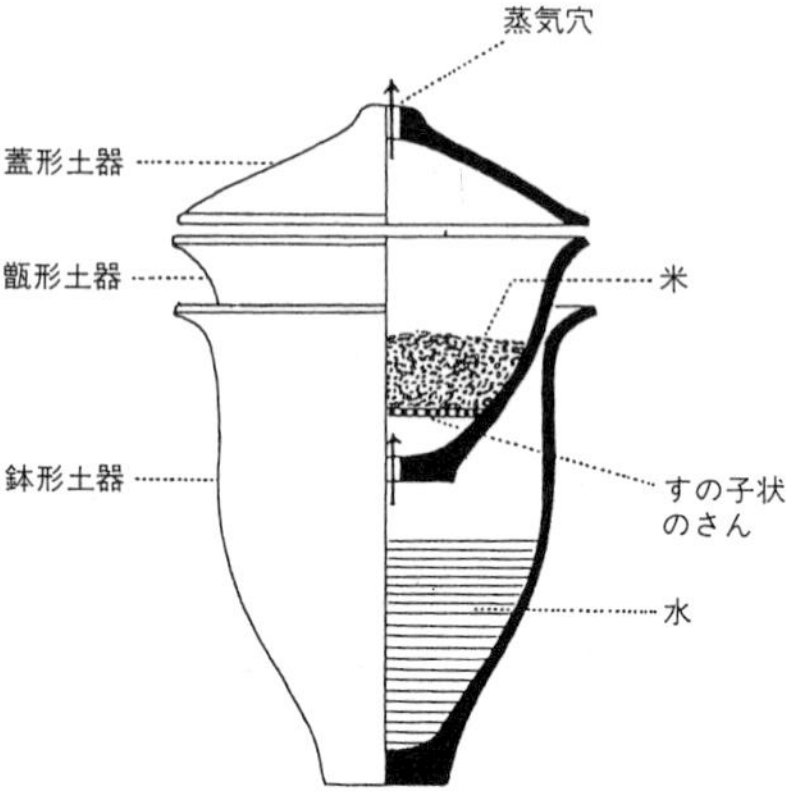

弥生土器蒸器説図解（佐原真，1996年より）

日本のコシキやセイロは、もともと主食の米を蒸すものであった。昔は、米は現在のように水で炊いて食べるのではなく、水蒸気で蒸して強飯にして食べるのが正式であった。現在のようなやわらかく炊いた飯――姫飯《ひめいい》が一般化するのは平安時代後期以後のことである。

食文化人類学のパイオニアの一人でかつ第一人者とも目されている同氏のこうした発言をもとに、弥生時代から「おこわ」が常食だったと、今でも常識的に考えられている。しかし氏は古墳時代についていっているのであって、弥生時代について「昔」といっていたのではない。じじつ、その後の考古学的調査によっても、甑と確実にみなされる蒸し器の出土は古墳時代が主であって、それ以前のものはあまり発見されていない。詳しくは佐原真の好論文（一九九六年）に譲るが、弥生時代の底部有孔土器は蒸し器にしては小型にすぎ、はめられた上部土器の底に煤が多くついている上に、皆がこれで蒸したのだとすると出土数が少なすぎることなどが、同氏の否定的見解の根拠とされている。

さらに、弥生時代の土器の内底にコメを煮たおこげの炭化跡のついたものがたくさん発見され、粥ないし雑炊を古くから煮ていたことがわかってきた。当然水分が多ければ汁粥に、少なければ固粥になるだろう。この固粥——饘《せん》とも書いて『和名抄』では「加太賀由《かたがゆ》」と読ませている。中国でも粘りの強い濃い粥を指した——が、後に姫飯となった。現在われわれが食べているのが、これである。室町時代になると、コメの生産高がふえ、しだいにコメを常食とするようになり、姫飯が一般にも普及してきた。『海人藻芥《あまのもくず》』（一五世紀初め）に、「公家の御膳飯は強飯也。執柄《しっぺい》家等此の如し。姫の飯は全分略の儀也。但し人々の好悪に依て之を用う」とある。摂関家等では強飯を食べていたが、略式の姫飯も好んで食べる人が多くなってきたことがわかるだろう。

この粥ないし雑炊、もっと一般的にフランス語でいうと、ブイイ（bouillie）は、じつは人類共通の非常に古い食物であって、世界各地で昔から広く食されてきた。西洋でも粉にしてパンを焼く以前は、穀類を煮こんだスープを食べていた。

舟田詠子（一九九八年）によると、約五〇〇〇年前のスイスのトゥワン遺跡から壺の内側に付着した穀物のスープないし粗びきガユが出土している。この遺跡は三層になっていて上・中層からはパンが出てきたが前三八三〇～三七六〇年の最下層からは、穀物と野菜・野イチゴなどを煮た雑炊が発見され、食べ物全体の九〇％を占めていた。ローマの喜劇作家プラウトゥス（前二～三世紀）も「知っての通り、ローマ人は長いことパンではなくて粥《プルス》で生きていた」と書いている。デンマークの泥炭湿地から発見された一世紀頃のミイラの胃からは、オオムギ、亜麻《アマ》の種子、カメリナ属（アマナズナ）、イヌタデ、少量のオオツメクサの種子、シロザ、野生のパンジーとカブの種子等が出てきて、スープかブイイの形で食べていたことがわかっている（コールズ、一九八七年）。

中世でもフランスの貧しい人々の主食は小麦粉のミルク粥だったし、一八世紀末のイギリスでは、水、パン屑、野菜、肉片のついた骨のどろどろのスープ、当時の蔑称で《汚い骨のスープ《ダート・ボーン》》が貧民に施されていた。アフリカやオセアニアでも雑穀やイモ類を中心に野菜や果実あるいは豚肉や魚貝類をぶちこんで煮るごった煮が古来からケの日の日常食だったことは、多くの民族誌に見られる。

日本についていっておくと、古代から近世まで一般庶民はもっぱらブイイを食べていた。芥川龍之介の短篇で有名な芋粥の話は『今昔物語』や『宇治拾遺物語』にあったし、徳川幕府の慶安御触書（一六四九年）には百姓は「雑穀専一に候間、麦・粟・稗《ひえ》・菜・大根そのほか何にても雑穀を作り、米を多く食ひつぶし候はぬように仕べく候」と規制されていた。コメを作っていた農民がそのコメを食べられず、こうした雑穀を何もかも一緒にぶちこんで鍋で煮て食っていたわけである。だから、コメを竹筒にいれて瀕死の病人の枕元でそれをふって心を慰めたという笑い話のような悲しい実話が、昭和初期まで残っていたのである。

こうしたブイイの食べ方は、食具を使う民族ではスプーンで食べるのがむろん一般的だった。中世以来西洋では、粗末な台の上にごった煮の入った鍋をおき、それを一家が一本の木匙で掬って食べる光景がしばしば見られた（次ページの図参照）。永平寺でも朝粥――食事は二回で朝はお粥と決まっていた――は頭鉢《ずはつ》から掬って頭鑚《ずくん》にとりわけ「匙頭《しとう》をして口に直《じき》に入れ」るようにして食べていた。スプーンを使う点では西洋と同じだったが、津田梅子の指導とは逆に、横からではなく食匙を縦にして

オランダの農家における粥の食事／1653年，A. ファン・オスターデ（1610-1685，オランダの風俗画家，主として農村生活を描いた）による版画，パリ国立図書館版画室所蔵（ブローデル，1979年より）

その尖端より喫していたのである、先の『今昔物語』の話では芋粥を「すする」と書かれていて、口食に近かったらしい。

ところがその同じ『今昔物語』に、ブイイを箸で食べた公家の話が載っている。それによると、三条中納言は相撲取りのような大兵肥満で動くのも苦しいほどだったので、医師《くすし》から冬は湯漬け、夏は水漬けを食べるダイエットを勧められた。それならと中納言は侍に大きな銀の匙《かい》をたてた大きな銀の提《ひさげ》をもってこさせ、鋺《かなまり》に山盛り飯をよそうと少量の水を入れ、箸を二度ほど回すと、たちまち中身が空になった。さらにお代わりをするのを見て、これでは役目が務まらぬと医者は逃げだした、という笑話である。粥ではなく残念ながら水飯になっているが、ブイイはスプーンでという合理性から逸脱していることがわかるだろう。

しかしその一方で、渡辺実も「汁物のほか主として飯をすくうのに使用した」(一九六四年)といっているように、平安朝の貴族は強飯を匙で食していた。もっとも平安末期になると先の『台記』の記事のように、箸も併用され、さらに鎌倉期になると『病草紙』に見られるように、高盛飯に二本箸を突きたてて食べていたが。粥や強飯を箸で食べたり匙で食べたり手で食べたり、複雑怪奇な食べ方から明らかなように、食物の性質と食具の使用との間には必ずしも単純な因果関係がなかった。炊干し法の姫飯を箸で食べる方が、くっつかないで食べやすく、便利で能率的だという実用主義的な解釈からだけでは、日本の食膳からの匙の消失の謎はうまく解けない。匙を投げねばならないのである。

そこでもう一つ別の解釈が浮上してきた。切断料理《カッティング》説とでも名づけておこう。つまり西洋では調

歯痛で食の進まぬ男／『病草紙』より，東京国立博物館所蔵

理場で料理したものを、乳呑み豚の丸焼のようにもう一度テーブルの上で切り分けて食べねばならない。料理が未完成のまま食卓に並ぶのである。これに対し日本では、台所ですべて一口で食べられるように調理し、食膳にでてくるとそれを箸で摘むだけでよい。完成した形で出てくるから、ナイフもスプーンも不要で、箸専一になった、とこの説は主張する。確かに日本料理は《切る芸術》ともいわれるように、料理人が庖丁の技の冴えをみせるカッティングを基本としている。こうした料理法は鎌倉期から室町期にかけてしだいに発達し、独自な展開を見せるから、その頃から匙が消え、箸だけになったのも、そのせいだ、というわけである。

確かに一理あるが、しかし先の粘々説同様このカッティング説も、必要な条件を満たしてはいるが、まだ十分な条件を満たしていない。コリアの人々が日本人と同じ米飯を食べているのに、依然匙を頑として使用し続けているのは『礼記』以来の礼節を遵守してきたせいだった。食物と食具との間にはさまざまなイデオロギー的要素が介入し、こうした文化コスモロジー的媒介が食具の使用を規定していたのである。中世になって大陸とは異なる独自の和風が発達してきたのは、むろんその背後に政治的・経済的また社会的な大変動があったが、食具に限定していうと、箸に独特な文化的意味が付与されていたからではないかと思われる。

この問題については次章で詳しく述べるが、一つだけ傍証をあげておこう。以前ではかなり自由だった箸の持ち方や使い方が、この頃になると厳格な礼法に則《のっと》るようになり、箸文化が洗練されてくると共に、その反面としての箸のタブーが現われてくる。たとえば時代は下るが、『食物服用之巻』では次のような嫌《きら》い箸が例示されていた。

一　ぜんこし。　　　一　そでこし。
一　もろおとし。　　一　さいのさい。
一　しるなまち。　　一　よこはし。
一　てうふくのはし。一　まとひはし。
一　たてはし。

具体的にはよくわからないところもあるが、膳越し（本膳の向こうにある膳の食べ物を、器を手にとらず箸で取ること、袖越しは横の場合をいう）、惑い箸（迷ってあれこれの料理に箸を移すこと）、諸落とし（落とし箸のことか）、横箸（二本の箸を揃えて、スプーンのように掬い上げること）、調伏の箸（拝み箸のことか）、立箸などは現在でも不作法として忌避されている。作法は一つの秩序《コスモス》の体系であり、そしてこの秩序はカテゴリーの分類から成るから、これらの動作が嫌い箸とされるのはいずれもカテゴリーの混乱を招くせいだろう。平安時代には広く公認されていた立箸（仏箸ともいい、死者の枕元や霊前に高く盛った枕飯に箸を立てて供えること）が嫌い箸とされるようになったのは、旧仏教に対する新仏教の、公家に対する武家の差異化の体系が確立したことを表わすと同時に、生者と死者のカテゴリー混乱を防ぐためだったと思われる。

話がいつの間にか箸に舞い戻ってしまったが、カッティングの問題が出てきたので、視線をナイフの歴史に移すとしよう。

ナイフの歴史

ナイフの起源

箸やフォークと違って、ナイフはスプーン同様、人類に普遍的な食具にほかならない。現在のところ人類最古の石器は、約二〇〇万年前のアフリカのオルドワン峡谷から出土したものだが、そこにはすでにナイフの原型ともいうべきスクレーパー（搔削器）、クリーヴァー（石刃、ラクロワール）、チョッパー（打器）、ポイント（尖頭器）などが見られた。

「ナイフの古生物学は切れ目なく最初の道具にまで遡る」として、ルロワ＝グーランは次のようにいっている。「アウストラントロプスのチョッパーにおける、不規則な質のよくない小さな刃渡りから、重い両面石器の刃へ移り、ついでラクロワールの刃にいたるわけである。後期旧石器時代の初

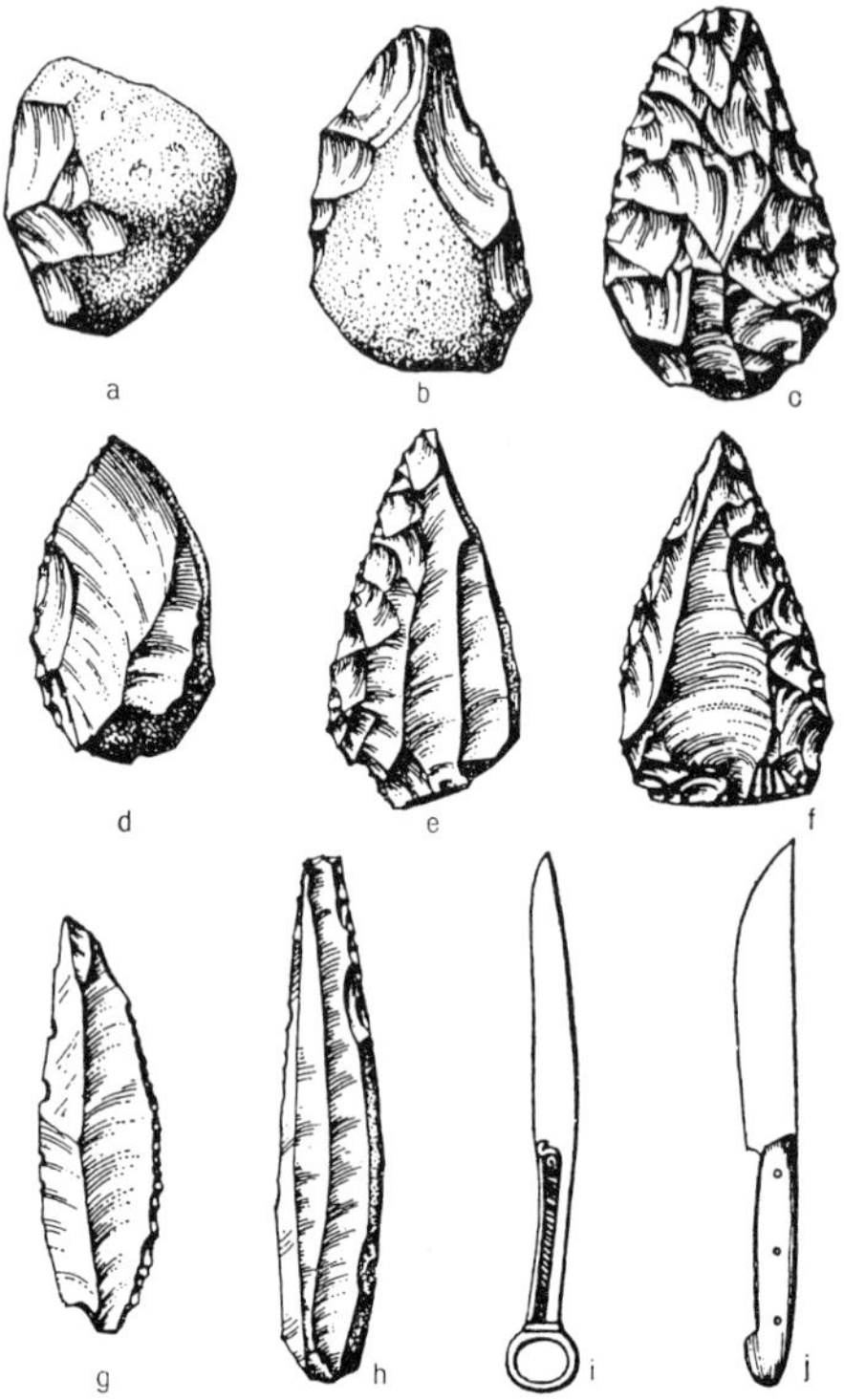

ナイフの進化／前期旧石器時代　a：チョッパー　b：初歩的両面石器（ビファース）　c：アシュレアン期両面石器．中期旧石器時代（前約10万年）　d～e：搔器（ラクロワール）　f：ルヴァロワジアン期ポイント．後期旧石器時代（前３万5000年～前１万年）　g：シャテルベロニアン期ポイント　h：マグダレニアン期ブレイド．青銅器時代（前1000年）　i：ナイフ（シベリア）．鉄器時代　j．：現在のナイフ（ギリシア）（ルロワ＝グーラン，1992年）

め、鋭い薄い刃が卵形のラクロワールにとってかわり、ナイフは金属の出現まで、もうほとんど変ることのない形をとる。ナイフは青銅器時代からすでに、今日の均斉をもつにいたり、機能の進化の極に達していた。つまり柄の延長上に固定された片刃に達していたのである」（一九九二年）。

要するにナイフは元来、動物を殺して皮を剝いだり、解体して肉を削ぎ落としたり、切ったりする殺傷の道具だった。このことは英語のナイフ（knife）やフランス語のクートー（couteau）には、テーブルナイフだけでなく料理用ナイフ、つまり庖丁から、小刀、刀剣までの広い意味が含まれていることからも明らかだろう。ドイツ語のメッサー（Messer）も、食物、とくに肉（maz）と刀剣（sahs）の合成語だった。こうした武器としてのナイフは、《発見》された当時、まだ旧石器時代の暮らしをしていた現生狩猟採集民のところでも多数見られた。日本でも旧石器時代の諸遺跡からほぼ数万年前のハンドアックスやクリーヴァーないしブレイド（石刃）が出土している。もっとも石製とは限らず、世界各地で木や竹、骨角製の材質のものも出土しているが。

したがってナイフの場合、いつ頃から使われるようになったかではなく、食事でのその使い方の文化的な意味の方が重要になってくるわけである。

1　西洋のナイフ

そこで、ヨーロッパのナイフ類について簡単にその歴史を見ておこう。まず、すでに中石器時代の北欧では、石製やイノシシの牙製のナイフ類がたくさん出土している。前一五世紀以降になると、同じく北欧やスイスの湖上住居跡から、かなり精巧な青銅製のナイフが発掘され、古代ギリシアになると鉄製のものが出土していた。しかしギリシアでは、匙同様、普通はテーブルの上にナイフは載っていなかったらしい。前述のように、大邸宅は別にして普通の市民の家では、家族の祭壇の炉を利用して調理していたので、食堂と台所が一緒だった。近くにナイフ類があったから、必要に応じて使えばよかったわけである。

ナイフ類がテーブルナイフと庖丁に分離するためには、食事の場所と調理の場所が分離しなければならない。この分化は初期ローマ時代に達成された。ポンペイのたいていの家では、小さいながらも台所が食堂に隣接していた。なかには簡単な木のドアで仕切った程度のものもあったが、排煙と排水の関係で隔離が始まったのである。そこで一家の主人は、皿の上の肉を切り分けるためにテーブルの上に一本、ナイフを置かねばならなかった。この風習はローマ時代を通じてずっと続き、『サチュリコン』にも、ノリムク産の鉄製のナイフが食卓に鎮座していた。

ローマの滅亡と共にスプーンは一旦姿を消したが、ナイフはそうではなかった。ゲルマン民族はイヌイットやサン族などの狩猟民同様、骨付き焼肉をナイフでこそぎ落として頬張っていたからである。カエサルの時代の話だが、ゴールの戦士は「炉のすぐ傍で食事をし、会食者は麦藁かあるいは獣の皮の上に坐って、ナイフの助けをかりてその見事な歯で焼肉を食いちぎっていた。供される前に肉が予め切り分けられていたことは、ウィーンの一連の肉切り庖丁の発見で示唆される」と、『ガリア戦記』

に依ってグーラリエ（一九九四年）はいっている。当然、テーブルナイフの使用は、中世になっても連綿として続いたわけである。
しかし、当時のナイフは依然としてその原形をとどめていた。いいかえると、先の尖った鋭利な刃の短剣そのままの姿をしていた。宴会では大皿に盛って出てきた料理を皆がこの短刀でわれがちに切りとろうとするので、しばしばテーブルの上でナイフ戦争が起こった。時代は下るが、スコットランドの司祭で詩人だったアレクサンダー・バークリー（一六世紀前半）は、こう歌っている。

もし料理がお気に入りのものなら、肉であろうと魚であろうと、
十本の手が一度に群がる。
もし肉ならば、十本のナイフが見えるだろう、
それが肉を引き裂き皿の中で飛びまわる。
そこに手を入れるのは間違いなく危険だ
籠手《こて》やあるいは鎧の手袋なしに。（トゥアン、一九九三年）

時にはナイフを持ったまま つかみ合いの喧嘩が起こったし、殺人事件に発展することもあったらしい。狩に出た王侯は、獲物をしとめて解体した短刀で食べてもいたのである。
ナイフがいかに危険な凶器だったかは、逆に、多くの禁止条項から推察できる。たとえば、「剣を

握る時のように、ナイフを握ってはならない」とか、「ナイフを顔の近くや口にもっていってはならない」とか、あるいは「誰かにナイフを渡す時には、刃先を自分の手に持って、柄の方を相手に向けて差し出さねばならない」といったマナーは、大体一六～一七世紀になって確立されてくる。なかにはナイフでリンゴやジャガイモ、オレンジや卵を切ってはいけないという禁止ルールさえ散見される。一五世紀頃からペレロという果物の皮むき用具があったのに、食卓ではあまり使われなかったらしい。この禁止は、西洋人は不器用なので円型の転がりやすいものを切り損ねると危険だから、と普通解釈されている。が、その深層には、ナイフは動物の死を象徴するものであって、植物に用いるのはカテゴリーの混同だという心理が作動していたものと思われる。

こうした短刀型のナイフはあまりにも危険だというわけで、リシュリュー枢機卿が自分の家にあったナイフの先を全部丸めさせ、ルイ一四世に乞うて、今後一切先の尖ったナイフの製造を禁止する政令を一六六九年に発布させた、とタルマン・デ・レオーはその『寸話集』に書きとめてくれている。この時初めて西洋で本当の意味でのテーブルナイフが完成したのである。食卓でのナイフの使用を早くから止めてしまった中国人が、「ヨーロッパ人は未開人である。彼らは剣を使って食事をする」と評したのも、だから宜《うべ》なるかなといわねばなるまい。

その中国でもむろん、ナイフの原型となる諸種の旧石器はたくさん出土していた。中国語の匕《ビ》は、匙と匕首や短剣を共に表わすから、核石を打ち欠いた薄い剝片の石刃や石槍がしだいに機能分化していったものと思われる。むろん骨角製や金属製の餐刀もあった。

知子の論文の周達生の紹介によると、たとえば戦国早期の山西省侯馬西侯馬村遺跡からは骨刀が、河南省洛陽の西工区墓からは銅刀が出土していた。元代の山東省嘉祥石林村からは骨柄のついた鉄刀が発掘されているので、この頃まで中国でもナイフが使用されていたことになる。もっともこれは、餐叉（フォーク）と餐刀が同じ鞘の中に納まっていたというから、蒙古刀《モンゴルホタクツ》との関係が濃厚だが。

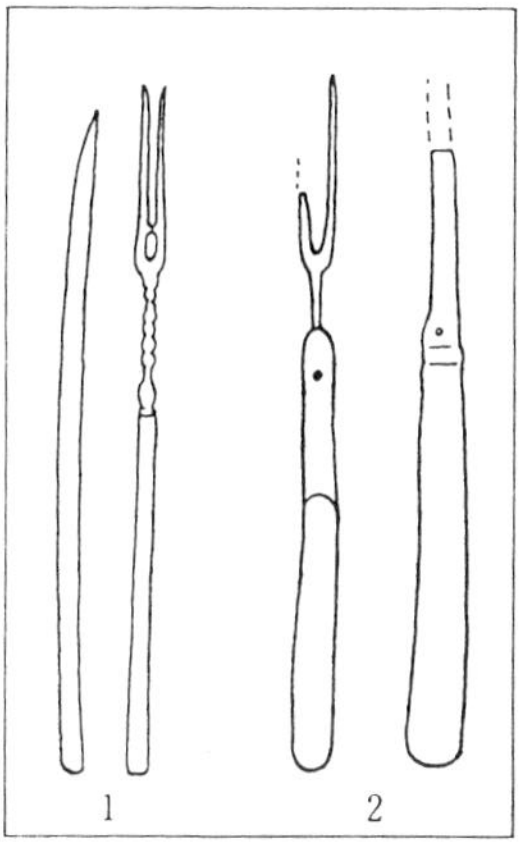

元代の餐叉と餐刀／知子氏の図から作成（周達生，1989年より）

しかし一方では一一六ページに掲出した図で見たように、唐・宋代の絵図ではすでに食案にナイフが載っていなかったのだから、元代の出土品が特殊な先祖返り現象だったのか、それとも連綿としてこの頃までナイフが常用されていたのか、よくわからない。同様にまた、いつから中国人が危険な食具の使用をなぜ止めてしまったのか、いいかえると野蛮な西洋人と自分たちを区別しようとしたのか、その理由も不明である。中国の食文化にかんする日本語の研究書を何冊か調べてみたのだが、管見の限りではそうした論考は見当たらなかった。したがって本書では残念ながら謎を謎のまま提出するだけにとどめておかねばならない。

古墳時代の石庖丁のレプリカ
(『世界大百科事典』平凡社より)

ただテーブルからのナイフの消失は箸の使用——ただし中国では箸と匙の二刀流だが——と関係があると思われるので、間接的ではあるけれども日本の事例——こちらは箸だけの一刀流——からある程度のことが判明するかもしれない。そこで日本のナイフ、つまり刀子《とうす》について調べてみよう。

3　日本の刀子

中国同様、日本でも石器時代から数多くの刀子の原型となる道具が発見されている。古墳時代になると石製の庖丁も出土していた。古代では食事の時にも刀子が使われていたことはいくつかの文献で明らかである。たとえば『日本書紀』には、仁賢天皇（五世紀後半）がまだ皇太子だった頃の話として次のようなエピソードが伝えられている。

弘計天皇《をけのすめらみこと》の時に、皇太子億計《おけ》、宴《とよのあかり》に侍りたまふ。瓜を取りて喫《く》ひたまはむとするに、刀子《かたな》無し。弘計天皇親《みづか》ら刀子を執りて其の夫人《みめ》小野に命《おほ》せて伝へ進《たてまつ》らしめたまふ。夫人前に就《ゆ》きて、立ちながら刀子を瓜盤《うりざら》に置く。是の日に、更に酒《みき》を酌みて、立ちながら皇太子を喚《よ》ぶ。斯の敬《ゐや》な

　かりしに縁《よ》りて、誅《つみ》せられむことを恐りて自ら死《みう》せましぬ。

難波《なにわの》小野皇后《おののきさき》とオケとの間には以前から何か確執があったようだが、ウリを切るために当時刀子を使っていたことが判明する。なお、ウリ類はすでに弥生時代から栽培されていた。また後代の製作になるが『聖徳太子絵伝』には、衣冠束帯の貴族が俎板の上でイノシシを屠ろうとする絵がある。料理は男のするものであり、また座敷で解体することに何の異和感ももたなかったらしいことには驚かされるが、庖丁というよりまさに短刀で料理しようとしている姿にはさらにびっくりさせられる。

貴族の食事，猪を料理する／『聖徳太子絵伝』
（山内昶，1994年より）

　こうした刀子は、正倉院にも所蔵されていた。その飾り刀子はことのほか華麗なもので、把は青石・斑犀《はんさい》・沈香・象牙などの貴重な材質で作られ、さらに螺鈿《らでん》や彩画を施し、その木鞘も金銀・玳瑁《たいまい》・玉虫の翅などで飾られていた。こうした刀子は『和名抄』によると「賀太奈《かたな》」と呼ばれていたようで、こうなるとナイフ

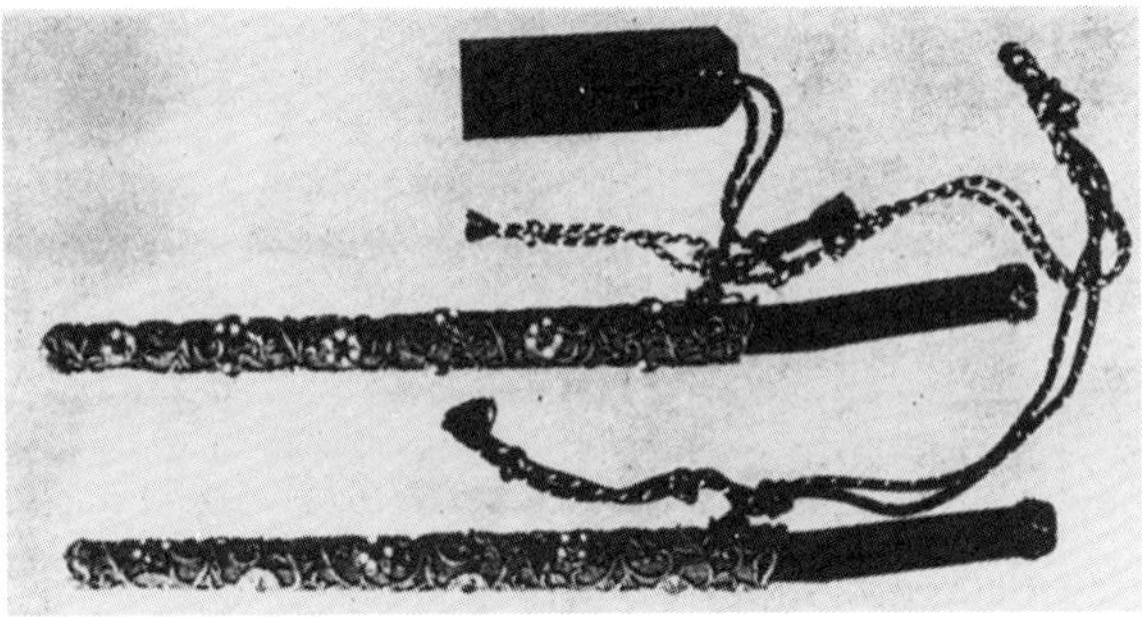

飾り刀子／長さ二二・九センチ、正倉院所蔵（『世界大百科事典』平凡社より）

か刀剣かどちらとも決められなくなってくる。旧石器時代のクリーヴァーやブレイドから発達してきたゆえんだろう。

正倉院にはまた庖丁と称されるものがあり、関根真隆によると、「柄が欅製黒漆塗、身が細長い鉄製片刃で、総長約三八～四一センチ、刃長約二二～二五センチ、刃幅は広い所で約一・四～一・七センチ」のもの一〇枚とされている。さらに『延喜式』には、多数の刀子の記載があって、カキ剝ぎ用、アワビ切り用、カジメ（コンブ科の海藻）打ち用、魚骨用、餛飩《こんとん》（唐菓子の一種、こねた麦粉に刻み肉を挾むか包むかして蒸し煮たもの、ウドンの前身かとされる）用等々に分類されていた。テーブルナイフではないかという説もあるが、他の食具の人数分に比べて数が少なく四分の一以下の本数しか記されていないので、やはり厨房で用いた庖丁だろう、とされている。しかし、「正倉院の狩猟図琵琶の桿撥絵の宴席図中に細身の長い刀子で獣のもも肉様のものを削っている図」があり、これは先の瓜割《うりわり》刀子と同じく食卓で使われたものだろう、と同氏はいっている。大嘗祭の時にも、楊枝――といっても今日の爪楊枝ではなく、むしろフォークの代わりとしての串――と並んで刀子が使われていた（二〇八ページの図参照）し、天皇はいつも紐小刀を腰にぶら下げていて、固い干物の菜をこれで削って食べていた、と樋口清之（一九九七年）はいっている。奈良朝時代の役人、とくに写経所の書生は職業柄紙刀をもっていたから、この表装用の刀子を食事に使うことがあったかもしれない。中国の餐刀も、書を作る削り刀を兼ねていたという説が有力である。

時代はずっと下るが、『吾妻鏡』の建久元（一一九〇）年一〇月の条に、遠江国の菊河宿で、佐々木二郎盛綱がサケの楚割に小刀をそえ、折敷《おしき》にのせて頼朝の宿に送った故事が見えている。鎌倉時代から腰刀の裏差しに小柄《こづか》をつける風習がはやりだしたから、以後武士は必要に応じて敵の首を掻き切る代わりに副子《そえこ》をナイフとして使うこともあったに違いない。

このように太古から鎌倉期まで、日本の食膳からナイフがまったく姿を消してしまったわけではない——不思議なことに同時代の中国の元朝でも同じく使われていた——が、しかし平安時代から室町時代にかけての宴会の正式膳からは見事に跡形もなくなっていた。なぜだろうか。

切る芸術《アート》

その理由として、箸の場合と同様、和風料理は《切る芸術》だからというカッティング説が普通あげられる。石毛直道（一九九三年）もいうように、「ハシだけで食物を食べるためには、調理段階でハシでつまんで口のなかに入れられる大きさに材料を切りきざんでおかなくてはならない。あらかじめすべての食品を小さく切りきざむハシの文化——それにまな板がともなっているのだ」とされている。

確かに今日、普通の家庭でもじつにいろんな野菜類の切り方をしている。銀杏、松笠、松葉、梅形、菊形、紅葉、半月、雁木、短冊、手綱、奴、矢羽根、羽子板、千六本、微塵等々。まったく日本の奥様方は詩情豊かな多彩な技術《アート》を毎日披露しておられるわけである。

魚類の切り方については、『当流節用料理大全』（一七一四年）に詳しい。

> 萬海川魚小切形は、背切とは、頭をおとし両のうすみ計腹のなりにきはより切て、ごみはきのふくらをもまつすぐに成様に切てさり、頭の方を右になして、およぐごとくにしてひれを付て、厚サ四五ぶにも木口切にする事也、是は鯛鱸等に用ゆる事也、平背切とは、右のごとくにして、尾を右へなして、腹を向ふにても前にても平にして、尾の方より庖丁ねさせ、厚サ四五分計、木口切にする也、片背切とは、右のごとくにし、右にても左にても片身をろして、平せぎりのごとく、片方に骨を付て、尾の方よりきる事也、すい切とは、三枚にをろして、うす身をさりて、左の方より庖丁を成程ねさせて、すくひ切にきる事也、ぶり切とは、おろしてうす身をさり、先よこにいか程にも切て、それをたつに切事也、ぶりをかやうに切はじめたるによつて名付候也、一もんじとは、おろして尾の方よりよこに庖丁をたてゝ、一文字に切事也、さいとは、大さ一寸四方計に四かくに切事也、鯛鯉などの木口作りとは、おろしてうすみをさりて、中のあかみを二つに立ぬきて切、尾の方より庖丁を立て、厚サ一分計に皮を付て、身のくづれぬやうに作る事也、同指身などのたゝみ作りとは、おろして右のごとくに木どりて、皮をさりゆがきて、水にてよくひや

し、木口にうすく作りて、かさねをく事也、但大だゝみ小だゝみという事有　なげ作りとは、右のごとくにして、庖丁をすぢかへねせて、平めをうすく作る也、鯉筒切とは、こけ計よく取て、腹わたもあけずして、其尽尾の方より庖丁を立て、厚サ四五分計に丸切にきる事也、但シゐを切つぶさぬやうに心へべし、ゐと云物はかみに有物なり、つぶれぬればにがくてあしゝ、鯛の平背切に同じ、けぎりとは、こけもとらずして、右のごとくこけ共に切事也、右筒切に同じ、鮒などの一つ切とは、こけ計取て、腹もあけずして庖丁を立て、厚サ一寸計にもまる切にする事なり、○中略　背ごしとは、腹わた計よく取、肉をよくあらひて、其まゝ尾の方より、木口切に少し庖丁をねせて作る事也、是はあじ、あゆなどの鱠に用る、○中略　片背ごしとは、片々おろし、かた方の骨のつきたるを、右せごしのごとく作る也、切かけとは、三枚におろして、いか程にも切て、身の方を四五分計にも、四方に庖丁めを付て切かける事也、これは杉やきなどに用る、切やき物大ぎりとは、皮を付てうすみをすきてとり、一もんじにきる事也、あんかうつるし切とはいへ共、つるしあらひの事也、よつてあらひ方の役也、則つるして口より水を入てひれをさり、皮をはぎて骨のつがひをはなして、みを三枚におろす事也、扨切方は庖丁の役也、

古語辞典をひいてもよくわからぬ言葉があるが、「こけ」とは鱗《こけら》のことだろう。ほとんど知られていない下《おろ》し方なので長々と引用しておいたが、まだこの他にも「鯰のささら切」（『宗五大草紙』）とか、「そぼろ切り」、「爪重」、「鷹の羽」（『庖丁聞書』）などというものまであった。こうなれば板前はまさ

動物の切り分け用語（春山行夫，1975年／トマス，1989年他より）

獣	イノシシ lesche，イルカ undertranch，ウサギ unlace，シカ break
鳥	雄ドリ sauce，ガチョウ rear，キジ allay，クジャク disfigure or dispoil，サギ dismember，サンカノゴイ unjoint，シチメンチョウ cut up，シャコ wing，ダイシャクシギ untach，チドリ mince，ツル display，ハクチョウ lift，ハト thigh，マガモ unbrace，雌ドリ spoyle
魚	ウナギ traunsene，カニ tame，カワマス splatt，コイ splay，サケ chine，タラ side，チョウザメ traunch，マス culpon，ヤツメウナギ string

に立派な芸術家《アーチスト》である。

西洋の切り分け術

しかし切る芸術は、何も日本の花板の専売特許とは限らない。中国もカッティング法の大国だが、「条に切る」は「糸に切る」より少し太目《ふとめ》の切り方で、一指条、象牙条、眉毛条、麦穂条、鳳尾条などさまざまな術語があった。孔子も『論語』の中で、「割（切り方）正しからざるは食わず」といっている。

西洋とて例外ではない。たとえば一六世紀初頭のウィンキン・デ・ウォードの『切り分けの書』には、種々の動物のカッティングについて、それぞれ別のこまかな用語を区別して用いねばならないとされていた。今日では使われなくなった言葉もあって訳せないので原語のまま掲げておくが、多くはサディスチックな意味を含む用語だ、とキース・トマスはいっている。もしちょっとでも使い間違うと無教養で礼儀違反だとして恥をかいたらしい。日本でも「鷹の鳥」を切るといわず、裂くといわねばならなかったのと、同じ発想だろう。隠語によって動物の文化的意味を差異化するとともに、その使用によって玄人と素人を区別していたわけである。

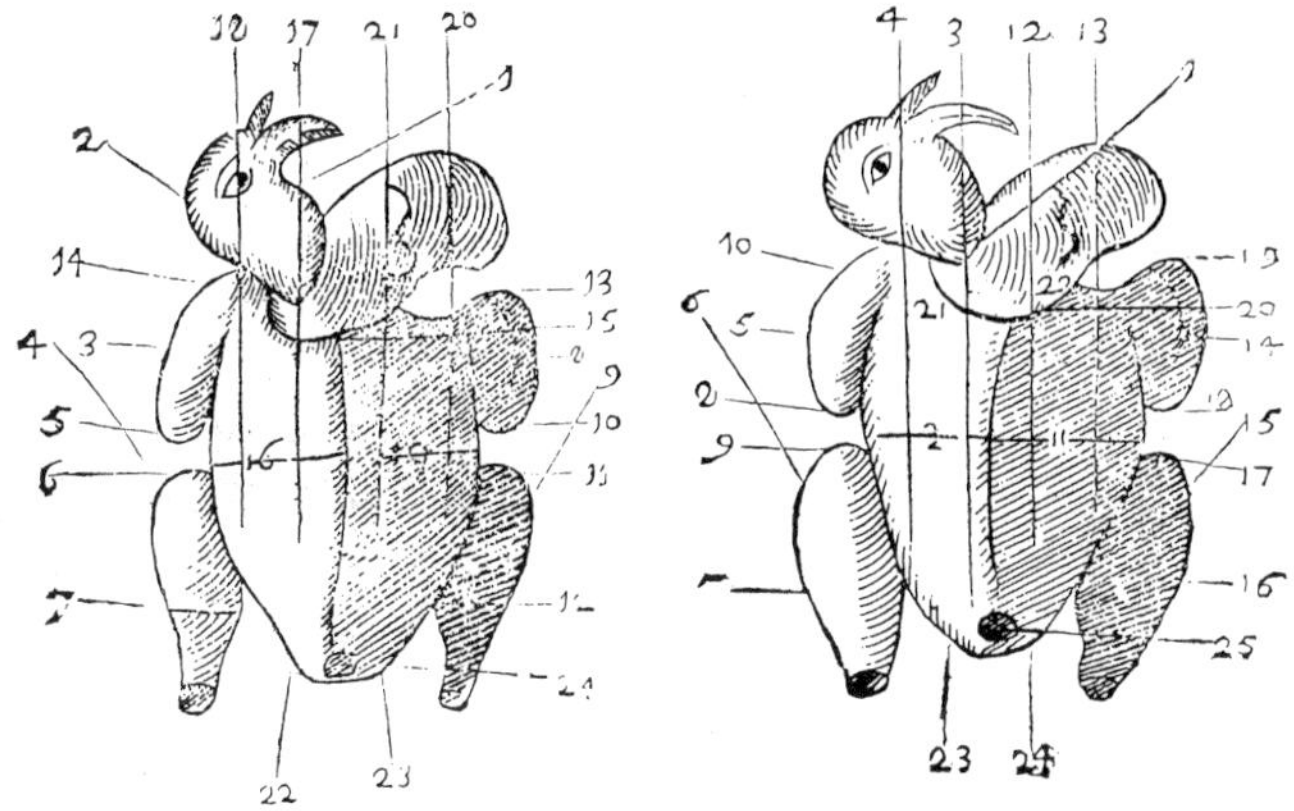

西洋の鳥の解体指示図（山内昶，1995年より）

イルカ（当時は魚に分類されていた）やチョウザメ、ヤツメウナギ、あるいはダイシャクシギやサンカノゴイまで食べていたのかと驚く人があるかもしれない。しかし、一四六五年、ヨークでのネヴィル大司教推戴式の祝宴にはネズミイルカやアザラシが出ていたし、その三年後にヨーク家からブルゴーニュ豪胆公のもとへ嫁いだマーガレット王女の結婚式ではクジラがメニューにのっていた。チョウザメは中世ヨーロッパの河川にはたくさんいたし、ローマの最古の料理書『料理人の技術《アルス・マギリカ》』や『料理人《クリナリウス》アピキウス』にはイソギンチャク、シラスウナギ、ヤツメウナギのレシピがあり、フランク族の『サリカ法典』にはウナギのことが何度かでてくる。

小鳥をあんなに愛するイギリス人も「家族の一員」と歌われたコマドリをエリザベス朝にはよく食べていたし、一九世紀末でもロンドンの市場で毎年何千羽というヒバリが売られていた。そのイギリス人でさえ、一七〜一八世紀の南欧を旅すると、小鳥の姿も歌声もまったく見えず、聞こえず、あたり一帯が静寂につつまれているのに驚いていた。小鳥たちが木の枝から飛んできて、胃袋の中に収まってしまったからである。なにしろラブレーの『パンタグリュエル物語』によると、一回の酒宴に鳥だけでも六〇種類以上もでてきたお国柄である。なかには潜水鳥《きつねあいさ》、ギネア鶏、京燕といった得体の知れない鳥もあったが。

切り分け用語だけではなく、ウサギはどこからどうやって切るか、ツルはどう捌くか、サケはどう下ろすか、カモは美食家には胸肉しか出してはならない。魚はスチールのナイフで切ると風味を損ねるので、銀のナイフを使うべし、といった作法までことこまかに決められていた。

ジョン・ラッセルの『食物の本』には、ハンフリー公爵家にいたある切り分け役《カーヴァー》のこんな逸話が伝えられている。「この人物は彼のところにはこばれたあらゆる『生きもの』にふさわしい芸術をつくりあげていて、例えばシカの肉を切るときそれに手をふれずに切りわけ、巧みに薄く切った肉片のなかで最上の部分を幅の広い肉切りナイフにのせて公爵の皿にのせた。小鳥は左手で足を持ち、非常な早さでそれを切りわけ、まったく手を触れることなく、皿にはこんだ。〔……〕シカの肉に手をふれるのは、彼の芸術を台なしにすることだったので、切りわける困難な部分にはスプーンを用いたが、それをできるだけ使わないのが第一流の切りわけ人の腕の見せどころだった」(春山行夫、前掲書)。

しかし日本でも、西洋のこうしたカッティング芸術《アート》に優るとも劣らない技術《アート》があった。四条流や大草流のいわゆる式庖丁、つまりショー的儀式がそれである。それがどれほど微に入り細を穿った作法だったかは、たとえば次の『当流節用料理大全』の「料理人諸鳥庖丁指南」でよくわかるだろう。

鶴白鳥鴈《かり》鴨は、先鴈かしらを前になし、爼のまん中になをし、まのはぶしをひろげ、首を左の羽がいに持せ、左のむねより庖丁にて水をなでおろし、右をなで、左のわきに箸をたて、左のむねより切めを付、右のむねよりをろし、頭を右の羽がいにもたせ、左のむねをおろし、扨もゝのまのつがいをはなし、左より切はなして、爼右のむかふのすみの足を右になしてをき、頭を左へまげて右を切はなし、右の所へなをすべき也、扨胴がらは左の向のすみへなをすべし、扨爼をよくなでて、左の身より引なをし、足を右へなして、頭の次へなをし、羽ぶしのつがいをはなし、身を爼むかふの中のはづれにをき、羽ぶしは胴がらの通りの下に置、はしは中の向ふのはづれに直す、右身をもかくのごとし、

庖丁師／『七十一番職人歌合絵』

庖丁と真魚《まな》箸だけを用い、先のハンフリー家のカーヴァー同様、けっして肉に手を触れなかったのである。こうした庖丁名人は古来からたくさんいた。たとえば光孝帝（九世紀末）の時「鯉に三十六枚の庖丁を作り給ふ」と称えられた、四条流の開祖とされる山蔭中納言藤原政朝（『江戸流行料理通大全』）、保延六（一一四〇）年、鳥羽院が白河仙洞に行幸の時、御前でコイを切ってその見事さに諸臣が「目をすました」と

謳われた藤原家成（『古今著聞集』）、あるいは康治二（一一四三）年、藤原頼長邸で、網代でとれたコイを料理して「見る者羨しがらざるなし」とほめそやされた源行方（『台記』）、「さうなき庖丁師」ともてはやされた園の別当入道藤原基（『徒然草』）、豊臣秀頼に仕え、「その手練無造作なるや目覚る見物也」と称えられた五十間某（『笈埃随草』）、家康の台所方だった天野五郎太夫（『続視聴草』）などの名前が記録に残っている。ロドリーゲスも、「品物が貴重で、鷹狩で手に入れたものであれば、往々にして領主や客人の面前で切盛りすることがある。それはきわめて器用な人々の仕業なので、その仕方を見ていると驚嘆させられる」と書いているから、じっさいにショーを見て目を丸くしたに違いない。

ついでにいっておくと、庖丁《ほうたい》とは『荘子』にみえる中国古代の料理名人の名前であって、日本では庖《くりや》の丁《よぼろ》、つまり厨房で使役される膳夫雑丁の意味に用いられた。その持つ刃物が庖丁刀で、後に刀が落ちて道具名となり、人間の方には「師」をつけるようになったのである。

とはいえ、同じカッティング芸術でも、根本的な意味論的相違があった。西洋では食事のたびごとに皆の目の前で公然と自然の殺戮をおこなっていたが、日本の庖丁式は特別な場合に限られ、通常は人目につかない裏方で庖丁師が腕を振るっていた。自然を切り刻んでいたのは同じだが、先の野菜の切り方に明示されていたように、梅や菊、紅葉や松葉をもう一度作っていたのである。自然を徹底的に殲滅《せんめつ》して人間の勝利の凱歌を皆であげるか、ひそかに自然を切断することで自然を再生させるかには、同じ切る芸術でも、文化意味論的に雲泥の差があるだろう。自然に対する人間の関係の在り方が、危険な殺しの道具であるナイフをテーブルで使うか使わないかを規定していたわけである。

ここから日本では箸の一刀流になったのであり、そしておそらく中国の二刀流はその文化コスモロジーが日欧のちょうど中間点に位置していたせいだと思われる。有名な北京ダックや広州の子豚の丸焼きも、一旦客に見せた後で厨房にさげ、切って箸で食べやすいようにして再び卓上に出していたのだから。西洋人は肉食だったからテーブルナイフが必要だったとは必ずしもいえないのである。もっとも台所で小口切りにして出すから箸だけになったのか、箸を使うからあらかじめこまかく切るようになったのかは、議論の分かれるところだろう。しかしこれは鶏と卵論争と同じことで、相互に呼応し、補強しあって正のフィードバックが増幅されたと考える方が至当だろう。

だがこうした問題を詳しくは次章に譲って、最後にフォークについて見ておこう。

フォークの歴史

フォークの起源

英語のフォーク（fork）、フランス語のフールシェット（fourchette、これは農業用などの大型フォークを指すフールシュ〔fourche〕の指小辞である）は、いずれもラテン語のフルカ（furca）からきている。

フルカはもともと「二股に分かれた棒」を意味し、ウシなどの首につける軛《くびき》、罰として奴隷の首にかける首枷《くびかせ》、時には絞首台を表意していた。二股に分かれた棒を二本地面につき立て、横木を渡してそこに罪人を吊り下げていたからである。ドイツ語のガベル（Gabel）も、釣竿や漁網をたてる二叉の棒を原義としている。西洋のフォークはもともと岐れ道《フォーク》のように先が二つに分かれた一本の直線体を指していたのである。

　おそらく動物や魚を押さえつけてとるための二叉になった木の枝や枝角、つまり一種の刺股《さすまた》、魚扠《やす》のようなものがその祖型だったらしい。しかしさらに遡ると、石・骨・木や金属でできた串、錐、鏃、あるいは小型の矛や槍が原型だったに違いない。先の尖ったこうした道具で獲物をつき刺して殺し、肉をこれに刺して火の上にかざして焼いたわけで、ナイフ同様、死の香りが濃厚にただよってくる。シェイクスピアの『リア王』に「フォークが私の胸の辺りを貫こうとも」という科白がでてくるが、このフォークとは今日のような形状のものではなく、逆刺《かえし》、ないし叉状雁股のある矢尻《フォーク》のことだったとされている。

　とすれば、スプーンやナイフと同じように、フォークもまた長い間人類が使用してきた普遍的な食具だった。江戸の遊女も時として簪《かんざし》をフォーク代わりに使っていた、という話もあるくらいだから。ところが不思議なことに、その原型が機能分化してテーブルにのぼった地域は、ごく限られていた。ユーラシア大陸の両端、西洋と中国がその主な分布域だったのである。

フィジーのフォーク

しかしたった一つの例外があった。まるで突然変異のように、太平洋の真中、フィジー諸島で出現していたからである。石毛直道（前掲書）によると、

フィジー島民は現在でもタロイモ、ヤムイモ、ブタ肉などは手づかみで食べる。しかし、人間を食べるときだけは、三股《みつまた》あるいは四股《よつまた》のフォークを使用した。フォークの材料には、堅い木あるいは人間の骨がえらばれる。人肉を手づかみで食べると皮膚病にかかると信じられていたからである。フィジーの首都であるスパ市の博物館には、鋭い先端をした食人用のフォークが飾られている。

残念ながらこの博物館を筆者は訪れたことはないが、同氏によると「一八四〇年に死んだある大酋長は、人間を一人食べるたびに、石ころを一つ置いて、心覚えにしておいたところ、一生のあいだに八七二個におよんだそうである」という恐ろしい話まである。しかしこのカニバリズムは、同氏のいうように、一八世紀末になって白人との接触による急激な社会変動が起こり、その結果内戦が始まって棍棒の代わりに鉄砲で大量の人間狩りができるようになったせいだとは必ずしもいえない。ジェームズ・クック船長は、弓と投石器を巧みに操るフィジーの「恐るべき男たちは、戦の場で殺戮した敵を食べるという野蛮な営みに耽っている」と『航海日誌』に書きとめていたから、彼が《発見》する以

前から食人俗があったはずである。フィジーの創世神話とされるタブア神話にもアントロポファギアの話があり、この点はサーリンズの『歴史の島々』やサンディの『聖なる飢餓』に詳しい。

ここでは深くは立ち入らないが、いずれにしても日常のケの食事では手食し、人肉に限って手で食べると病気になるからという理由でフォークを考案し、使用していたことは、死を遮断する呪術的な特別の意味がこの食具に付着していたことを物語っている。人間は生きてゆくためにはどうしても他の動植物の生命を奪わねばならないが、この死による生というむくつけのなまの現実を食具はなんとかカムフラージュしようとする文化的機能をもっていたわけである。

1 中国の餐叉

中国にもフォークがあったのかと、びっくりされる方が多いかもしれない。じつは筆者もその一人で、周達生の研究書で初めて知って、大槻玄沢や磯野春信の驚愕を共有した次第である。

同氏の紹介による知子の「中国古代餐叉考索」に基づくと、新石器時代以降の遺跡から骨・銅・鉄製のものが六四点も出土している。商・漢・晋・元各代の餐叉も多く、「河南洛陽の中州路における一基の戦国早期墓からは、五一点の出土があるので、東周の時代においての『餐叉』の使用は、相当普遍的であったように思われる」と、周氏はいっている。参考までに同書から図を引用させてもらうが、長さは大体一二〜二〇センチ、歯の長さは四〜五センチのものが多数をしめていた。番号の1

～6は二叉で、5には幾何学的紋様があった。7～8は三叉で、9は甘粛酒泉からの出土品で後漢のものである。これらがフォークとして使用されたことは、骨匕や銅簋《どうき》（食物を盛る祭器）、牙簽《がせん》（楊子）などと一緒によく出土するから確かだ、と同氏はいっている。ただし大きなものは、食具ではなく厨房用具だった可能性も大きいが。

しかし古代においてフォークが餐叉と呼ばれていたかどうかは、確実ではない。周氏は『儀礼・特性・饋食《きしょく》礼（煮た食物を供える祭礼）』に、「畢《ひつ》の形叉の如し、蓋し其の畢星に似たるの名を取る」という言葉があるのをあげて、「畢」といっていたのではないか、と考えている。二八宿の一つ、牡牛座の畢星《あめふり》は先端が二つに分かれた双歯叉状をなしているからである。しかしこの畢の字は、もともと魚を掬《すく》ったり、ウサギにかぶせて捕える柄のついた網、たもを原義としており、また供犠獣を貫いて鼎《かなえ》にのせる、二叉の刺股《さすまた》の意味もあった。さらに『礼記』には、「主人肉を挙げるの時、則ち畢を以て主人の挙肉を助く」とあり、長さが三～五尺もあったとされているから、祭祀用の大型のフォークもあったに違いないとは同氏の推測である。

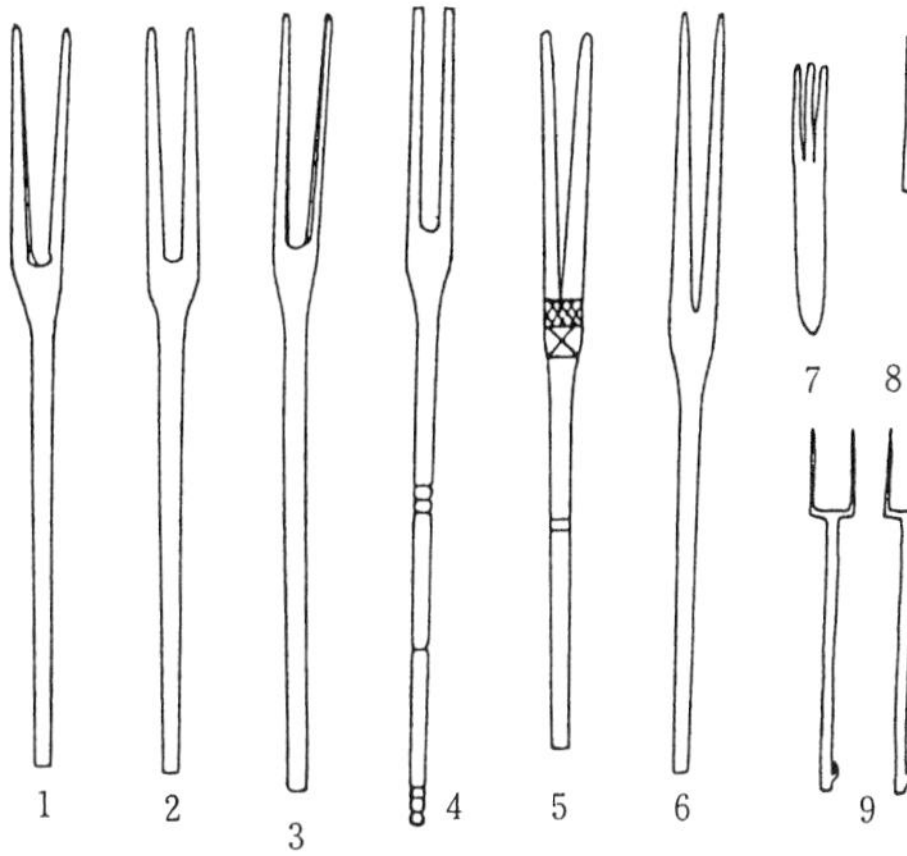

古代の餐叉（周達生，1989年より）

▲「皇帝日常的部分餐具」（清朝の皇帝〈一七三六～九五年〉）（『紫禁城の帝后生活』中国旅遊出版社より）

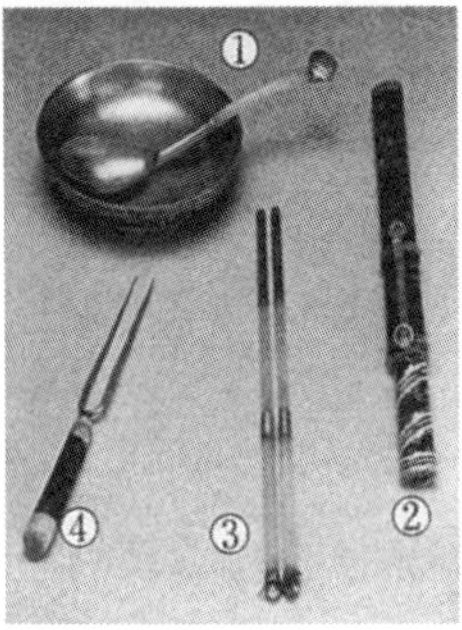

「進膳用具」　①青玉柄金羹匙　②乾隆款金胎珐瑯柄鞘刀　③青玉鑲金筋（28.9 cm）　④金鑲木把果叉（『清代宮廷生活』商務印書館香港分館出版より）

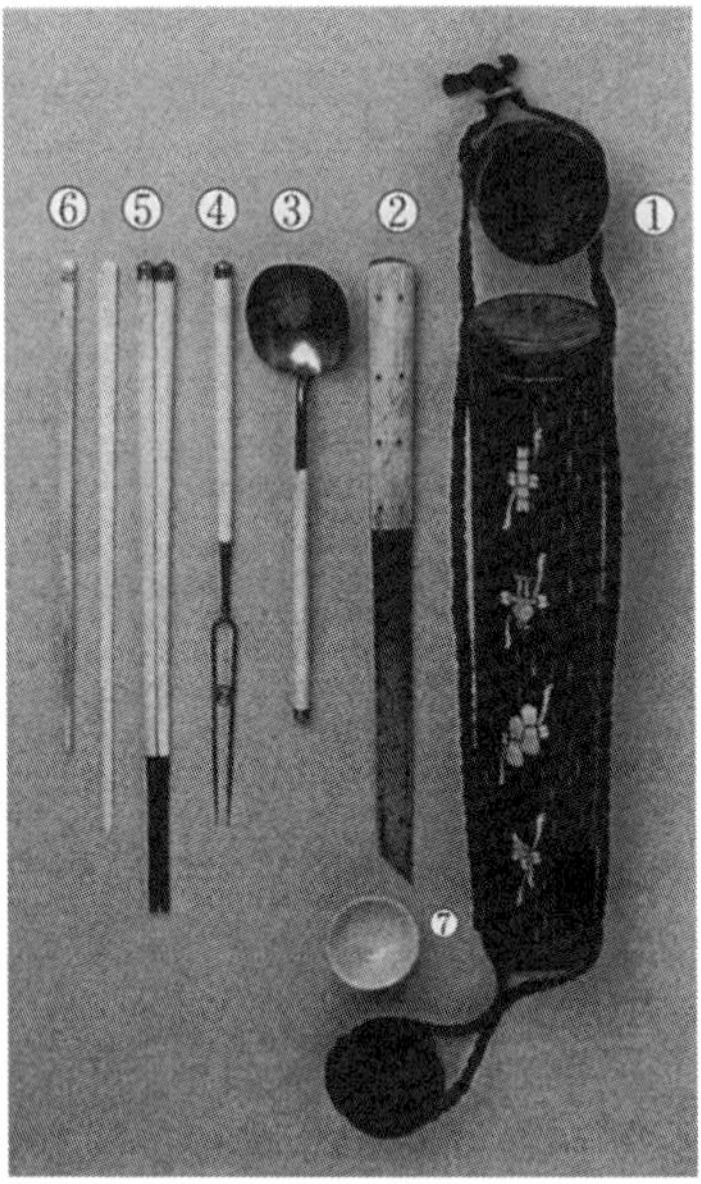

「携帯用食器具」　①手作りの鞘　②刀　③スプーン　④フォーク　⑤象牙の箸（30.5cm）　⑥つまようじ　⑦陶器製の酒盃

（いずれも一色八郎，1993年より）

元代まで確実にフォークが存在したのに、ではなぜこれも食卓から消えてしまったのだろうか。「それは、箸が、『手食から発展した食器』の中でも、主流になったからにちがいない。箸が匙に取って代わって食飯用になり、匙はスープをすくうのに用いられるだけになった。そして、箸は、肉などを食べるのに用いられた『餐叉』に対しては、完全に取って代わってしまったということなのである」と、周達生は結論している。間違いではないが、しかしこれはいささか実利主義的な見解だろう。

　というのも、その後の中国で

フォークの使用がなお残存していたらしいからである。一色八郎は『清代宮廷生活』から、皇帝の日常の餐具の中にあった、ナイフと共に木把の果叉、つまり果物用のフォークの写真を掲げている。「携帯用食器具」の方は時代が明記されていないが、これも近代のものらしく、筒の中に二叉のフォークが入っていた。ただしこの場合、宮廷においてだけ、日本同様、古代の遺風が連綿と継続していたのか、西洋の影響で古代の畢が復活したのか、それはよくわからないが。

2　西洋のフォーク

このようにフォークは何も西洋独自の食具ではなかったわけだが、しかもそこでの出現は中国よりはるかに遅れていた。石器時代からその祖型があったはずなのに、遺跡からの出土品は、管見のかぎりでは資料が見当たらない。といってもヨーロッパの考古学的資料を博捜したわけではなく、筆者の調査不足もあるだろうが。しかし古代ギリシアには鉤《フック》にあたる言葉（kreagra）はあったが、フォークに相当する単語はなかった、とされている。専門家の教示をえたいが、語源辞典をみてもラテン語のフルカ以前は不明とされ、フランス語のフールシェットの初出は一四世紀のことにすぎない。

西洋でのフォークの最初の確実な文献上の証拠は、前数世紀間に編集された『旧約聖書』に見られる。「出エジプト記」によると、燔祭の祭壇を作るようヤハウェから命じられたモーセは、青銅の壺、十能、鉢、肉刺し、火皿を作って飾った（二七章三節、三八章三節）とされている。この肉刺しはしか

し テーブルフォークではなく、中国の畢同様、祭祀用のものだろう。「サムエル記　上」（二章一三〜一四節）ではこう書かれていた。

人が犠牲をささげる時、その肉を煮る間に、祭司のしもべは、みつまたの肉刺しを手に持ってきて、それをかま、またはなべ、またはおおがま、または鉢に突きいれ、肉刺しの引き上げるものは祭司がみな自分のものとした。

フォークを持つ調理師／13世紀，パリ（山内昶，1994年より）

こちらのほうも犠牲獣とかかわっているが、調理用とみなしてよいだろう。上掲の図は、『聖書』のこの箇所に付された一三世紀の挿絵である。さらに『サチュリコン』にもフォークが二カ所出てくる。一つは料理人の「一人が調理台からフォークをもってきて、一戦まじえる身構えをした」という箇所、もう一つは魔女が「そら豆を貯えておいた古い麻袋を戸棚から長いフォークを使って降ろした」という文で、これは明らかに長柄の大型のフォーク、つまりフールシュ（熊手、股鍬）に近いものだった。決闘の武器や魔女の道具として出てくるから、やはりそこには死や悪の影がつきまとっている。こう

火焚き用のフォークを持つ少年／1340年頃，東アングリア方言で書かれた『ラトレル祈禱書』（ヘニッシュ，1992年より）

した厨房用のフールシュは中世になっても、ずっと使用されていた（図参照）。

　では小型のフールシェットがなかったかというと、ポンペイの遺跡からいくつか出土している。この町がヴェスヴィオス火山の灰に覆われたのは七九年八月のことだから、ほぼこの頃から西洋では柄の先が篦《へら》状になったテーブル用フォークが出現していた。一八八ページの図は同時期のフォークだが、三叉の左が一三・九センチ、二叉の右が一四・八センチというから、これは明らかに食卓用である。一世紀のローマ世界でフォークで食べる人がいたことは確実だろう。

　とはいえフォークがローマ人の創案になるのかというと、これにはだいぶ疑念が残る。なぜなら一般にフォークはオリエント起源であり、古代アッシリア帝国にも存在したという説があるからである。現在、四世紀の銀のフォークが一本、アメリカ人の個

1世紀の青銅器フォーク／リヨン，ガロ＝ロマン文明博物館所蔵（グーラリエ，1994年より）

人蔵になっているが、「この食卓用フォークは優雅なビザンティンの晩餐会で時おり出されたのかもしれない」と、ヘニッシュはいっている。しかしその後、スプーン同様フォークも西洋の食卓から消え、再び出現するのは中世の後半期以降のことにすぎない。

同じく彼の『中世の食生活』によると、一三世紀半ば東方へ伝道にでかけたフランシスコ会士、リュブリュキのウィリアムが、タタール人の食習慣についてフランスの聖ルイ王にこんな報告を認《したた》めていた。「この目的のために特別に作られたナイフまたはフォーク状のものの先に刺して――これは、ぶどう酒に漬けて調理した梨やりんごを食べる時に我々が使い慣れているナイフやフォークに似ている――彼らは、周囲に立っている一人一人に、一口二口食べるように差し出す」と。元朝にフォークがあったのは確実だから、同じモンゴル系のタタール族が中近東地方にもちこんでいた可能性もゼロではない。なおウィリアムがここで、ワイン漬けの果物を食べる時、「我々が使い慣れているナイフ

ナイフとフォークの使用／モンテカシーノ修道院写本

やフォーク」と書いているのは、この当時すでにフォークがヨーロッパに入っていたことを示している。しかし前に掲げた聖ルイ王の二枚の絵では食卓にでていなかったから、まだ一般に使用されていなかった。とすれば、いつからフォークは東方から西洋に渡来したのだろうか。

フォークの伝来

一一世紀の初め（一〇世紀末という説もあるが）、東ローマ皇帝ロマヌス三世の妹がヴェネチアの後の総督ドミニコ・シルヴィオと結婚した時、その祝宴で、彼女は手を使う代わりに宦官に小さく切らせた肉片を、気むづかしげに金の二叉の熊手で一片ずつ口に運んだ。これを見たヴェネチア人は憤慨し、後に彼女が不治の病に罹ると、ペスルス・ダミアーニ枢機卿は「上品さを法外にまねて体が完全に腐敗してしまったヴェネチア総督の妻について」という恐ろしい表題の一文を草した。エデンの園ではアダムもイヴも神から与えられた素手で食べていた。それなのに人間の作った不浄な器具で食べるとは何事か。というわけで神の怒りがあるように祈った聖職者の至誠が通じて、神罰が下った、とされたのである。枢機卿はしかしナイフを使っていたはずだから、要するにこれは習慣をめぐっての保守派と革新派の相剋にほかならないだろう。

九世紀のドイツの神学者ラバヌス・マウルス編の一種の百科全書『すべてについて』の一部を、一一世紀にモンテカシーノの修道院で写した有名な絵（図参照）が残っている。二人の修道士がテーブルに向きあって食事している素朴な版画で、二人とも二叉のフォークを使用しているから、大体この頃からヨーロッパのごく一部でフォークが使用されるようになったことがわかるだろう（モンテカシーノ写本には、マウルスにない後代の風俗がたくさん盛りこまれていた）。

こうしてフォークはまずイタリア半島から侵入し、北へと広がっていった。たとえば一五世紀になると、ルッカの領主パオロ・ギニジは七一本、プッチ・デ・メディチは四八本、その息子ロレンツオは一八本のフォークをそれぞれの遺産目録に残している。主にデザートの砂糖漬け果物を食べるのに使ったようだが、これは古代ローマでもそうで、蜂蜜漬けの果物にフォークを用いていたのである。

しかし東方からイタリアまでやってきたフォークにとって、アルプス山脈はあまりにも高く、嶮しすぎた。フランスへの進出は、一五三三年、カテリーナ・デ・メディチが後のアンリ二世と結婚した時、たくさんのルネッサンス期イタリアの食文化を一緒に運んできたが、その荷物の中にフォークも入っていた、というのが従来の定説とされている。だが、その結果彼女がフランスの食文化に革命をおこしたという伝説同様、この通説は今日ではいささか疑問視されている。というのは、カトリーヌがフランスに嫁入りした時はまだ一四歳で、結婚後一四年間も子供に恵まれなかった（夫に愛人がいたのである）。彼女がフランスの食卓と味覚に大きな影響を及ぼしたのは、むしろ三人の息子を残して夫が亡くなってから（一五五九年）の摂政時代のことで、その間仏伊の間には人々の往来も繁く、文化交流も盛んだった。たとえばカトリーヌ自身フランス女性の娘だったし、フランソワ一世の従妹ルネはフェラーラ公爵の所に嫁ぎ、その娘マルグリットは逆にサヴォア公と結婚していた。バーバラ・ウィートンはその『味覚の歴史』（一九九一年）で次のように書いている。

一五三〇年代及び一五四〇年代にかけてラブレーはイタリアを三回訪れ、一五五〇年代にはモンテーニュが長期にわたって滞在している。フランス人はイタリアの芸術作品を鑑賞するためには、イタリアへ行く必要などなかった。カトリーヌがまだ幼少だった頃、フランソワ一世はレオナルド・ダ・ヴィンチを宮廷に招待した。また、彼女がフランスに到着した時には、フランチェスコ・プリマティッチョとイル・ロッソ・フィオレンティーノがすでにフォンテーヌブロー城の装飾に取りかかっていた。一五四〇年代には、ベンヴェヌート・チェリーニがフランソワ一世に仕えていた。アンリとカトリーヌの縁談をまとめたのは国王であったので、この意味では彼女もまた国王がイタリアから「輸入」したものの一つと数えることができるであろう。十五世紀以来、リヨンには大きく有力なイタリア人社会があり、彼らは商業や金融業、後には印刷業といった分野で活躍していた。この共同体は、フランス宮廷に外交使節を送っていた。カトリーヌがフランスにきた頃には、フィレンツェのゴンディ家を始めとして、彼女の知人の多くがすでにフランスに移り住んでいた。

つまりアンリ二世妃以外のところからもイタリアの進んだ文化がフランスにどっと入ってきていたわけである。はたしてシャルル五世の一三七五年の財産目録にはすでに三本ないし一ダースの柄に宝石をはめたフォークが麗々しく記載され、その弟のベリー公の一四一六年の遺産目録にもフォークがスプーンとともに掲載されていた。一四世紀末にはすでにフランスまできていたことは確実である。

フォークを手にはしたものの、その扱い方はまだまだぎこちないものだったらしい。アンブリのアルチュス・トマはその『ヘルマフロディトスの島の情景』のなかで、アンリ三世――アンリ二世の第三子――の宮廷での食事風景をこんなふうに皮肉っている。両性具有者《ヘルマフロディトス》の島――ついでながらこの表現はアンリ三世が両性愛者だったことを暗示している――の人々は、まるでひげを剃るかのようにひだ襟の上からナプキンをかけていたが、「けっして手で食べ物に触れず、首を伸ばし、皿の上に身を乗りだしながらフォークを使って食事をした」。サラダを食べるのはことに難しかった。「この国では、手で食べ物に触れることを禁じられていたので、どんなに難しかろうと、指よりもこの小さな二股の道具が口に触れることの方が好まれた。……アーティチョーク、アスパラガス、エンドウマメ、さやをむいたソラマメが出てくると、フォークを使って食べる彼らの姿は、見る者の目を楽しませた。他の人々ほど器用でない者は、大皿から取り皿へ、また口へ入れる途中で大部分こぼしてしまったからである」。ここに、新しい流行に遅れまいとする人間の愚かさを見るか、新しいマナーを確立させようとする涙ぐましい努力を見るかは、人それぞれの好みというものだろう。

アルプスを何世紀もかかってやっと越えたフォークには、しかしまた難関がまちうけていた。ドーヴァー海峡である。イギリスへ入ったのはなんと一六〇八年（二一年説もある）のことで、旅行家コリアットがイタリアから持ち帰ったというのが、これまで定説になっている。原文が手元にないので、仏訳から重訳しておこう。

私はイタリアのすべての町で、これまで訪れたどの国にもない習慣を見たが、他のどのキリスト教国にも存在しない習慣だと思われる。イタリア人とイタリアに住む大部分の外国人は、食事のさい大皿の中の肉を切るのに常に小型の熊手を使っている。一方の手でナイフを握り、他方の手で熊手を押しつけている。会食者とテーブルについて、うっかり皆がとり分ける肉の大皿に手を出そうものなら、誰しも会食者に不快感を与え、白い目でみられたり、非難されさえするだろう。小さな熊手は一般に鉄か鋼でできているが、なかには銀製のものもあり、これは紳士しか使用しない。イタリア人がこんな気取ったことをするのは、誰もの手が一様に清潔だとはいえないので、他人が指で大皿に触わるのをどうしても我慢できないからである。そこで私はイタリアにいた時だけではなく、ドイツに行った時も、そしてイギリスに帰ってからも、このイタリアの流行をまねるのが上品だと考えた。

そのせいでコリアットは友人から「熊手を持つ男（furcifier）」と綽名され、ひやかされた。劇作家のボーモンとフレッチャーはこれを種《ねた》に『フォークで切り分ける旅行者』という喜劇を書いて、大当たりをとったそうである。

しかしコリアットはイギリスでも宮廷にすでにフォークが侵入していたことを、知らなかったらしい。たとえばエドワード一世（一二七二〜一三〇七年）の財産目録には、たった一本だけだが、フォークが載っており、エドワード二世の寵臣で愛人だったピアズ・ギャベストンは六九本の銀のスプーンと、三〜四本のフォークをもっていた。コリアットとほぼ同時代のエリザベス一世は、そのテーブルに美しい瑪瑙のフォークを置いていたが、これは廷臣のところから無断で懐に入れてきたものだ、という噂さえあった。

ついでにつけ加えておくと、西洋で初めてフォークを使った日本人は、記録上――というのはその前に薩摩生まれの神学生ベルナルドが渡欧していたからだが――天正遣欧使節団の少年たちだった。スペインやイタリアでの公式の宴会では、当時の西洋宮廷のマナーに従ったとされているからである。もっとも自分たちだけの私的な食事では、「象牙のように白い尖鋭な長さ一パルモ（約二一センチ）の棒を用いていた」とされているが。

とはいえ、山をのりこえて海を渡ったフォークも、今度は王宮の壁に遮られて一般庶民のところまではなかなか浸透しなかった。フォークがドイツに伝わった時、神の恵みである食物を神が与え給うた五本のフォーク以外で食べるのは、神の摂理に反する瀆神行為だと、反対する聖職者がいたらしい。

「私たちがこの道具を用いるようにと神が望まれたのなら、はたして神は私たちに指を下さっただろうか」というわけである。これは前に述べたムスリムの人々やイタリアの聖職者と同じ反応であり、フィジーの人々とは逆の反応だった。文化規範《コード》に従って同じ食具もさまざまな意味をもっていたわけである。

しかも同じ時代、同じ社会の中でも、文化コードはけっして単一ではない。旧習を固守しようとする守旧派と新風を吹きこんで変革しようとする革新派の葛藤がずっとあったのである。たとえばヴェルサイユ宮殿では、「国王は好物のラグーをじつに指で上手に食べる」とサン＝シモンが褒めていたように、大食漢のルイ一四世は生涯手食していた。王妃のマリー＝テレーズも、母后のアンヌ・ドートリッシュもその美しい指を大皿に突っこんでいたので、伴食の貴顕貴女も見習わねばならなかった。国王の孫だったド・ブルゴーニュ公が伊達男ぶりを示そうとして習いたてのフォークを使用しようとしたところ、ルイ一四世は怒って禁止した、と自身も五本指派だったラ・パラチーヌ王弟妃は満足気に書き留めている。同じ頃のウィーンの宮廷でもフォークの使用が禁じられていた。

一六九五年になっても、アントワーヌ・ド・クルタンの『フランス紳士の実践的な礼儀新論』には、こんなマナーがまだ事々しく書かれていた。

骨はなめたり、折ったりしてはいけないし、骨髄をしゃぶってもいけない。肉は皿の上で切り、フォークを使って口へ運ぶ。私があえてフォークをすすめているわけは、……脂でべとついたもの、そしてソースやシロップ添えのものなどに指で直接触れることは、著しく品性に欠けることなのである。さらに指で食べた場合、これに続けて下品な行為を二つ三つ引き起こすことになる。それは食事中にナプキンで度々手をぬぐい、これを台ぶきんのように汚すことである。このナプキンで口をふく様子を見た者は、誰もが気分を悪くするであろう。パンで手をふくことは、それ以上に下品な行為であり、まして汚れた指をなめるなど、不作法のきわみである。(ウィートン、前掲書)

この頃からしだいに《野性の文明化》が進んで、新しい感性が広がってきたことを物語るが、例によって裏読みすると、相変わらずアダムとイヴの遺風を遵守する人々がまだ多かったことがわかる。

そこで一七世紀末から一八世紀初めに描かれた「テラスでの食事」と題する面白い絵を紹介しておこう。貴族の食事風景で、相変わらずテーブルの下でイヌがおこぼれを食べている。女性は皆イヴの流儀だが、こちら向きに坐っている向かって右から二人目の男性は右手にナイフ、左手にフォークをもっている。その左隣りの女性は、正面の左横の男性――どうやら主人役《ホスト》らしい――にナイフで切ってもらって左手で摘んでいるが、自分のナイフは当人から見て取り皿の左に置いてあり、一番左側の、給仕のデカンタを取ろうとしている男性のナイフとフォークは共に取り皿の右側に置かれている。クベールは一人ずつに揃いのものが配布されていて現代風だけれども、ナイフとフォークはどうやら切るためだけであって、その後は手で食していたらしい。どういうわけかスプーンが出ていないが、こ

「テラスでの食事」／国立民衆芸術・伝統博物館所蔵（グーラリエ，1994年より）

れはスープ類が済んだ後だからだろう。要するにこの絵は、手食と食具食の新旧のマナーが当時混在していたこと、また食具の配置もまだ固定していなかったことを示している。

一六八二年の王宮の年中行事を知らせる暦に、ヴェルサイユ宮殿の「フランス式舞踏会」という版画があるが、そこでもナイフとフォークは二本とも皿の右側にセットされていた。

次ページの図はドイツのある料理書の朝食のテーブルセッティングを示したもので、ナプキンの畳み方にはじつにいろんな技巧が凝らされている。が、皿の右側にフォーク、左側にナイフとスプーンが置かれている。当時のドイツ人が皆左利きだったわけではないだ

朝食会のしたく／1891年レーゲンスブルクで出版された料理書の挿絵（南直人，1998年より）

ろうから、一九世紀末までまだクベールの配置法は動揺していたわけである。したがって現在の西洋の正式マナーとされる流儀が確立したのは、こと食具の種類と配置法にかんしては二〇世紀になってのことにすぎない。

一八九七年になっても、荒くれ海賊の末裔であるイギリス海軍では、水兵にナイフとフォークの使用が禁じられていたのだから。酔っぱらって刃傷沙汰を起こす危険があったせいもあるが、男らしさという点からもマイナスになるという理由からだった。いや、二〇世紀になっても、生まれた村から生涯一歩も外に出ず、当然フォークなど見たことも使ったこともないという人々が、西洋の僻地寒村ではあちこちにいたのである。

さて、多くの先学の研究の余沢を蒙りながら、食具の起源や各時代・地域でのその使用の変遷について、主に日欧を中心に駆け足でざっと見てきた。なにしろ時空的にあまりにも広範囲にわたるので、すべての原資料を探査、披見することは不可能であり、まだまだ不完全な概観にしかすぎないが、日頃何気なく使っている食具の背後にもこれだけの文化史的厚みがあったわけである。もともと人類は、チンパンジー同様、口食や手食の補助器具として、そこらへんに転がっているものを必要に応じて何でも適当に食具として使ってきた。それがいつしか、特に近代になって民族ごとに食具の使用を記号論的に特化し、固定化し、「お箸の国」といわれるように、逆に食具が文化自体を象徴するまでになっている。

なぜ日本は箸食文化圏となり、西洋は三点セットの文化圏になったのだろうか。その背後に潜む、人間と自然との関係としての文化コスモロジーの問題について、最後に考察することとしよう。

第四章

食具の文化象徴論

現在人類が使用している基本的な四つの食具、つまり箸、スプーン、ナイフ、フォークは歴史を遡るともともとその起源ではあまり変わらないものだった。木や竹、石や骨の棒や鏃、掻器や切器、あるいは堅果や貝の殻などが、時にナイフとして、箸として、またフォークやスプーンとして用いられてきた。このことは中国語の匕が「匙、矢尻、匕首」の意味を兼意していることからも明らかであり、また前章でも詳しく見てきたところである。こうした複合的な食具を人類は手食の補助具として昔は皆同じように使っていた。日本人も上古は匙や刀子《とうす》を用いていたし、一方、西洋人も昔から三点セットを使用していたわけではない。分子生物学者のキャンによれば、ミトコンドリアＤＮＡの変異から、現生人類はすべて約二〇万年前の《アフリカのイヴ》から分岐してきたとされるから——これには異論もあるが——それも当然のことかもしれない。

ところが、未分化な原型的食具が時間軸を下るにつれてしだいに分化し、それぞれの文化において特化してくる。なかでも不思議なのは、他の食具の使用をやめて箸専一に特化してしまった日本と、一度も箸の使用を見なかった西洋との較差だろう。いったいどうしてこれほどの懸隔が発生してきたのだろうか。本章ではその秘密の謎を解くとしよう。

箸の文化意味論

箸立伝説

周知のように古来からこの国には、箸にまつわる神木伝説がたくさん伝わっている。たとえば多賀大社には、大神が降臨した時、老人が粟飯を椎の葉に盛り、杉の枝を添えて饗応した。大神はこれを喜んで、食後この杉の箸を地面にさしたところ、葉が芽ぶいて大木になった、という縁起譚がある。この伝説的な神木は現在も残っているそうである。そのほか箸立伝説は全国に枚挙にいとまがないほど多く散らばっており、黒姫権現などの神、弘法大師、泰澄大師、蓮如上人などの名僧、あるいは西行法師や太田道灌などの異能者にまつわる説話が多い。なかには聖徳太子や源義家が食事に使った箸を逆さに地に挿したのが、根づいて成長したという逆さ杉の伝説まである。たいていのばあい、昼食にその辺の木の枝を折って弁当を使った後、地面にさした箸が神樹になった、ということになっている。これは中天の太陽と大地を結びつける宇宙樹を意味し、木の枝が杉や檜とされるのは、常緑樹に永遠の生命とその復活を仮託したものだろう。

宇宙樹を中心とするこうした樹木崇拝は、フレイザーやエリアーデが明らかにしたように、じつは人類にとって蒼古的で普遍的なイメージにほかならなかった。「樹木は——儀礼的、具体的にか、神話的、宇宙論的にか、あるいは純粋に象徴的にか——たえず再生している生きた宇宙を表現している。尽きることのない生とは、不死と同じことであるから、宇宙木は別のレベルで『不死の生』の木となる。同じ尽きることのない生は、古代の存在論においては、絶対的実在という観念の表現であるから、樹木はそこでは、この実在の象徴（『世界の中心』）となる」（一九九一年）と、エリアーデはいっている。

当然ヨーロッパでもこうした宇宙樹の観念はあまねく存在した。北欧神話にでてくる有名なトネリコの大樹《イグドラシル》やドルイド教徒の聖なるオークの樹など。キリスト教はこうした樹木崇拝を異教のしるしとして弾圧したが、しかしそれでも春の復活を祝う五月祭《メイ・デー》に五月の柱《メイ・ポール》ないし五月の木《メイ・ツリー》を立てる習慣は今でも続いている。だがメイ・ツリーもクリスマス・ツリーも古くは毎年焼かれて、新しいものと取りかえられるのが原則だった。そこには死と灰の中からの生命の再生の意味があったにしても、人工の手が加えられ、自然生的に枯木に花が咲くことはありえなかった。

ところが日本では違った。箸という文化がそのまま自然生的に神樹という自然に成長したからである。むろん道具として使った木の枝が再び発芽することはまずありえない。不可能を可能にするところに、神や聖《ひじり》の霊力を示したのだろうが、そこには別の意味もあった。自然と文化の近接関係である。

おそらく子供の頃、遠足かピクニックにいって弁当を開いたところ、お母さんがお箸を入れ忘れたので、その辺の木の枝を折って代用した経験が誰にでもあるだろう。『今昔物語』にも、多武峰《とうのみね》の増賀聖人が道端で「木の枝を折りて箸とし、我も食い傍の夫〔人夫〕共にも食わす」（巻一二―三三）という故事があるから、今も昔も日本人は同じことをしていたわけである。しかも食べ終わったら、使った箸をその辺に捨てればよい。まさか芽が出なくとも、自然に帰って土になるだろう。西洋の金属製の三点セットではこうはゆかない。つまり箸はすぐさま文化となる自然であり、しかも箸立伝説のようにそのままですぐに自然に戻せる文化にほかならなかったわけである。

むろん箸は木竹製とは限らない。骨牙や金属製のものがあったことは、既に見たとおりである。しかし何といっても日本は「木の国」であり、「植物文明」の国だった。木製の箸を代表にして、その特性を考えていっても、なんら支障はないだろう。数多くの箸立伝説もそのことを示唆していたのである。

生《なま》のもの

日本における文化と自然との親近性を表わす一番有力な証拠は、料理法に見られる。食具からすこし離れるが、いわば自然がそのまま文化であり、文化がそのまま自然である日本の食文化の特色を際だたせるために、ちょっと寄り道しておこう。

あまりにも熟知のように、日本料理の特徴は自然素材をそのまま切り整えて、食膳にだす生食《なま》にあった。洗い、叩き、鱠《なます》はもとより、ニワトリ、ウサギ、ウマ、シカ、イノシシなどの獣肉の刺身や、さっと湯を通しただけの霜降りやしゃぶしゃぶ料理などは、今日でも日常賞味されている。フロイスも『日欧文化比較』で「ヨーロッパ人は焼いた魚、煮た魚を好む。日本人は生で食べることを一層よろこぶ」（六―12）とか、「ヨーロッパでは猪の肉を煮て食べる。日本人はそれを薄く切って生で食べる」（六―55）などと驚嘆していた。

日本人は菜食民族だと思われているが、しかし古代王族はしきりに狩を催し、その肉を生で食べていたことは諸文献に明らかである。たとえば応神（三世紀頃）は播磨の勢賀《せか》で「猪や鹿を多く追いだして、星が出るまでも狩り殺した」と『風土記』にあり、仁徳三八年（四世紀頃）秋には高台《たかどの》の菟餓《つが》野《の》で鹿狩、允恭一四年（五世紀頃）には淡路で鹿、猿、猪狩などがおこなわれた事蹟が『書紀』にはみえている。なかでも雄略（五世紀後半頃）は、イギリスのエリザベス一世やジェームズ一世にも比すべき、雄壮な狩猟をたびたびおこなったことで有名だが、同天皇二年冬には、吉野の御馬瀬《みませ》で「猟を縦《ほしいまま》にし、鳥獣将《まさ》に尽きむとす」るまで殺戮に耽った。このとき雄略は《宍膾《なます》》、つまり獲物の肉や内臓を細く切って生のまま塩やコウジをつけたものを食し、《宍人部《ししびとべ》》——肉料理を司る朝廷直属の部民——をおいたとまでいわれている（『書紀』巻第一四）。

とはいえ、生食は必ずしも日本独特の料理ではない。最古の中国の料理書『斉民要術』にも刺身ないし膾を食べる時にそえる「ジュンサイのあつもの」の作り方がでているし、『漢書』には「生肉を膾と為す」とあり、また鴻門の会に項羽は樊噲《はんかい》に生の豚肉をすすめていた。「春秋時代には生食はごくふつうで、孔子も肉の膾を好んで食べていた。『礼記』によると、膾の薬味には、春はネギを用い、秋はカラシナを使い、また、鹿の生肉にはひしおを使うべきだという」と、張競は調べてくれている。だが中国ではその後しだいに生食が姿を消し、正式の中華料理のメニューには入っていない。

ついでにつけ加えておくと、日本で刺身を現在のように醤油につけて食べるようになったのは江戸時代からで、それまでは煎り酒や芥子、生姜《しょうが》、蓼《たで》などを薬味にした酢や味噌につけて食べていた。アユの塩焼きに今も用いる蓼酢はだからきわめて古い姿をとどめた調味料だったのである。さらに刺身も酢で食べたのだから、結局膾との区別はつけられていなかった。人見必大はその『本朝食鑑』（一六九七年）で「切り裂いたものを膾といい、糸のように長く細く切ったものを刺身という」と定義している。しかし『庖丁聞書』には、「鮎のいかだ膾といふは、鮎をおろして細作りにして、柳葉をいかだのごとく皿にならべ、其上に作りたる躬《み》を盛りて出すべし」とあるから、逆のばあいもあったらしい。なお刺身という表現がでてくるのは一五世紀半ばのことのようで、タイならタイの切身にそれとわかるように鰭を刺したことからその名が起こったらしい。

とはいえ、生肉食は必ずしも日中の専売特許ではない。西洋にも稀に見られた。たとえばトマスによると、一六六七年にサミュエル・ピープスは、生肉に目のない材木商アンドルーズ氏が「顎にまで血のほとばしる肉片を喜々として」むさぼっていた様を特筆している。ブリア＝サヴァラン（一九八九年）によるとドーフィネ地方の猟師は、塩とコショウをもって九月に狩にでかけ、脂ののったイチジククイをしとめると羽をむしって調味料をふりかけ、しばらく帽子の上にのせて歩いてから食べた。「イチジククイはこうした方が焼いたのより数等うまいとかれらは断言する」。

現在でもフランスでは、有名なタルタルステーキを食べさせる店があり、筆者もパリに住んでいたとき、ときどき食べにでかけた。これは赤身の牛肉のミンチ（ときに羊肉、豚肉などを加え）に塩、コショウをふりかけ、卵黄、みじん切りの玉ネギ、パセリ、ケーパーなどをかきまぜてそのまま食べる。名前から明らかなようにタタール系の料理だが、フランス人もよく賞味していた。とはいえ、種々の刺身類が代表的な国民食である国は、日本をおいてほかにはない。

日本の生食は、動物性食品だけではなかった。『魏志倭人伝』に「倭の地は温暖、冬夏生菜を食す」

とあるように、古くからわれわれの祖先は生野菜をよく食べていたらしい。野菜といっても今日われわれが食べている大部分は渡来種で、山菜や野草が主だった。『万葉集』には約四〇種の野菜がでてくるが、その中にはショウガやミョウガがあった。しかし『倭人伝』には薑《きょう》（ショウガ）、椒《さん》（サンショウ）、蘘荷《じょうか》（ミョウガ）があるも、「以て滋となすを知らず」と書かれているから、ヒミコの時代にはまだその味覚を知らなかったらしい。その他、アオノリ、モズク、ワカメなどの海藻類も『万葉集』に二〇種ほど出てくるが、昔から日本人は生の海藻を喜んで食べていたのである。

これに対し、今では西洋料理の一種だと思われている生野菜のサラダがヨーロッパの食卓にのるようになったのは、近々四、五百年前のことにすぎない。ローマ人は二日酔いの薬として生のキャベツを食べることがあったが、塩《サル》をふった生野菜料理――ちなみにこれがサラダの語源とされる――はテーブルに姿を見せなかった。たとえば「生アスパラガス」の料理というのがあるが、名称から想像されるようにグリーンアスパラガスをさっと茹でた冷野菜風のものではなかった。ルヴェルの『美食の文化史』（一九八九年）からそのレシピを引用しておくが、これではサラダどころではないだろう。

生アスパラガスの料理。アスパラガスを洗い、乳鉢ですりつぶし、水をふりかけ、さらに非常に細かくすってうらごしにかける。一方嘴の長い食用の小鳥《ベックフィグ》をよく洗い、下ごしらえをした後、火を通しておく。それから乳鉢の中で六スクルプルスの胡椒をすりつぶし、ガルムを加えてよくすり、一キュアトスのワイン、一キュアトスの干葡萄ワイン、それに三オンスの油を加えて溶きのばす。これを小さな土鍋に注いで煮立たせる。皿にたっぷり油を塗り、卵六個を割り入れ、ワイン入りのガルムを混ぜ、下ごしらえのできたアスパラガスを加える。その皿を熱い灰の上に置き、先ほど説明したソースを注ぎ、小鳥《ベックフィグ》を並べる。火を通し、胡椒をふって供する。

ついでにいっておくと、サラダの語源説には一五世紀頃から一七世紀頃までフランスで使用された半円球の鉄兜《サラド》（salade）からきたという説があるが、これは誤りだろう。この兜の語源はイタリア語のチェラタ（celata）、スペイン語のセラダ（celada）などと同じくラテン語の天球《カエルム》（caelum）から派生したもので、語源が違ううえに年代も違っている。というのも、料理のサラダのほうは英仏では一四世紀中には現われた言葉だったのだから。

しかし生野菜は消化に悪いと長い間信じられていたので、それが一般に普及するのには長い時間がかかった。一七世紀にイギリスの日記作家、ジョン・イーヴリンが、「サラダとは生野菜の配合料理である」と、改めて定義する必要があったほどだったからである。一九世紀になってもフランスでは消化に悪いからといって、メロンに小さな穴をあけ種子と柔らかい果肉をとりだし、中に砂糖をふってワインを注ぎこむ冷やしメロン《ムロン・オ・ポルト》や、砂糖シロップで皮をむいたメロンを長時間煮こみ、天日に干した砂糖漬けメロンにして食べていたほどである。

生野菜のサラダが一般に普及した今日の西洋でも、しかし肉料理のつけ合わせにでてくる温野菜などは、ぐちゃぐちゃに煮たり炒めたりして跡形もとどめない例がきわめて多い。時にはカボチャやホウレンソウのように裏漉しにされてスープの味と色つけに見る影もない哀れな姿になっている始末である。和洋料理の対照性は、たとえばコイモをさっと茹でたキヌカツギと、茹でてつぶしてミルクやバター、塩に胡椒をぶちこんだマッシュポテトの違いに端的に現われている。西洋料理が自然を弄《いじく》り回して徹底的に抹消することを理想にしているとすれば、日本料理は石毛直道の巧みな表現を借りると「料理をしないことを料理の理想」としていた。あるいは筆者にいわせれば「料理したとみせないことを料理の極意」としていた。この反自然料理と自然料理との対立は、自然の原型すらとどめない西欧の金属性の三点セットと木の枝の自然がそのまま箸＝文化である日本の食具との対比と、ちょうど相同構造になっているといえるだろう。

食肉のターミノロジー

この点をさらに食肉の用語法《ターミノロジー》から明らかにしておこう。鯖田豊之はその『肉食の思想』(一九八八年)で、こんな面白い思い出を語っている。子供の頃牛肉が大好きだったが、ある日誰かに「牛肉《ぎゅうにく》とは牛《うし》の肉《にく》のこと」と教えられた。「とたんに、牛の姿が眼の前に浮かび、肉類はいっさい喉をとおらなくなった。見たり、匂いをかぐだけで吐き気をもよおすようになった」という回顧談である。食べすぎたり当たったりして腹をこわすと、しばしばその食品に対して心理的嫌悪感を覚え、生理的拒否反応をおこすことはよく見られる。しかし鯖田少年は実際に中毒症状を呈したわけではなかった。耳から言葉を聞いただけである。「牛肉」と「牛の肉」とは同じことなのに、言い方が変わっただけでなぜ嘔吐感を催すようになったのだろうか。

じつは生きた動物と殺したその肉とを同じ言葉で表現するかしないかには、大きな問題——文化コスモロジーにかかわる問題——が潜んでいる。西洋人ならウシは食用のために飼育している家畜であり、食欲の対象としてしか見ないから、ウシをウシとして平気で食べられるだろう。ところが日本人は輪廻転生観から動物を殺すことに罪悪感を感じ、ウシを食べることに惻隠の情を覚えるので、ウシを牛肉と言い換えてなんとか罪の意識を糊塗しようとしてきたのである。

食肉のターミノロジーとは、この動物名と食肉名との異同を調べて、そこから人間と自然（動物）との関係のあり方の文化的違いを探ろうとするものである。表は、昔から人類がよく食べてきた鳥獣

動物名				食肉名			
日	英	仏	独	日	英	仏	独
ウシ	cattle	bœuf	Rind	ギュウ(肉)	beef	bœuf	Rindfleisch
ウマ	horse	cheval	Pferd	バニク サクラ	horsemeet	cheval	Pferdfleisch
ブタ	pig	porc	Schwein	トン ブタ肉	pork	porc	Schweinfleisch
イノシシ	wild boar	sanglier	Wildschwein	ボタン 山鯨	boar	sanglier	Wildschweinfleisch
ヒツジ	sheep	mouton	Hammel	マトン	mutton	mouton	Hammelfleisch
シカ	deer	cerf	Hirsh	モミジ	venison	cerf	Hirshfleish
ニワトリ	chicken	coq	Huhn	カシワ	chicken	poulet	Hühnfleish

について、生体と食肉とを各国語でどう表現しているかをまとめたものである。むろん肉食の西洋では、雄か雌か、去勢してあるかないか、幼獣か成獣か、あるいは身体の部位等々によって名称が非常にこまかく分類されている――この分類の豊富さはそれだけ高い肉食への関心を示している――が、ここではごく一般的な用語で代表させておいた。たとえばフランス語のニワトリは若鶏ではプーレで食肉名と同じになるが、雄鶏のコックを総称名として採用しておいたように。したがって必ずしも正確な数値ではないが、パーセントをとってみると動物名と食肉名が違うのは日本で八六%、イギリスで六四%、フランスで一四%、そしてドイツではなんとゼロになる。さすが《野蛮な》ゲルマン部族の後裔だけあって――むろん冗談だが――ドイツ人は生きた動物名に肉（Fleish）をつけるだけでことを済ましていたのである。

直接話法が多いほど自然に対して残酷だというつもりは毛頭ないけれども、日本人は動物を食べているのに食べていないふりをするカムフラージュ率が飛びぬけて高いことがわかるだろう。生肉を好んで食べるのに矛盾していると思われるかもしれないが、そうではない。逆説的にも自然との密接な親近性のゆえにこそ、生肉を婉曲話法で食べていたのである。それは、木の枝＝自然がそのまま箸＝文化である矛盾の構図と逆相似形だといえるだろう。

箸の万能性

箸の最大の特徴は文化でありながら自然と深く関連していることにあったが、もう一つの特徴は、その万能性にあるといえるだろう。たった二本の棒で、摘む、挾む、支える、運ぶ、むしる、ほぐす、はがす、切る、裂く、刺す、のせる、押さえる、分ける等々、なんでも器用にこなしてしまう。

魚をむしったり、豆腐を切ったりする時はナイフの代用、豆や煮染《し》めを摘んだり挾んだりして口に運ぶ時はフォークかスプーンの代理、汁椀を口につけて中の具を押さえたり、汁と一緒に飲んだりする時はスプーンの代替、といった具合にそれ一膳で三点セットの機能を果たしている。刺し箸は嫌い箸として忌避される——攻撃性を示すから——が、じっさいは煮え加減をみたり、芋煮会でのように塊根類をわざとつき刺して食べることもあるから、小型の鉾や槍から発展したフォークの役割も立派に務めていたわけである。

むろん箸がこのように万能の威力を発揮できるのは、前述のように、日本料理がカッティングの芸術であり、あらかじめ食材（自然）の切断が裏方の台所でおこなわれ、食卓には完成料理として出てくることにあった。箸は、食肉のターミノロジーでも見たように、自然の切断による人間と自然との切断をできる限り覆い隠そうとする自然に優しい文化の所産だったのである。これに対し西洋では、たとえば仔豚や仔牛の丸焼きが大きなテーブルの真中にでんとおかれ、自然に対する人間の勝利を目で楽しんだ上で、さらにカーヴァーが切り分けたこの自然（肉塊）を切り刻んだり突き刺したりして再度勝利の味を楽しんでいた。ナイフとフォークは、自然の切断によるこの自然と人間との切断を公然と誇示しなければ完成しない加虐的《サディスチック》な文化の所産だったといえるだろう。

だが、箸の多機能で多目的な万能性・綜合性は、見方をかえると融通無碍で弾力性に富み、明確な区別や対立をさけようとするファジーな曖昧性をもつものといえる。木の枝＝自然がすぐさま箸＝文化となり、その逆も可能だったように、箸の万能性もまた自然と文化の間に極端な隔離や対立がなく、その境界が曖昧で相互に浸透しあっていることを示している。

この点を箸の語源的意味から考えてみよう。そこに日本人が匙も刀子も捨て、箸一筋というか箸一本（二本というべきか）になった秘密が隠されていると思われるからである。

ハシの語源

日本語の箸の語源は、「階、梯、橋、端、嘴」などと関連があるといわれるが、いずれも二つの間をつなぐもの、あるいはつながれた両端を指している。階《きざはし》は「刻んだ橋」、つまり上と下、一階と二階をつなぐ階段だし、梯子もまた高床式の住居にみられるような一本の丸太に足がかりを刻んだ「懸《かけ》橋《はし》」を元来は意味した。その「かけはし」が水平になると渡り廊下や桟道を意味するし、「橋」はいうまでもなく、川の此岸と彼岸の両端を結びつけるものである。「嘴」については、『東雅』の中で新井白石は次のようにいっていた。「箸をハシといふは、觜也。其食を取る事の鳥觜の如くなるをいふ也。又ハシとは端也。古には細く削れる竹の中を折屈めて、其端と端とをむかひ合わせて、食を取りしかば、かく名づけし也」。白石の言を信じれば、前に問題にしたあのピンセット状の箸は、鳥の嘴を模していたわけである。

いずれにしてもこうした語源からわかるように、ハシとは、上下や左右に分離した二つのものをつなぐ媒介物、つまり食物と口、自然と人間を連結する文化的なブリッジを指すものだった。そこから箸立伝説に見られたように、なぜ箸が天と地を結びつける神木、すなわち宇宙樹とされたのかもその謎が解けるだろう。というのも、天地創造神話に出てきた天の御柱の「柱」とは「狭間《はざま》」などと同根の「階《はし》」に助辞の「ら」がついたもので、中間をつなぐものを意味していたのだから。

ところで、この時間的・空間的な端と端との狭間とそれを連結する人や物、つまり一般的にいうと境界線上の存在に特別な象徴的意味が付着することは、人類共通の不思議な現象として注目を浴び、これまでヴァン・ジェネップの《通過儀礼》論、ヴィクター・ターナーの《境界性《リミナリティ》》論、あるいはメアリー・ダグラスやエドマンド・リーチの研究によってその謎が明らかにされてきた。この問題については以前拙著『タブーの謎を解く』で詳しく分析したので、詳細はそちらに譲るとして、ここでは抽象的レベルで簡単に説明しておこう。

今ある任意のカテゴリーAとその対立概念であるカテゴリー非Aとを連結してみよう（図参照）。Aから非Aに移行する際には必ず点線部分を通過しなければならないが、Aの右端から非Aの左端まではAでもあれば非Aでもあり、同時にAでもなければ非Aでもないという奇妙な両義的性質をもっている。どこでAが終わり、どこから非Aが始まるかはいつも不分明であって、限りなくAに近い部分と遠い部分という無限を含んでいる。カテゴリー分類は常に秩序《コスモス》を意味するから、この境界域はしたがって反秩序《アンチ・コスモス》、無秩序《カオス》となり、そこにしばしば逆転世界が出現する。また日常的秩序の割れ目にできた非日常的で異常な

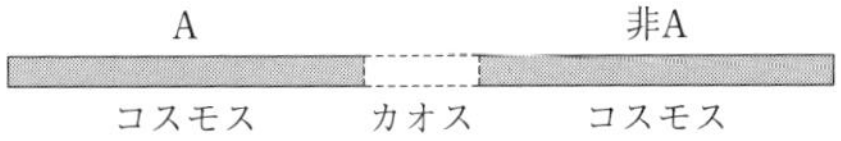

時空だから、危険な力を有し、霊力や呪力を帯びて、境界の上にある人や物に聖性や魔性、清浄性や不浄性を付着させる。したがってそこを通過する時には特別な注意が払われ、さまざまな儀礼的手続きが必要とされ、多種多様な象徴によってとり囲まれることになる。

二、三具体例をあげれば、世界のほとんどどこでもなぜ昼（A）と夜（非A）との合間の黄昏が魑魅魍魎《ちみもうりょう》の現われる逢魔が時とされるのか、なぜ内（A）と外（非A）との裂け目である敷居《リーメン》に特別な霊力と魔力が憑くのか、なぜ娘（A）から妻（非A）への移行である嫁入行列のとき、花嫁は穢れた存在とみなされ、婚家に入る時火や水で浄めの儀礼をしなければならないのか、といったことはすべてこうした境界の通過理論で説明がつくのである。

ハシとはまさに、こうした相反する対立カテゴリーの間にあって両者をつなぐ境界それ自体だから、他の多くの通過儀礼と同じ記号論的位相をもち、したがってさまざまな象徴性を帯びるのは、理の当然といわねばならない。

橋の聖性と魔性

そこでハシ類のなかで一番ポピュラーな橋の話をまずとりあげておこう。こちら岸とあちら岸を結ぶ橋についてはいろんな伝説がまつわりついているが、大別すると聖なるものと邪悪なるものとの顕現《エピファニー》の場とされている。

聖橋の一つは、『記・紀』にしばしば出てくる「天の浮橋」だろう。たとえば有名なイザナギとイザナミの国生み神話では、この「二柱の神、天の浮橋に立たして、その沼矛を指し下ろした」ということになっている。また天孫降臨神話でも、アマテラスの命をうけてその子オシホミミが天降ろうとして天の浮橋までできたところ、下界があまりにも騒がしいので、天上へ帰ってしまった。そこでその子ホニニギが「天の石位《いはくら》を離れ、天の八重たな雲を押し分けて、……天の浮橋にうきじまり、そり立たして、竺紫《つくし》の日向《ひむか》の高千穂のくじふる嶺《たけ》に天降り」（『古事記』）したとされている。

この天の浮橋が、神々の往来するために天地間にかけられた梯子なのか、空中に雲のように漂い、神々の光臨する舟橋なのか、古来から学者間で論争があるようだが、境界の象徴論にとってはどちらでもかまわない。天（A）と地（非A）の両端を結ぶものがハシ（橋・梯）でなければならぬ必然性と、かつそこが神の出現する聖域であることがわかればよいからである。さらに明確に天地間に立てられた梯の話もあった。『丹後国風土記・逸文』に見える天橋立伝説である。

然《しか》云ふは、国生みましし大神、伊射奈芸《いざなき》命、天に通ひ行《い》でまさむとして、椅《はし》を作り立てたまひき。故、天の椅立と云ひき。神の御寝《みね》ませる間に仆《たふ》れ伏しき。仍ち久志備《くしび》ますことを恠《あやし》みたまひき。故、久志備の浜と云ひき。此を中間《なかつよ》に久志と云へり。

「久志備」とは「奇霊《くしび》」のことだが、立ててあった天橋が倒れたのも知らずに寝ていたとは、なんとも呑気な神様がいたものである。しかしこれは、神と人とがまだ親しく交わっていた神話時代が終わって、両者を厳しく分離する現存秩序が確立するや、天地の連絡が途絶したことを示しているのだろう。じじつ、同じ『風土記』の播磨国印南《いなみ》郡益気里《やけのさと》の条には、次のような伝承があった。この地を「やけ」と呼ぶのはオオタラシヒコが屯倉《みやけ》を造ったからだが、

此の里に山あり。名を斗形山《ますがた》といふ。石を以ちて斗《ます》〔枡〕と乎気《をけ》〔桶〕とを作れり。故《かれ》、斗形山といふ。石の橋あり。伝へていへらく、上古の時、此の橋天に至り、八十人《やそびと》衆《もろもろ》、上り下り往来《かよ》ひき。故、八十橋といふ。

地名起源説になっているが、ここでも天地をつなぐ媒介物は橋であり、上古、つまり創世の時代には人々もそこを往き来できたことを物語っている。創世神話では一般に、まっ先にカオスが天と地に分離されてコスモスを形成するが、創造の聖なる初めの時には神はまだ人神であり、人間は神人であってまだ明確に切断されず、神人同形論的な混合状態にあったのである。

天地を結ぶ垂直の橋が水平に横たわると、川の此岸《こちら》と彼岸《あちら》をつなぐ現世の橋となるが、そこはしばしば神霊や鬼・魔物などが出没する場所とされていた。

有名なのは、「さむしろに衣かたしき今宵もや我をまつらむ宇治の橋姫」、「千早ふる宇治の橋姫なれをしぞあはれと思ふ年のへぬれば」と『古今集』に歌われた、「宇治の橋姫」伝説だろう。これには二つあって、一つは『山城国風土記・逸文』の、夫を待つ妊婦の橋姫の話で、歌に詠まれたのはこ

ちらの方である。もう一つは『屋代本平家物語』にでてくる鬼女の橋姫の話で、このほうが凄まじくも面白い。御存知の向きもあるかと思うが、簡単に紹介しておこう。

嵯峨帝の御代、ある公卿の娘が嫉妬のあまり貴船神社に七日籠って、生きながら鬼となり妬む女を取り殺したいと祈願した。すると貴船大明神が現われて、「姿を作り変えて宇治川に三七日浸れば、鬼と成れる」と教えた。女は悦んで、「長《たけ》ナル髪ヲ五ニ分テ松ヤネヲヌリ、巻上テ五ノ角ヲ作リ、面《かほ》ニハ朱ヲサシ、身ニハ丹ヲヌリ、頭ニハ金輪ヲ頂テ、続松《たいまつ》三把ニ火ヲ付テ中ヲ口ニクハヘテ」都大路を南に走り、神託通りに三七、二一日間宇治の河瀬で漬かると生きながら鬼女となった。そして怨む男女を取り殺し、さらに男を取ろうとする時は美女の、女を取ろうとする時は美男の姿になって、橋ゆく人々を次々に食い殺した、という恐ろしい話である。その後、彼女は京の一条戻橋で源頼光の四天王の一人渡辺綱を襲おうとして、源氏の名剣、「鬚切《ひげきり》」で片手を切り落とされ、綱の養母に化けてその手をとりかえそうとする有名な後日譚が展開する。いずれも橋が出現の舞台となっていることに注目すべきだろう。

橋の上でこうした怪異に遭遇する説話は、柳田国男がその「橋姫」でとりあげたように、古来から非常に多い。同じ宇治橋では、閻魔王庁から迎えにきた三人の鬼に追いつかれた楢磐嶋《ならのいわしま》の話（『日本霊異記』中―二四）、一条戻橋では、一二月の晦日に百鬼夜行にであい、唾をかけられて透明人間になった「隠形《おんぎょう》の男六角堂の観音の助けに依りて身を顕《あらわ》す語」（『今昔物語』巻一六―三二）、近江の勢田橋では、藤原孝範の従者が橋の上で女に小箱を託され、美濃の収《おさめ》の橋の西詰にいる女に渡す約束をした。

故郷に帰ってうっかり忘れてその辺に小箱をおいておいたところ、妻が開けてみるとたくさんの人の目玉と男根が入っていたという、「美濃国の紀遠助《きのとほすけ》女の霊に値《あ》ひて遂に死ぬる語」(同、巻二七―二一)等々。妖怪変化物語には端々に橋が姿を見せていた。

それだけではない、橋の上ではしきりに橋占《はしうら》がおこなわれていたし、橋のたもとにはしばしば道祖神が祀られていた。橋占は明け方か暮れ方におこなわれるのが普通で、これを朝占《あきけ》、夕占《ゆうけ》と呼び、コメをまいて呪文を唱えるとどこからともなく橋の神のささやきが聞こえてくるとされた。昼と夜とのあわい薄明の時刻は霊や魔が出やすく、橋の境界性と相俟ってそれだけ呪力が強化されたわけである。だから『日本書紀』の皇極帝三年六月の条にあるように、大化の改新といった政治的大事件まで、橋の上で巫覡《ふげき》はそれとなく予言することができた。一方、道祖神は塞《さえ》の神ともいわれ、ローマの二面神《ヤヌス》同様に、家や神殿、あるいは村・町・峠などの空間的境界に祀られ、内と外を監視して、外部から邪悪なものが侵入しないように塞きとめる役割を果たしていた。男女和合のエロチックな姿が基本とされていたが、これは生殖器崇拝という原始的呪術の名残りであると同時に、また原初のカオスでは男女、陰陽がまだ分離せず両性具有的状態だったことをも示していた。したがってカオスに架かる、それ自体両義的な橋のたもとに鎮座するのも当然だったわけである。

橋がこのように、神の渡る聖橋とも幽鬼妖怪が現われる魔橋ともされるのは、これまで強調してきたように、そこがコスモスの割れ目としてのカオスだからであり、対立するカテゴリーの両方の性質を帯びた曖昧で両義的な時空域だからにほかならない。この異様な状況では同一律や矛盾律が成立せず、たとえば自然と文化、聖性と魔性、浄と穢といった対立する否定的概念が相互に通底していたのである。

箸の呪力

橋ほど華々しくはないが、ハシ族の一員として箸もまた似たような性質と機能をもっている。

まずよくいわれるように、日本では人生は箸に始まり、箸で終わるといって過言ではないだろう。

早い所ではお七夜、ふつうは生後一〇〇日目に赤子の無事誕生を祝い、順調な生育を祈って昔は「食《く》い初《ぞ》めの儀式」が盛大におこなわれたものである。

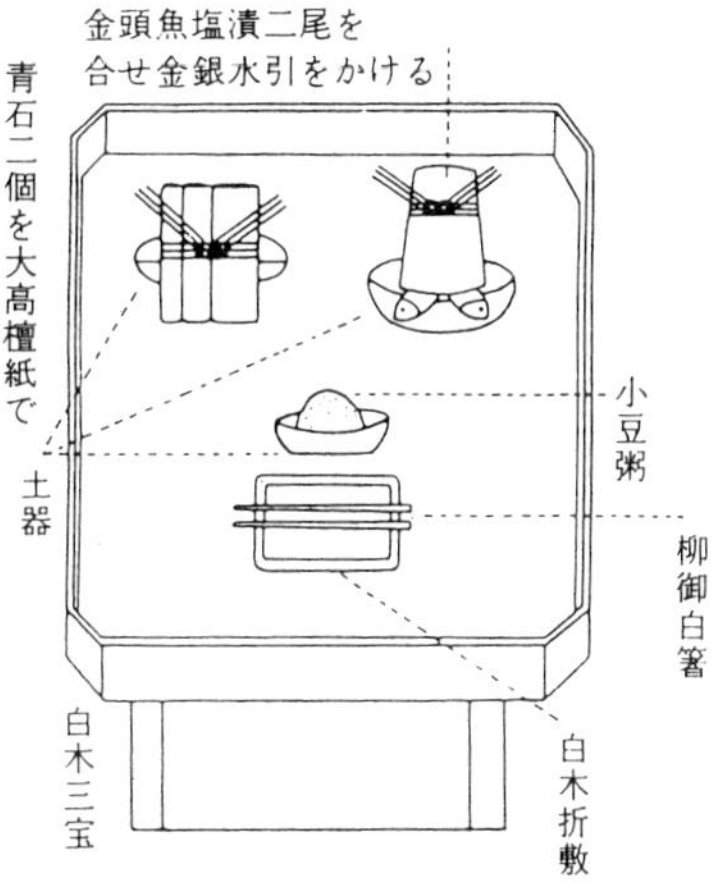
金頭魚塩漬二尾を
合せ金銀水引をかける
青石二個を大高檀紙で
包み金銀水引を掛ける
（歯固め）

「お箸初式」御祝御膳（一色八郎，1993年より）

古式では三宝の上の土器に小豆粥か赤飯、尾頭付きのタイかカナガシラをつけ、そこに白木の柳箸がそえられた。この儀礼は天暦四（九五〇）年八月二五日条の『河海抄』にもみられるから、かなり古くからあったものらしい、アズキの赤と柳の白箸とには魔除けの呪力がある——各地に柳箸を小豆粥に立てて符呪《ふじゅ》とする迷信が残っている——とされ、タイやカナガシラを供するのはいずれも体色が赤く、また新生児の頭がそれに似て大きく固くなるようにと念じてのことだった。むろんまだ固形食は食べられないが、形だけでも「百日《ももか》の一粒食い」を済ませてはじめて赤んぼうは一人前のヒトとみなされた。その前に亡くなった乳児はまだヒトとみなされず復活を願って屋敷内に埋葬される旧習があったのである。したがってこの百日の通過儀礼で、箸は霊の世界である前世から人間の世界である現世への移行を完了させる象徴的機能を果たしていたわけになる。

人生の最後にはまた末期の水を与えるが、これは元来はシキミの葉を用いるのが正式だった。今では割箸の先に脱脂綿をつけて死者の唇をうるおしている。「樒《しきみ》」は「梻」とも書くが、上古ではいわゆる《さかき》、つまり境の木として榊《さかき》と共に神前に供えられることもあったらしい。シキミの代わりに割箸を死水に使うようになったのは、やはり箸の境界性を具現していたのである。

その他葬儀にはしきりに不思議な箸の使い方が出現する。骨揚げでは木と竹のように材質の違った箸で、骨を二人箸で挟んで骨壺に収めねばならない。日常のケの時には忌み嫌われるこの「違い箸」や「箸渡し」がハレの時に現われるのは、もはやこの世のものではないがまだあの世のものでもない死者の中途半端な存在状態を示しているのだろう。境界状況《リーメン》ではしばしば現存秩序がひっくりかえって、《さかさ世界》が出現する例が多い。

さらに、死者の枕もとには、前にもいったように中世以降忌避されるようになった、高盛飯に一本箸ないし十字箸を立てた「枕飯」を供える習俗が今も残っている。むろんこれは中国やエジプトでも見られたように、あの世へ行っても食べ物に不自由しないようにという心遣いや、死者の蘇りを願った呪法からきたものとされているが、しかしなぜ箸を立てねばならないのか、やはり不思議である。おそらくこの立て箸は、天の橋立と同じ性質のもので、三途の川——ちなみにこれは「送頭河《そうずか》」ともいわれ、人界と霊界の境界を意味していた——を渡るための架橋を象徴していたと思われる。日本では人生の端と端とに、前世と現世、現世と来世をつなぐ懸け橋として、箸がその呪力を発揮していたのである。

異界との間だけではなく、箸はまた現世でも二つのものの間をつなぐ呪力をもっていた。家人が旅や戦に出て不在になると、その安全を願って蔭膳を供える習俗がその一つである。この風習は奈良朝の頃から始まったとされているが、飯椀と箸は必ず当人の日頃使っている食器具を使用すべきだとされていた。特に箸にはその人の霊が宿るとされ、遠くにいる人と留守家族とを結びつける心の懸け橋になっていたのである。

したがって逆に亡くなった人の箸は廃棄・焼却されねばならず、生きている人でも昼食で自分の使った割箸を折って捨てる例が今でもよく見られる。これは昔、旅や山仕事にでた時、その辺の適当な木の枝を折って弁当に使う風習があった。一旦自分の口に入れて霊が憑いた箸をそのまま捨てると、キツネやタヌキ、オオカミやサル、あるいは山の魔物がそれを玩《もてあそ》んで災禍が身に及ぶのを恐れて、必ずへし折って捨てねばならない。峠などで道祖神のある所ではその祠に納めねばならない、と戒められていたからである。

そこから全国各地にある箸折峠の名が出てきた。有名なのは、和歌山県西牟婁郡中辺路《なかへち》町にある箸折峠だろう。平安時代、花山院法皇が熊野詣の道すがら、ここで弁当を広げたところ箸が入っていなかったので、供の者がその辺の茅を折って箸を作って差し上げた。食後法皇はその箸を折り捨てて神に供え、道中の安全を願ったのがその謂《いわ》れとされており、現に法皇の姿を模《かたど》った牛馬童子の石像がある由である。

最後に、箸が神と人とを結びつける橋ともされていたことを指摘しておこう。今でも正月には祝い箸として柳の白木箸が一般に使われている。その淵源は詳らかにしないが、材質が柳なのはそこに強い霊力が宿るとされているからだった。幽霊がしばしば橋詰めのこの樹の下に現われるのも、本来上に向かって伸びるべき枝が下に垂れ下がり、カテゴリーが混乱して境界のさかさ世界を覗かせていたからである。また柳箸は中太両細の両口箸になっているが、これは「孕み箸」といって五穀豊穣、子孫繁栄の象徴であると共に、一方の端で人が食べている時、他方の端で神が食べている神人共食をも表わしていた。お節料理は一年の端と端との裂け目の境界で聖なる《初めての時》に神と頂くものだから、清浄を象徴する白木でなければいけなかったのである。

また、今日ではほとんで見られなくなったが、食事の前後に箸を親指と人指指の間に横に捧げて手を合わせ、神仏に祈り、自然に感謝する箸拝み——タブーとされる「拝み箸」ではない——の作法が、昔はひろく行き渡っていた。むろん敬虔なキリスト教徒も、食前に祈りを捧げるが、しかしナイフやフォークを手にもって拝むことはしない。西洋の食具はあくまでも、食べるための道具であり、客体的手段にすぎなかったからだが、日本の箸には神と人、自然と人間を霊的に結合する特別な神秘的媒介物の意味があり、まさしく二つの対立するカテゴリーを一つに溶解するアニミスチックな《聖なるハシ》を象徴していたのである。おそらくそこに、日本の食法が万能の箸に特化し、匙も刀子も捨てて箸に収斂していった理由の一つがあると思われる。

箸がこのように霊力や魔力をよく伝える、いわば《良導体》であるところから、日本では逆に箸を周囲からできるだけ絶縁し、隔離させておく必要が生じたものらしい。ハレの時には原則として一回きりで使い捨てる白木の割箸を用いるし、ケの日でも一般に箸は個人専用の属人具であり、夫婦箸・子供箸といったように性や年齢によって弁別され、料理を直接自分の箸でとる「直箸」や、二人一緒に同じ菜を摘む「二人箸」、箸と箸とで食べ物をやりとりする「箸渡し」が忌避されている。これは清浄な白木箸でも一旦口につけるとその人の魂がのり移り、霊力が憑依し、感染したとみなされ、この人格の投影された自分の箸と他人の箸とが接触すると、相互の呪力がいわばショートして不浄性が倍加すると考えられたものだろう。

箸はそれ自体、対立するカテゴリー間の境界《リーメン》上の存在だったから、それでなくとも曖昧な自と他、男と女、大人と子供のカテゴリーの混乱が昂じると、不浄性が累乗されてコスモスを爆破しかねない危険性を秘めていたのである。

箸の祖国である中国では、元来割箸もなく、各自が食事の時だけ占有する銘々箸だったし、夫婦箸・子供箸の区別もなかった。客のため大皿から自分の箸で料理をとりわける直箸はむしろ親愛の表現とされ、箸渡し・二人箸の禁忌もなかった。食具が箸と匙とに分かれていただけ、箸の呪術的良導性が低かったものと思われる。もっともコリアも二刀使いだったが、箸は属人具とされ、夫婦箸があり、しかも挾み箸のタブーはなかったから、地理的にも文化的にも日中のちょうど中間だったことになる。

いずれにせよ、日本人のこうした箸に対する特別に鋭敏な感性は、箸のハシ性、つまり境界性《リミナリティ》に基因し、文化との境界《リーメン》が曖昧でファジーなその自然観と共振してきた結果だと思われる。

スプーン・ナイフ・フォークの文化意味論

箸は日本人にとって特別な文化的意味をもっていたが、では西洋のスプーン・ナイフ・フォークはどうだろうか。食事の時に自然と人間とをつなぐ同じブリッジでありながら、箸とはまるで正反対の文化的意味をもっていたといえるだろう。そこに日欧の文化コスモロジーの差異が明白に露呈していると思われるので、まず三点セットが具体的にどんな文化的意味を表象しているかを見ておこう。

三点セットの反自然性

その辺の木の枝＝自然がそのまま箸＝文化となり、箸がすぐさま樹木＝自然に変身していた日本の食具に対して、西洋の食具の特徴はその反自然的な人工性にあるだろう。

なにしろ金属のスプーン・ナイフ・フォークを造るためには、まず自然を掘り返して鉱石を採掘し、火や化学の力を借りて原料を抽出・精製し、溶かしたり混ぜあわせたものを鋳型にいれて成形・加工し、さらに表面にメッキを施さねばならない。鉱業・精錬業・冶金業・鍍金業等々の工業的過程を幾重も経て、やっと食卓にのぼってくる。元の原石はもはやその痕跡すらとどめず、人間の意思に完全に従属させられて、自然から可能な限り遠い人工的な道具になっている。

むろん木石や骨角・貝殻などの材質でできたものもあった。しかし箸といえばすぐに木とくるように、三点セットといえば即座に金属というイメージが条件反射的に生じてくるはずである。木の軽さや温かさ、柔らかさに比べると、金属は冷たく重く、硬い。手になじむよりはむしろ手に抵抗する。それどころか、ことにナイフとフォークは、既述のように、もともと生命を絶つ殺しの武器であり、無機物としての死の匂いがまつわりついていた。世界のあちこちで昔から鍛冶屋にいろんな魔術的伝説がつきまとい、時に畏怖され、神聖視されたり、時に蔑視され、卑賤視されたりしていたのも、武器として、無機物としての金属そのもののもつ反生命的な呪術性に起因していたのである。

破壊的料理

箸の自然との親近性を明らかにするには日本料理を見ればよくわかるように、三点セットの自然との疎遠性を明示してくれるのは、やはり西洋料理の人為性だろう。自然を徹底的に改変して三点セットが作られたように、料理でも自然を徹底的に痛めつけ破壊すればするほど、人間の自然に対する勝利が確認できるかのように西洋では一切が推移する。

たとえば、『調理人の技術』や『料理人アピキウス』によると、ローマのコックは、自然を跡形もなく破壊し、何もかもごったに混ぜあわせて、自然には存在しないまったく別の異物を作りだすことに異常な努力を払っていたらしい。自身美食家で、そのために巨万の富を蕩尽し、贅沢な食事を食べられなくなってみずから毒を仰いで命を断ったといわれるアピキウスの本から、参考までに「海の幸の微塵切り《ミニュタル》」のレシピを紹介しておこう。これでは材料がはたして海の幸なのか、誰しも判断がつきかねることだろう。

海の幸のミニュタル。魚を土鍋に入れ、ガルム、油、ワイン、ポロねぎの白い部分の薄切り、コリアンダーを加えて煮る。魚を切り分け、細かく刻み、(別の)鍋に、よく洗って火を通した(そして刻んだ)いそぎんちゃくと一緒に入れる。次に胡椒、リヴェッシュ、オレガノをすりつぶし、まぜ合わせて、ガルム、次に魚のソースを加える。先ほどの鍋に注ぎ入れ、沸騰させる。かき混ぜ、小麦粉と水をまぜたものでとろみをつける。胡椒をふって供する。(ルヴェル、一九八九年)

このイソギンチャクは、学名をアクティィニアといい、ウメボシイソギンチャクのことだとルヴェルは解説しているが、さらにデーツやイチジク、干葡萄ワインを加えることもあったらしい。あの気味の悪いイソギンチャクまでローマ人は食べていたのかと驚かれるかもしれないが、これは今でもマルセイユ地方の名物料理になっている。似たようなイカモノ喰いは日本でもホヤがあるが、東北地方では生食が普通だった。いみじくもルヴェルはこうした料理を《破壊的料理》と命名した。

古代から中世を通って近世までの西洋の調理法を眺めてみると、まるで西洋人は、生きてゆくためには自然の動植物を食べねばならないが、そのことによって自然内存在としての自分の動物性が露呈する矛盾を必死になって隠蔽しようと、自然食材をとことん破壊し、非自然化することに気違いじみた努力を費やしてきたのではないかと思われる。そのいくつかの例を見てみよう。まず自然素材を用いて、いかにして自然にないものを作りだすかに情熱が注がれる。

最も盛大な宴会と最も豪胆な調理師たちのために取っておかれた最も壮観な肉料理は、疑いもなくこういう場合に特別に作り上げられた途方もなく巨大な料理であった。すなわち、雄鶏と豚は、いずれも半分に切られ、骨を抜かれ、そして鶏の前の部分は豚の後の部分と、あるいはその逆に、縫い合わされた。次に、胴は詰め物で一杯にされ、焼き串に刺してあぶられ、そして卵黄、サフラン、生姜で色がつけられ、緑色のパセリの汁で縞が入れられた。（ヘニッシュ、一九九二年）

一四世紀イギリスの一例だが、これはまさに頭がライオン、胴がヤギ、尻尾がヘビとされる、ギリシ

フランシュ＝コンテ獲得の祝賀会（1674年）／ジャン・ルポートルの銅版画，1676年，国立ヴェルサイユ城博物館所蔵（グーラリエ，1994年より）

ア神話の空想的怪獣、キマイラ料理とでもいえるだろう。だが、雄鶏とブタのキマイラで驚くのはまだ早い。巨大さといえば一四四三年、フランスのリールで開かれた「雉子祭」では大きなパテがでてきたが、その中には二八人もの楽士が隠れていて、いろんな楽器を奏でていた、といわれる。嘘だと思われる方は上掲の図を見ていただきたい。残念ながら何で作ったかは書かれていないが、塔の基部の中ほどに楽士がちゃんと乗っている。テーブルの上の高く盛った料理も、人の半身ほどはありそうである。

奇想天外な料理《イリュージョン・フッド》はその巨大さだけではなかった。その量の物凄さでも、あっと人を驚かせるものがあった。次のメニューは、一五一三年にローマ市がメディチ家のために催した祝宴にでたものである。場所はカンピドリオ広場、約二〇人の客は一段高い雛壇に並び、周囲には観覧席が設けられ、物見高いローマっ子が押すな押すなと詰めかけていた。

当時の数々の記録によると、祝宴は次のように行われた。まず最初、客の前には上質麻のナプキンが置いてあり、中には生きた小鳥が閉じ込められていた。手を洗うための水が運ばれた後、客はナプキンを広げて小鳥を放してやる。すると小鳥は、食卓の上をあっちこっちついばみながら、跳びはねるのであった。オードヴルは別の小卓に用意されており、小皿に分けて給仕人が運んでくる。松の実の菓子、マジパン、マルヴォワジーのワインに浸した堅パン、カップに入った甘いクリーム、無花果、マスカットワインであった。第一回目の料理群が運ばれてくる。いくつもの桁外れに大きい皿に山と盛られているのは、無花果食い、うずら、きじ鳩など小鳥のロースト、パイ、カタロニア風に味をつけたしゃこ、調理してから元通り皮と羽毛を被せた雄鶏、同じようにこしらえた雌鶏。これは脚までついてしっかり立っている。茹でた去勢鶏には白いソースをかけ、うすくのばしたマジパン、うずらのパテ、そして茹でて皮を着せた四本角の牡羊が黄金の水盤に立ち、まるで生きているようだ。（ルヴェル、一九八九年）

その他、金箔で覆われた甘煮の去勢鶏、緑色ソースを添えた山羊肉、食卓にジャスミンの箱庭を作り、中にはウサギを爪でしっかりとつかんでいるワシ等々、そんな料理群が一二～一三回もでてきたので、「満腹したばかりか気持ちが悪く」なった客たちは、料理を見物人に分け与え始め、見物人たちもほ

砂糖製の人工的世界／グラミネウスの版画、一五八七年（エネス他、一九九四年より）

どなく胸がつかえて食物を投げ合いだした。たちまち広いカンピドリオ広場も残飯のごみ捨て場のような光景になってしまった、といわれている。

破壊的料理やキマイラ料理は、その巨大さや大量さで人々のイリュージョンをかきたてただけではなかった。西洋の調理師は、自然を改変・破壊するだけで満足せず、食物で別の自然、人工的な世界を捏造しようとさえした。たとえば、マメの絞り汁で染め、本物のマメのように見えるだけではなく、その味まで似せた魚卵、リンゴだと思って食べると中が挽き肉のミートボール、デーツ、イチジク、プルーン、アーモンドなどを糸で交互に通して黄金色の衣をつけた、イノシシのモツそっくりの串焼、等々。特に砂糖細工ではいろんな動物を作り、実もたわわな樹木を配し、城館や泉、ニンフや馬上の騎士まで遊ぶ人工的な世界を構成した。要するに料理人たちは、自然を人工的な自然に変えよう、神にとって代わって世界を作りだそうとしていたわけである。

とはいえ所詮それは空しい野望にしかすぎなかった。神のように無からの創造は不可能であり、あくまで自然素材を用いて擬似的自然、贋の世界を組み立てることしかできなかったのだから。

食のサディスム

自然を暴力的に自分の意思に従わせ、支配・征服しようという、こうした偏執狂的な態度から、西洋の食文化のもう一つの特徴である一種のサディスムが発生する。

グリモ・ド・ラ・レニエールといえば、フランス大革命期の前後に活躍した一風変わった美食家《グルメ》で料理評論家だった。自分の葬儀通知を出して告別式の宴会に客を呼んだことでもわかるように、彼においては「食」は「性」と「死」の結合した華麗な儀式だった。料理の並ぶ「食卓は、これから初夜を迎えようとする花嫁に似ている。火のような若さと美しさとに飾られて、豪華な調度の中で、愛する夫の手を待ちうけている」。そうした彼にとって、スカンポの上で焼かれたアローズ（タイセイヨウヒラといってニシン科の魚）は、「閨房のトルコ風椅子に体を横たえた可愛い愛妾」であり、ふっくらと焼けたオムレツに最初のフォークを突きたてるのは処女凌辱であり、まだ乳離れしない仔豚や仔牛の丸焼きをナイフで切りさくのは美少年の虐殺と同じことだった。

同時代に活躍したマルキ・ド・サドが秘められた人間の性の本質を白日のもとに曝したとすれば、グリモもまた、食のもつ隠された本質の一つを曝露してみせたわけである。すなわち、縛りあげられて身動きもならぬ可愛い動物を責め虐《さいな》み、殺し、焼き、血のしたたるそのレアの肉片をナイフで切り

料理を鑑定するグリモ／『食通絵暦』
1805年（山内昶，1994年より）

とり、フォークに突き刺し頬ばるときのエロスとタナトスの混じりあった戦慄の恍惚を。

　ごく普通でも、愛らしい緑児や仔猫・仔犬などを見ると、誰しも思わず「食べてしまいたいほど可愛い」と呟き、性愛の絶頂でしばしば相手を食べてしまいたいと感じることがあるだろう。愛するあまり相手を殺して食べ、その血肉を自分に同化することで、自他が一体となって完全に融合・合体したいという欲望において、食は性を通じて死と通底していたのである。

　食欲中枢と性欲中枢は脳の視床下部に仲よく隣りあって位置していたのであり、多くの先住民の言語で、「食べる」と「セックスする」とが同じ単語で表現されている——たとえばアマゾンのグワヤキ族では「ティクウ」、オーストラリアのココ・ヤオ族では「クタクタ」等——のもこのゆえにほかならない。今日のフランス語でも「消費する《コンソメ》（consommer）」という動詞——これはコンソメスープと同源である——は、飲食するという意味と初床でのセックスの完遂との両義をじつは含意していた。

　グリモはこの食に潜む無意識的な秘密、生と死の矛盾した本質を敏感に嗅ぎとり、開示してみせただけであり、だから彼にとってナイフとフォークは、エロスとタナトスの祭壇に生贄を供犠する祭具にほかならなかったわけである。

三点セットの単能性

箸が曖昧でファジーな万能性・綜合性を特徴としていたとすれば、これに対して西洋の食具はそれぞれ目的別に機能分化し、用途の決まった単能性・個別性をその特質としていることは、誰の目にも明らかだろう。たとえば現在、フルコースのディナーでは、テーブルの位置皿の右側にスープ用スプーン、魚用と肉用のナイフ、カキやエスカルゴの出る時はそれ用のフォーク、皿の左側には前菜用のフォーク、魚用と肉用のフォークが、先を相手側に向けておかれ、皿の向こうにはバターナイフ、デザート用のフォークかスプーン、ティスプーンなど——むろん国や格式、あるいは店や料理数によって違いがあるにしても——がずらりと勢揃いしている。馴れない人はどの食具を何に使うべきか迷うこともあり、ちょっとでも使い方を間違えると、マナーを知らない無作法者だと白い目で見られるから、肩が凝ってフランス料理は嫌だ、という人もあるくらいである。

食べなれた人でもとまどうことがよくある。国や時代だけではなく、階級やTPOによっても食具が記号論的な差異づけの役目を果たしているからである。たとえばものの本によると、繰り返しになるが、肉を切る時、フォークを左手に、ナイフを右手に持ち、切ったらナイフを皿の上に置いて、フォークを右手に持ちかえて食べるのはアメリカ式で、イギリスでは持ちかえないで左手のフォークで食べる。ナイフを置く時にイギリスでは皿の上に置くが、フランスでは皿の縁に立てかけておいてもよい。食物を切る時はフォークを下向けにし、それを口に運ぶ時はスプーン式に上に向けるべきだとアメリカではされているが、イギリスでは、グリーンピースをフォークの背にのせて運ばねばならない。

特に難しいのは氷菓類や野菜類だろう。シャーベットがデザートででてくるとスプーンで食べ、メインコースの口直しにでた時はフォークで食べるのが正式のエチケットとされている。アイスクリームは、スプーンではなく、デザートフォークで食べるのが現代的だそうである。セロリ、レタス、チコリなどはナイフではなくフォークの端で切って適当な大きさにフォークで巻いて食べるのが上品とされているが、アーチチョーク、アスパラガスなどは指で摘んで食べるのが正式とされている。しかし礼儀書の中には、アスパラガスの柔らかい先端部はフォークの縁で切って口に運び、茎の固いところは指で食べよという説もあるから、こうなると正式のテーブルマナーとはいったい何か、という疑問も湧いてくるだろう。日本でも伊勢流、今川流、小笠原流などの各流派によってことこまかで煩瑣な食作法の違いがあったが、西洋でも同じことだったのである。

しかし原理は明確で、ナイフは切る道具、フォークは突き刺す道具、スプーンは掬う道具で、この基本的な三機能を中心に食材と料理の変化に応じてさまざまに変奏されているだけのことであった。たった二本の棒で何でもやってしまう箸の単純性に比べて、機能を分化させ、単能化しただけかえって使用法が複雑になってきたといえるだろう。

とはいえ、こうした複雑怪奇なマナーが記号論的に作動するようになったのは、西洋でも近代になってからだった。すでに詳しく述べておいたように、古代から近世にかけての食卓は、人と人、人と自然の境界が明確に分離されず、曖昧であり、猥雑な混淆、乱雑な交流が顕著だった。社会が共同体に基づいて構築されていたように、食卓も共同性によって構成されていたのである。近代になって単能の食具がなぜあんなにもたくさん出揃うようになったのかを明らかにするために、この点をもう一度別の視点から再考察しておこう。

まず西洋では昔はナイフやスプーン――あればの話だが――は一人ずつの銘々具として食卓に並んでいたのではなく、何人かの共用だったし、皿や鉢などの食器類も共用だった。他人が口をつけたものでも平気で自分も使っていたのである。

料理はといえば空間的同時展開方式で、共同の大皿から皆で突つきあい、取りあって食べていた。現代でも、たとえば同じ鍋をかこんで、みんなで直箸でつつき合って食べる時、仲間との共同意識が高まり、他人との垣根がとれてうち溶けあい、親密さの社交系数が高まることは、誰にも経験があるだろう。江戸時代でも同じだった。長崎の名物、卓袱《しっぽく》料理では「一つの器に飲食をもりて、主客数人みづからの箸をつけて、遠慮なく食する」（橘南谿『西遊記』）流儀になっていたが、厳しい自他の食器具の区別と封建的な身分秩序にがんじ搦めになっている本膳料理とはまた違った解放感を江戸の知識人たちに与えていたらしい。しかし文人、南谿は、もし皆が日常こんな食べ方をしたら、大変みだらなことになってしまうと危惧してもいた。共同体の食卓はまた乱痴気騒ぎ《オルギア》（オルギアには乱交の意味もある）の舞台でもあったわけである。

食べ方だけではなかった。料理自体もまたごちゃまぜ《プロミスキュー》料理（プロミスキューにも乱交の意味がある）にほかならなかった。たとえばスエトニウスは、ローマ一の愚帝とされたウィテリウス帝が女神ミネルヴァに献納した料理のレシピを書き残しているが、それによると、「パルティア王国との国境からジブラルタル海峡に至るローマ帝国の各地から集められた」珍味、「カマスの肝臓、キジとクジャクの脳味噌、フラミンゴの舌、ヤツメウナギの白子」など、贅を尽した食材をぐちゃぐちゃにあえて、こってりソースをかけたものだった。《破壊的料理》はまた《ごたまぜ料理《ペルメル》》であり、素材の個性を無視して、何もかも一緒にぶちこみ、こね合わせた得体のしれない料理だったわけである。

こうした調理法は中世にも多くみられた。次は一四世紀頃のイギリスの古い『料理書』のレシピである。

次のような方法で堅く閉された外枠の中で調理すると、汁を逃さずにおいしいしっとりとした肉が出来上る。すなわち、パセリ、セージ、ヒソップ、まんねんろう、たちじゃこうそうが雄鶏に詰められ、サフランで色付けされる。次に、この雄鶏は深鍋の中に置かれるが、鍋に触れないようにするために木の切れ端の上にのせられ、薬用植物と「手に入る最高のぶどう酒」をその回りを囲むように注ぐ。そして深鍋の上の蓋は念のために小麦粉と水で作られた厚い練り粉で封をされる。次に、深鍋は炭火の上の台に置かれる。この鶏が煮えたと思われたら、深鍋は火から離し、鍋が冷たい床と接触して割れないよう藁の上に置かれる。そして、鍋がさめると、蓋が外されて鶏が引き上げられる。脂肪分は鍋の中の香り高い肉汁からすくい取られ、ぶどう酒のシロップ、砂糖、小粒の種なしぶどう、それに香辛料が最後の仕上げとして注ぎ込まれ、この混ぜ物はスプーンですくって鶏の上にかけられる。（ヘニッシュ、一九九二年）

香辛料を大量にぶちこまれ、肉汁のソースをたっぷりかけられたこんな料理が、しかも大盛りに何種類か雑多に盛って、テーブルに供された。フランスではこの出し方を「セルヴィス・アン・コンフュージオン」、つまり「ごった給仕法」と呼んでいた。一七世紀になっても同じような盛り付け方があったことは、詩人ボワローの次の『諷刺詩』で明らかだろう。

ひょろひょろの六羽のひな鶏をつれた野ウサギの上に、
のるは三羽の飼いウサギ、
パリで小っちゃいときから育てられ、
食べていたキャベツの匂いの残る奴。
わんさと積まれた肉の山のまわりには、
ぎっしりとヒバリの長い帯がとりまき、

大皿の縁では、六羽のハトが並んで、
おまけに焦げた骨格をみせている。
この皿の傍に二つのサラダ、
一つには黄ばんだスベリヒユ、もう一つにはしなびた野菜、
その油は遠くからでもひどく匂い、
バラ酢の海にただよう。

巨大で大量のミックストグリルがテーブルの上にのっているだけではなかった。王侯の宴会でも、これまでいくつかの図で示しておいたように、ホストは別にして、招待客は長椅子《ベンチ》に料理同様ぎゅう詰めに坐らされる雑居状態だった。宴会をバンケット（banquet）というのは、銀行《バンク》と同じく、イタリアのベンチ（banco）を語源としていたのである。宮廷ではまだしも位階や身分差による秩序が保たれていたが、エラスムスの『対話集』（一五二三年）によると、ドイツの田舎の旅籠などでは、貴族も金持ちも、その下僕や男女・子供まで無秩序にベンチに雑然と坐らされ、夜遅くまで飲めや歌えの乱痴気騒ぎ《オルギア》をやったあと、あろうことか皆裸になって見知らぬ人とも平気で一つベッドにもぐりこんでいた。フランス病（性病）に罹った人がいるかもしれないのにである。
　猥雑な状況はテーブルの周りだけではなかった。中世の宴会では、道化・曲芸師・奇術師などが次々に出てきて、いろんな余興をやり、即興的な喜劇や諷刺劇あるいはパントマイムを演じたりして、

客の目を楽しませるのが常套だった。サロメがヘロデ王の宴会でアクロバットダンスを踊り、褒美にバプテスマのヨハネの首をねだった故事は有名だろう。視覚の楽しみだけではなかった。宴会には楽師が付きもので、食事の開始や終了の合図にはファンファーレが高らかに鳴り響いたし、食事中も軽快な曲や美しい合唱が人々の食欲を増進させ、消化を助けた。一三世紀イギリスのフランシスコ会士バルトロマエウス・アングリクスは、「高貴な人々は竪琴や他の楽器なしに夕食をとることに慣れていない」といっている。要するに古代から近世にかけての西洋の食事様式は、調理法も盛りつけ法も、食法も坐り方も、食事部屋全体が何もかもごたまぜでミックスされたどんちゃん騒ぎであり、プロミスキューな狂乱《オルギア》の場にほかならなかった。

中世ドイツの旅籠（阿部謹也，1982年より）

血縁と地縁に基づく本源的な紐帯に媒介された濃密な人格的関係が食文化にも濃厚に反映していたのである。

むろん封建社会である以上、支配従属の階級制は厳然と存在していたが、マルク・ブロックもいうように、「かまどの火」を同じくする連帯的共同性が、そこではまだ支配的だった。ミュシャンブレッドはその『近代人の誕生』（一九九七年）で、「伝統的な人間関係は濃密な社交関係と他人との緊密な雑居状態があってはじめて可能になる」といって、次のように述べている。

たとえば両親も子供たちも、さらには召使たちまでが同じひとつの大型ベッドで寝るというよく見られた習慣。村の広場や居酒屋で一緒になって踊る群集。閉ざされた場所での身体の雑居状態(ルイ十四世時代以降はそれぞれの用途に応じた部屋ができて、町人階級《ブルジョアジー》はこれを大いに好むようになるのだが、当時はまだそれがなかったのである)。たしかにあまり近すぎて危険な接触はできるだけ避けられていたが、それでも人々は何かにつけて身体を接近させるようしむけられていた。強烈な匂いや排泄物にたいしてそれほどはっきりした嫌悪感がもたれていなかったのも、おそらくこうした状況に由来していたのだろう。ルイ十四世の治世下でエチケットによる種々の規制が始まるまでは、国王にも多くの人々が接見することを許されていたが、これもまったく同様である。もっともアンリ三世はそれをいやがっていたようではあるが。

アンリ三世が当時の習慣を嫌がっていたのは、椅子式の腰掛け便器に坐ったまま接見した修道士ジャック・クレマンに後に暗殺されることを予感していたのかもしれない。

ところが近代市民社会が成立するとともに、西洋の食文化には大きな変革、いわゆる《ガストロノミー革命》が起こってくる。封建社会から近代社会への移行はまた、食の共同性から個別性への移行でもあった。

具体的に見てゆくと、まずそれまで何人もが雑然と詰めこまれていたベンチが、一人ずつ坐って食べる個人椅子に切り離されてゆく。テーブルの上には数人分共用で置かれていたナイフやスプーンが一人ずつの銘々具となり、それとともにフォークをはじめ個々の用途の決められた食具の種類がしだいに増加してきた。サーヴィス方式も、一度に大皿に盛って出される空間的同時展開方式では皆がそれを取りわけて食べていたのが、現在のように一人ずつの銘々皿にのせて運ばれてくる時系的継起方式に変化してきた。

料理法もしだいに様変わりしてゆく。かつては何もかもごっちゃに混ぜ合わせ、味がミックスされた重く濃厚で大量の食事が提供されていたのが、やがて素材の個々の味覚を生かした、軽く淡白な料理が個々に独立してテーブルにのぼってくるようになった。フランスではこうした古い料理《アンシアンヌ・キュイジーヌ》から新しい料理《ヌーベル・キュイジーヌ》への転換は、大体一七世紀から一八世紀にかけて起こったが、先に紹介したボワローの諷刺詩も旧来の伝統的料理をじつは新しい感性から揶揄したものだった。

同じ頃、ニコラ・ド・ボンヌフォンの『田園の楽しみ』(一六五四年)にはガストロノミー革命の精神がはっきりこう宣言されていた。

健康ポタージュは、選びぬいた良質の肉がたっぷり入り、ブイヨンは少量に煮つめたブルジョアのポタージュでなければならない。ひき肉やマッシュルーム、香辛料、その他の材料は一切入れず、「健康の《サンテ》」と名前がついている以上、シンプルでなければならない。キャベツのスープはそっくりキャベツの香りがし、ポロねぎのスープはポロねぎ、かぶのスープはかぶ、等々素材そのものの香りがしなくてはならない。濃厚ポタージュ《ビスク》には、ひき肉や小麦粉のつなぎなどごまかしは一切入れない。

いろんな食材を大量の調味料や香辛料と一緒にぶちこんで何もかもどろどろに混合したごった煮に代わって、キャベツならキャベツ、ポロネギならポロネギ、カブならカブの素材の独自な風味をもったポタージュが出現してくること、それはまさに何もかも混然と融合した共同体の溶液の中から、独自な個性をもった個々ばらばらの原子的個人が析出されてくることと軌を一にしていたのである。

同様な分析的理性に基づく要素還元主義的精神はこの時代に横溢していた。イギリスの物理学者ボイルはその有名な『懐疑的化学者』(一六六一年)のなかで、「すべての複合物を分解してゆくと、ついにはそれ以上に分解しえない本源的単純物に到達する。この本源的単純物が元素(elements)ないし原素(principles)である」と闡明《せんめい》し、近代化学への道を開いた。哲学ではガッサンディが唯物論的な元子論《アトミズム》を唱え、ライプニッツが唯心論的な単子論《モナドロジー》を主張していた時代のことである。社会もまたもはやそれ以上分割できない(in-dividuus)元素的単位、つまり実体としての個人(individuum)から成りたっている以上、その食べる物もそれにふさわしい個性的な原素的単純物でなければならなかったわけである。

ロシア式サーヴィスの導入

こうした近代の食文化革命を一番よく表示しているのは、何といっても空間的同時展開から時系的継起へという、サーヴィス方式の転換だろう。今日、正式の西洋料理ではオードブルから始まって一定の順序に従って料理が一品ずつ間隔をおいて運ばれ、各人の前に配られた銘々皿を決められた銘々具で食べる方式になっている。これをフランス式サーヴィスと普通呼んでいるが、しかしこのサーヴィス法がヨーロッパで始まったのは、さほど昔のことではない。やっと一八一〇年以降のことであり、しかも当初はロシア式サーヴィスと呼ばれていた。というのもこの年、ロシアの駐仏大使アレクサンドル・ボリソヴィッチ・クラーキン大公がパリのクリシーで開いた晩餐会で、初めて披露したものだったからである。

ロシアでこの時系的継起方式がいつ頃から採用されていたのかは詳《つまび》らかではないけれども、偽ドミトリー一世（在位一六〇五〜〇六年）の公式の饗宴に招かれたアウグスブルク生まれのベイエルの記録が幸いにも残っている（スミス／クリスチャン、一九九九年）。

食卓の上にはスプーンも皿もなかった。最初、ウォトカとてもおいしい白パンが出された。次いで様々な料理が出された。大部分の料理は細切れ肉の料理であったが、調理は良くなかった。それらの料理のなかに小魚が詰まった大きなパイがあった。料理は一度に出されるのではなく、一品ずつ出てきた。種類は多かったが、すべてに味がなかった。一つにはオイルを使いすぎること、いま一つにはモスクワの人々が砂糖の代わりに用いる蜂蜜のせいであった。また飲み物も多く出された。

一七世紀の初めすでにロシアでは、あらかじめ大皿に盛った料理がテーブルの上に所狭しとセットされているのではなく、客が席についてから一品ずつ運ばれてきていたことがわかるだろう。といっても別の資料からすると、銘々皿に料理をのせてサーヴィスしたのではなく、数人分の料理を中皿に盛って出したようだが、しかし時系的継起方式だったことは確からしい。共食と個食の中間形態といってよいかもしれない。ロシアでこの方式がなぜ早くから採用されていたのかよくわからないが、石毛直道氏に訊ねたところ、ロシア料理が前菜、ザクースカから始まる出し方のせいではないか、との答えだった。しかしもう一つ、なんといっても寒い国柄のことゆえ、テーブルに並べておくと温い料理もすぐ冷めてしまう難点があったからではないか、と筆者は考えている。なにしろペチカを焚き、サモワールを常備しておかねばならぬ気候なのだから。

このサーヴィス方式はたちまち西洋を席捲した。そのお蔭でもはやテーブルの上でナイフ戦争をおこなう危険がなくなり、大皿からの食物争奪戦に敗れて食べたい物も食べられず、指をくわえて見ているという欲求不満に陥らずに済んだ上に、温い物は温かく、冷たい物は冷たく、ゆっくり自分の皿で食べられるようになったからである。どれほど早く方々に飛び火したかは、一八一〇〜一一年にかけてロンドンを訪れたフランスの旅行者ルイ・シモンが「料理が一皿ずつ継起的に出てくる」ディナーに出あったと記していることからも明らかである。もっともそこから英国贔屓《アングロフィリア》の中には、ロンドンが発祥地だと主張する人もいるようだが。

しかし当初は、料理のコースが現在のように明確に定まっていなかった。正式の晩餐会に招待されても第一サーヴィスだけなのか、第二サーヴィス以下も出てくるのかメニューもなかったので、始めから御馳走をがつがつ詰めこんで大食漢《グルトン》の汚名を着せられるか、それとも後でもたくさん料理が出てくると思って最初は控え目に食べて、欲求不満に陥ると同時にホストやシェフの心遣いを無駄にするか、特に婦人客は大いに悩んだらしい。そこで一九世紀の中葉までは旧フランス式とロシア式の混合形式も流行し、やがてメニューのカードもあらかじめ客に配布されるようになったのである。

ところで、このロシア式（新フランス式）が西洋でたちまち流行したのは、その功利的な利便性のためだけではなかった。人と人、人と自然との関係が大きく変化したことが、その真の原因だったと思われる。従来の宴会では、何度もいうように、客はベンチに詰めこまれた雑居状態で腕や肘はたえずぶつかり合い、共同の食具を使って食べ、同じ鉢からスープを飲んでいた。他人との直接的な接触を別に不潔とも思わず、むしろそこに共同体的な親密性を感じていた。ところが今や個人が共同体から析出されると共に自己意識が高まり、自我空間が確立し、膨張してきたため、他人との接近を許容

上：旧フランス式，中：混合式，下：ロシア式サーヴィス／1862年のカタログ（グーラリエ，1994年より）

する最小距離が拡大し、対人間の間隔が必要となってきたのである。

アメリカの文化人類学者、ホールに始まる近接学《プロクセミックス》では、他人がどの程度まで近よると自我空間が侵略されたと感じるかの距離は、文化によって違っている。一般的にいうと、脅威を感じる距離は、近代的自我の確立による私的領域の広狭の関数とされている。共同所有（propriété commune）から私的所有（propriété privée）へ移行するにつれて、自分固有（propre）の属性である特性（propriété）と他者の特性との混合は、不適切（impropre）で、清潔（propreté）ではない、と感じられるようになってきたわけである。糞尿と塵埃のごっちゃになったパリの街路で雨の日に泥まみれになるのは不潔で不衛生であるように、何もかも一緒になげこんでごたまぜに煮たスープも不潔で不衛生である。ブルジョアの「健康なポタージュ」はポロネギならポロネギ固有の風味がちゃんとしていなければならない。清潔とは分析によって不可分の要素に還元された原子的実体の領域が画定されていることであり、この経済的また社会意識的な基底の変化が、食文化にどう反映されてきたかについて、トウアンは次のように巧みにまとめている。

ルネッサンス期以後の食事の歴史とは概ね、両立しない食べ物の味を分離し、上品な食卓という観念に合わない行動を排除するという、単純化と分割化の歴史である。テーブルマナーが次第に発達し、区別の観念に至ったのである。皿に山盛りにされ、肉汁をからめた食べ物が下品であると認識されるようになり、個々の肉と野菜がもつ独自の味が次第にもてはやされるようになったのだ。分割はすべての側面で進行した。たとえば、宴会の場に音楽家は残されたが芸人や奇術師はそうではなかった。客はもはや長いベンチではなく別々の椅子に座るようになった。料理の種類は、その量とともに少なくなったが、しかし食べ物を切ったり分けたりするのに使う器具の種類は極めて多くなった。人と物の周囲に境界がどんどん引かれ、これらの境界を無意識に侵犯してしまうことは、客にとって恥とされるようになったのである。(一九九三年)

人と人との間だけではなく、人と物との間にも境界線が引かれ、分離し、疎隔化してきたことは、前に引用したクルタンがいうように、「脂でべとついたもの、ソースやシロップ添えのものなどに指で直接ふれることは、著しく品性に欠ける」という感性の変化にもはっきり現われている。人々は自然(食物)と人間(指)との直接の接触、汚染を嫌いだし、自然と人間との間をできるだけ引き離そうとし、そのための媒介物としていろんな種類の三点セットが考案されてきた。西洋の近代的な食具は、日本の箸とは逆に、人間と自然を切断するための手段、切断しつつ媒介するためにやむなく導入した人間と自然との人工的絶縁体だったのである。

テーブルの上で銀の食具は、文化の程度は自然からの距離に正比例し、人間性は動物性に反比例するという近代西洋の独特なイデオロギーの光をうけて燦然と輝いているわけである。

自と他の間に明確な境界をひくことが個人性の確立を表示するのだとしたら、日本は非常に早くから個人主義が発達していたのか、という疑問が当然湧いてくるだろう。なぜならこの国では、すでに弥生時代から食器の専有がすでにおこなわれていた。火事で焼けた西日本の竪穴式居跡から、ほぼ同じ形や大きさの小形の鉢や高杯が複数出土しており、二、三世紀頃からすでに銘々器が使われていたらしいからである。

さらに奈良時代になると、平城宮跡の遺跡から「すごい墨書土器」（佐原真、一九九六年）が出土した。「醴太郎」「炊女取不得《かしぎめとるをえざれ》　若取者笞五十《もしとらばむちごじゅう》」と底面と側面に書かれたものである。「醴」は『和名抄』によると「古佐介《こさけ》」と訓じ、甘酒・一夜酒《ひとよさけ》を意味する。その他、「器をよく見分けて他人が使うな」という墨書をもつ土器も何点か発見されている。

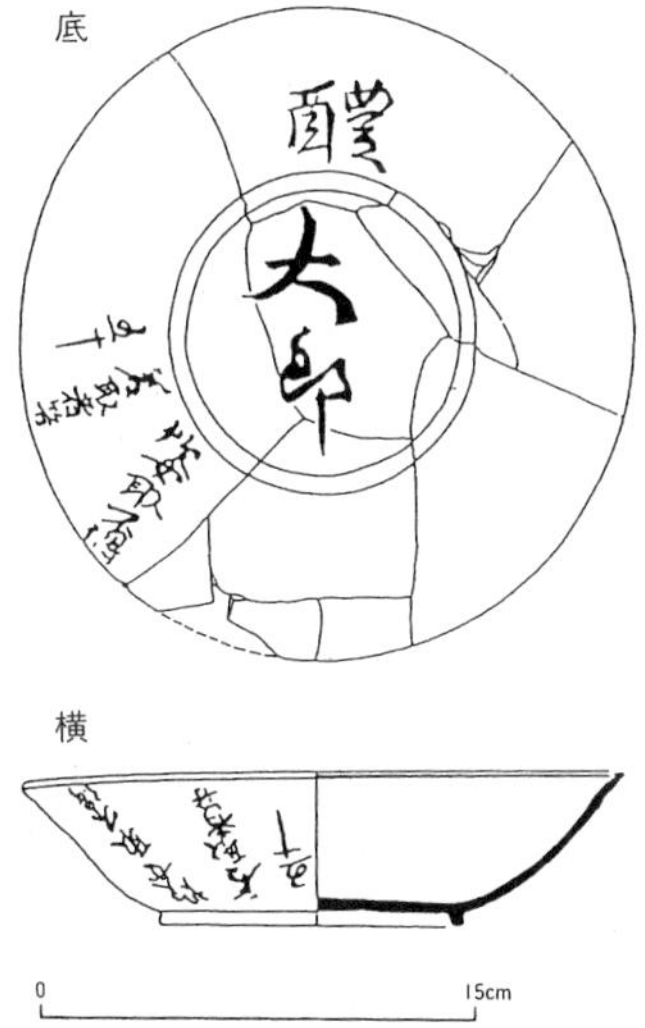

「醴太郎」の墨書土器／奈文研 1976.
内裏北方官衙の井戸 SE715 出土（佐原真，1996年より）

これはまだ食器であって、手食だったから食具の専有ではないが、平安時代の大饗料理になると、中国式に椅子に腰かけ、大型の台盤で食べていたことは前述したが、すでに銘々皿・銘々箸があり、素焼きの土器、つまり瓦笥《かわらけ》や白木の箸は一回きりの使い捨てにもされていたようである。室町時代の大膳料理でも、膳分け・皿分けの作法があり、自分の膳のものだけを食べて、他人の膳や皿に自分の箸をつっこんではならない、という厳しい越境禁止のタブーがあった。

とすれば日本では食器具にかんする限り、早くも奈良朝時代から自我意識が強烈であり、個人主義思想が発達していたのだろうか。

むろんそんなことはありえない。近代的個性の概念が移入されたのは明治維新後であり、現代になっても西洋に比べると個の確立が脆弱だとされているのだから。

この矛盾の謎を解く前に、食器具の使い方を佐原真のすぐれた概念規定によって整理しておくと、皆で共同で使うものが「共用器具」、食事の間だけ自分で占有し、終われば洗って片づけ、次に誰が使うかわからないものが「銘々器具」、そして自分専用で他人にけっして使わせないものが「属人器具」ということになる。西洋の三点セットはこの分類に従うと「銘々具」に入り、日本の箸は割箸を除けば現在では「属人具」に属することになるだろう。

そこで先の難問に戻るが、この矛盾した謎を解くのはじつは大変に難しい。明確な解をもっているわけではないが、一つの解釈は肉食と菜食の対立に求められるだろう。狩猟採集民社会では、男がとってきた狩の獲物は必ず共同体全員に平等に分配されねばならなかったが、女がとってきた植物性食物はおおむね家族だけで自家消費されるのが基本だった。レヴィ゠ストロースによると、肉は外に向かって開かれた遠心的な対外料理（exo-cuisine）で、野菜は内に向かって閉じられた求心的な対内料理（endo-cuisine）だから、社交性の高い肉食の西洋では切り分け、取り分けという贈与分配の食事形式が発達し、銘々器具という潜在的な共同性がなお残存していた。これに対し菜食の日本では社交系数の低い自己消費的な内向的食事作法が早くから発達し、自分専用の属人器具がそこから派生してきたのではないか、と考えられる。その基礎の上に封建時代になると家父長的秩序がかぶさってきて、日本独特の箱膳システムが出来上がってきたのだろう。

喜多川守貞によると、「京坂、市民平日専用之」とされ、蓋をひっくりかえすと縁のついた角盆となり、その膳の上で食事を済ますと、自分の属人器である碗・皿類に湯茶をそそいで箸をゆすぎ、全部きれいに呑み干して布巾で拭ってそのまま箱の中に仕舞いこんだ。本格的に食器具を洗うのは月に数回のことだが、完全な属人主義をとっているので、特に不潔とも思わなかった禅林での経験が筆者にはある。江戸では折助膳と呼ばれていたが、これは武家の中間や小者を折助・折公と称し、彼らが使っていたことからきている。箱膳は菜食の非社交的な自己閉鎖性を端的に象徴していたのである。

とはいえ、すべての菜食民が属人器具を使用していたわけではない。同じ菜食民の中国——日本から見るとよく肉食をするようだが、西洋では基本的に菜食圏に分類している——では箸も椀皿類も銘々器具だったし、インドやその他の菜食地域でも、手食だったので食具は用いなかったにしても、ケの日は共同器でハレの日は銘々器、あるいはその逆と区々である。日本で特に早くから食器具の属人性が発達したのは、対立するカテゴリー、Aと非Aの区別がとりわけ曖昧だったからだろう。

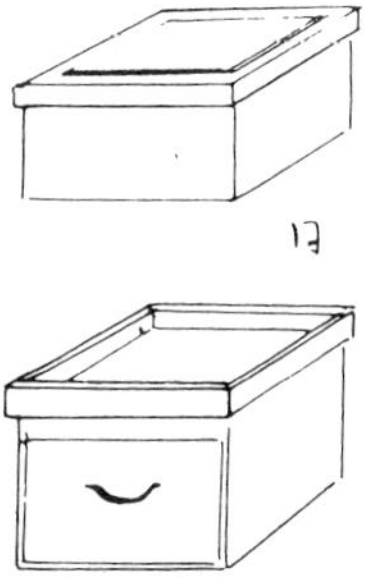

箱膳(『守貞謾稿』より)

たとえば西洋では一人称・二人称の人称代名詞は明確に区別されているが、日本語では「われ、おのれ、手前」といった代名詞は自分にも相手にも混用されている。西洋の風呂は家族であってもバスタブの湯をそのつど入れかえるが、日本では皆で共用している。あるいはまた、西洋の近代家屋はそれぞれに個室があり、応接間《サロン》、リビング、ダイニング、キッチンと目的別に区分されているが、日本の茶の間は、居間にも食堂にも客間にも寝室にも変幻自在に使われる。

食具に戻っていうと、日本の箸は手の延長であり、その所有者の人格が憑依する、自然（A）と人間（非A）をつなぐ呪術的良導体だった。これに対して西洋の三点セットは、Aと非Aを媒介しつつ切断する絶縁体であり、たんなる手の補助手段、人格から切り離された無機的な客体的道具にすぎない。マックス・ウェーバーの「魔術的思考と合理的思考」の概念を借りていうと、日本人はどんなに洗っても箸に憑いた使用者の人格的な霊性を洗い流すことはできないと考えるが、西洋人はきれいに洗浄してしまえば三点セットに付いた細菌や汚染はすべて除去されると考えるわけである。カテゴリーの混同を不浄とする外観上は同一の現象でも、その背後に潜むヒトとモノとの関係の在り方に根本的な対立があったといえるだろう。

三点セットにほとんどタブーが付着しない理由も、たぶんこの点にあると思われる。むろん西洋でも、日本の膳越しやせせり箸に似た禁止条項があった。しかしそれはあくまでマナーとしてエチケットとして禁じられているだけであって、禁を犯すと超自然的な力の制裁が加えられるという、本来の厳密な意味でのタブーといえるほどのものではなかった。

握り箸や刺し箸の忌避は、もともとナイフやフォークは握って切ったり、刺したりするものだから存在しない。管見ではわずかにナイフとフォークを完全に十文字に交叉させることだけが不幸や不吉を招くといって、一八世紀頃までイギリスでは禁止されていた模様である。おそらくこれは、本来殺傷の武器である二種類の食具で十字を象るとその呪力が倍加され、その上フォークの原型であるY字型のフルカや十字架はキリスト教以前から生贄の木とされていたこともあって、キリストの磔刑《たっけい》を連想させたからだろう。

いずれにせよ合理的・科学的思考が発達してくるにつれ、近代西洋では日本のような食具のフェティシズムが霧散してしまったわけである。そこでいよいよ最後に日欧の食具の背後に潜む、その文化コスモロジーの差異について考察しておくとしよう。

文化コスモロジーの差異

日本特有の食具である箸は、自然との親近性が濃く、自然と文化の間《あわい》にあり、曖昧でファジーな万能性をもっていた。これに対し西洋の食具である三点セットは、自然との敵対性が強く、それぞれ目的別の用途に明確に分化した単能性をもっていた。一方が自然と人間を連結する良導体だったとすれば、他方は自然と人間を分離する絶縁体だった。一体こうした日欧の食具の対極性はどこからでてきたのだろうか。

1 西洋のコスモロジー

キリスト教のイデオロギー

西洋文化を構築する土台となったのが、なんといってもキリスト教の自然観だったことは、衆目の一致するところだろう。周知のように『旧約・創世記』は、神が自分に象《かたど》って人間を創り、すべての動植物を人間に治めさせ、その食物とした、という神言から始まっている。

わたしは全地のおもてにある種をもつすべての草と、種のある実を結ぶすべての木とをあなたがたに与える。これはあなたがたの食物となるであろう。(一章二九節)

地のすべての獣、空のすべての鳥、地に這うすべてのもの、海のすべての魚は恐れおののいて、あなたがたの支配に服し、すべて生きて動くものはあなたがたの食物となるであろう。さきに青草をあなたがたに与えたように、わたしはこれらのものを皆あなたがたに与える。(九章二～三節)

人間だけが神の似姿に創られた無比の存在であり、したがって人間には自然に対する絶対的な支配権があり、すべての動植物は人間に食べられるために存在するにすぎない。人間と自然との分離と対立、動植物に対する人間の絶対的優越性の根拠はここに確立された。この神託に基づいて中世のスコラ神学は、自然を無生物と生物とに大きく二項分割し、さらに生物を成長する魂《アニマ・ヴェジェティティヴァ》（植物）、感覚的な魂《アニマ・センシティヴァ》（動物）、理性的な魂《アニマ・ラショナル》（人間）に峻別する。人間だけが理性をもつがゆえに、他の一切の生物の上に君臨する、とされたのである。

むろんこうした人間中心主義的なイデオロギーは古代ギリシアの伝統をひきついだものだが、しかしアリストテレスではまだカテゴリー間の境界が曖昧であり、その間の相対的な移行が認められていた。「ある動物はヒトに対し、また、ヒトは多くの動物に対して程度の差で異なる」だけであるとして、『動物誌』ではこういわれていたからである。「このように、自然界は無生物から動物にいたるまでわずかずつ移り変わって行くので、この連続性のゆえに、両者の境界もはっきりしないし、両者の中間のものがそのどちらに属するか分からなくなる」。

だが、トマス・アクイナスをはじめとするキリスト教神学では違った。カテゴリー間の相互移行や境界の曖昧さを断乎拒否する厳格主義《リゴリスム》に立っていたからである。絶対的超越者としての永遠の神と死すべき運命の人間との間に無限の懸隔があるように、生物間の各階層にものりこえ不可能な断絶がある。ただ神の霊的本質である理性を分与された人間だけは、死後も魂が滅びることなく霊界に移行するが、動植物は死ねば体と共に魂も滅びて無に帰する。神を頂点とするこうしたピラミッド状の秩序の中で人間は全能の神の代理人として、あらゆる被造物に対して無制限な支配権・利用権を神から授かっている、とされたのであった。

哲学的根拠

さらに近世以降になると、近代哲学の創始者デカルトによって、この人間中心主義は神学的根拠の上にさらに哲学的根拠が塗り重ねられることになる。というのも彼は、この世界を思惟する存在（cogitans）と単なる延長（extensio）をもつにすぎないモノの存在とに二項分割し、動物を魂さえもたぬ単なる自動機械《オートマトン》に分類してしまったからである。とすれば鞭に打たれてあげるイヌの悲鳴は、叩かれて鳴る鐘の音同様、なんら苦痛の表現ではないことになってしまう。動物機械論は「動物に対して残酷であるよりも人間に対して好意を示すものであって、たとえば肉食が罪にならぬことを示すもの」であり、「どれほど人間が動物を殺して食べても、なんら罪に問われない」とデカルトは主張する。キース・トマスがいうように、「このようにして彼は、人間とそれ以外の自然とを絶対的に分断し、なんら制約されない人間の支配権行使の道を、心ゆくまで切りひらいたのであった」（一九八九年）。

神学者と哲学者のお墨付きをえて、一七世紀から一八世紀にかけての西洋では、人間こそが世界の中心であり、世界は人間のために存在し、自然の征服こそが人間の使命であるという、極端な人間中心主義が全面的に開花する。イギリスにおける当時の自然観を詳細に調査した、同じくトマスの名著『人間と自然界』から引用しておこう。

こうして、自然界にたいする人間の権威は実質的に無制限となった。「自分の利益や快楽のために」思うがままにこの権威を行使してよい、と一六二〇年にジョン・デーはいっている。植物は感覚がなくて、痛みを感じないのだから、明らかになんの権利ももっていない。動物とて同様である。「理性を欠いているので、われわれの社会の仲間になる権利など全くない」とはランスロット・アンドルーズの言い草だった。神はヒツジやシカにではなく、人間に大地をあたえたのだから、動物に土地所有などできるはずもない。人間とはちがって、獣には自分たちの食べる被造物にたいする支配権を神からあたえられたわけではなく、独自の生命すらもっていない。「動物は何にたいしても権利や所有権をもたない、自分自身にたいしてもだ」と、サミュエル・ゴットは強調する。「食用であれ薬用であれ、必要とあらばどのようにでも動物を殺してよい」と述べたのはホプキンズ主教であった。

食文化においても、人間と他の生物とののり超え不可能な隔壁を明示し、自然を制圧して非自然化することが、当然人間の責務となってくるだろう。草食動物は生《なま》の植物を食べ、肉食動物は生肉を食べるから、人間は煮焼きして食べねばならない。単に火にかけて調理するだけではなく、食物の自然性を徹底的に破壊して、自然には存在しない人工的食品に作りかえねばならない。しかも中世のごたまぜ料理ではなく、デカルトがいったように「複雑で不明瞭な命題を、段階を追うて一層単純なものに還元」する方法論に立脚した近代的な料理を個別的なサーヴィス法によって提供しなければならない。

また、口食や手食は動物的だから、できるだけ多くの目的別的に規定された食具の媒介によって動物との距離を可能な限り拡大し、自然と絶縁し、自然との断絶を明確にしなければならない。これまで縷々《るる》述べてきた西洋の調理法、食法、礼儀作法、サーヴィス法等々の様式とその変化の背後には、じつは人間と自然を峻別する二分法《ディコトミー》ないし二項対立《バイナリズム》に基づく文化コスモロジーが潜在していたのであり、しかもなお食欲という動物性を完全に排除できない矛盾を日々糊塗するために、西洋では人間と自然を媒介しつつ同時に切断するナイフ・フォーク・スプーンの三点セットが近代にいたって採用されたのだった。自然を素材としながら反自然と化した西洋の食具は、動物でありながらできるだけ動物であるまいとし、しかも遂に動物性から脱却できない人間の矛盾をまさに象徴していた、といわねばならない。

2 日本のコスモロジー

アニミズム

これに対し日本のコスモロジーの特徴はどこにあるだろうか。まずよく知られているように日本人の心性の根底にはアニミズム的宇宙観が深く根づいている。

アニミズムとはイギリスの人類学者タイラーが使いだした用語で、幼児が夢と現実を混同するように、まだ生物と無生物とを区別できなかった原始人は、幻覚やトランス状態の体験から自由に遊離できる霊的存在、つまり魂《アニマ》の実在を信じ、この自己の中なるアニマが生命原理として万物の中にも存在し、万物を支配していると類推的に考えた。こうした神秘的な自然力ないし超自然力が生物・無生物を問わず万物に遍在しているというコスモロジーを宗教の原初形態として、タイラーは一括してアニミズムと呼んだのである。

古代日本でも、チ、ヒ、ミなどと呼ばれて神格化された自然力が存在し、タマ・モノ・カミなどと呼ばれた神秘で畏怖すべき霊的存在が跳梁していたことはよく知られている。たとえば『日本書紀』に葦原中国には「蛍火のように輝く神や、蝿のように騒がしい良くない神がいる。また草木もみなよく物をいう」とあるが、似たような記述は『古事記』にも『出雲国造神賀詞』にも見られた。国土のそこここで人間や動物だけではなく、草木も岩石も互いに語りあい、夜は鬼火のようなあやしい火が燃え、昼は群がる昆虫の羽音のように、いたるところで賑やかな声がしていたのである。

いや、古代だけではなかった。ついこの間まで山には山の神、田には田の神、川には水の神、台所には竈《かまど》神、トイレには便所の神等々が、また稲には稲魂、木には木魂、夢には寝《ぬま》魂、五穀には食《うか》の御魂等々が潜んでいると人々は信じていた。森羅万象には長く八百万の神々が棲んでいたのである。これほど科学が発達した現代でも、超近代的なビルの鍬入式や竣工式には神事がとりおこなわれ、その屋上には祠が祀られているではないか。

同様なアニミズム的観念は、メラネシアのマナ、ポリネシアのハウ、マダガスカルのハシナ、あるいはタイ族のピー、ビルマ族のナット、クメール族のカモーイ等々、世界で広く分布している。アメリカ北西岸のハイダ族でも、ハレの食事に使う匙は、生命が付与され、神霊が祖先に与えた食物を無尽蔵に産みだす聖物として大切に扱われていた。

西洋でもかつて類似の想念が存在していたことは、たとえばフレイザーの『金枝篇』やエリアーデ、ヴァン・ジェネップらの民俗誌的研究に詳しいが、邪教だとしてキリスト教によって、また魔術的思考だとして近代的な合理的科学精神によって駆逐され、抑圧されてしまったのである。

アニミズムはしかし、近代的合理主義に毒された人々が普通考えるような、幼稚で低級で非合理的、前論理的な《野蛮人》の思考法ではない。レヴィ＝ストロースが『野生の思考』でいったように、呪術的思考は「それ自体で諸要素をまとめた一つの体系を構成しており、したがって、科学という別の体系とは独立」したもので、「それゆえ、呪術と科学を対立させるのでなく、この両者を認識の二様式として並置」すべきなのである。いや、単に並置するだけではなく、相補的な認識様式と考えた方がよいだろう。

近代的な科学的思考では、自然は単なるモノであり、思惟する主体としての人間が支配し、利用し、開発・破壊する物質的対象、客体的手段にしかすぎなかった。これに対し神話的思考では、自然と人間を二分法によって対立させず、むしろ人間をもまた自然内存在として母なる自然の懐に抱かれ、外界と交流し、世界との共感的・共生的な全体的関連の中に生きる存在だと考える。

日本人が箸に特別な思いを込め、そこに使用者の人格が投影されたり、そこからいろんな自然の霊が侵入・憑依してくると信じたのは、こうしたアニミズム的思考のせいであり、必ずしも迷信や俗信とはいえなかったのである。

東洋の思想

このような神道的アニミズムの基盤の上に、さらに仏教やその他の東洋思想が伝来し、幾重にも覆いかぶさり、重層化して、日本独特のコスモロジーが形成されてきたことは、多言を必要としないまでによく知られている。しかもこれら東洋のコスモロジーは、自然と人間を分割せずむしろ一体化を主張している点で、アニミストにはしごく受け入れやすいものだった。

たとえば「円覚経」では「一切の世界の始終生滅し、前後有無あり、聚散起止し、念々相続し、循環往復し、種々取捨するは、これみな輪廻なり」とあり、森羅万象はそれぞれその事相ないし色相において無限の差異が存在するけれども、その理性《りしょう》においては一如実相であり、天地同根・万物一体と説かれていた。

あるいはまた、天平時代に入ったとされる「華厳経」では、森羅万象はそれぞれ異なる個物からなり、その自性、つまり自己同一的に自立する実体をもっているように見えるけれども、実際は分別意識による分節作用によってそう現象しているだけであり、真実は空なるもの、「三界虚妄、但是一心が作る」ものにすぎない。実在と信じている一切はじつはマヤ夫人の面帕《ヴェール》にすぎず、その背後には一切無差別、無区分のいわば混沌とした無分節世界があるのみである。何ものでもない無だからこそ、いかなる有ともなる自在性をもつが、しかもこの有として現象する個物は全体的連関性のなかにおいてのみ初めて区別され、自体性をもつことになる。いわば森羅万象は、宇宙的な存在エネルギーの旋動する無数の方向線が交錯するところに顕現する全体関係の結節点、流動するカオスがその速度差や温度差によって所々に作りだす濃淡の縞模様にすぎない。それはちょうど、よくいわれるように海の水と波に喩えられるだろう。風、すなわち縁起によって海水は波となり、千差万別、千変万化の姿を現わすが、しかし風が収まれば平等、無差別な渺汒たる質料《ヒューレ》としての水の広がりにしかすぎない。

その他、儒教や道教の「理」、「気」にしても、すべて自然と人間を一体化するコスモロジーを根本原理としていた。理や気の概念やその相互関係をどう解釈するにせよ、主観の世界と客観の世界を貫いて万物を生成させる根源的な生命原理とされていたからである。

中国思想には全くの門外漢なので、これ以上無知の恥を晒すことはやめるが、要は以上のごく大雑把な日本のコスモロジーの粗描からだけでも、西洋のコスモロジーとの大きな違いが明らかになればよかったのである。

西洋のイデオロギーは世界を次々に二項分割していって要素的実体をとりだし、それを唯一絶対神を頂点とする分断されたヒエラルキーの中に組みこんで、個別的差異化の方向をとるとすれば、反対に日本のイデオロギーは、自とは他——人間ではなく広く自然をふくめて——あっての自であり、時間的にも空間的にも他との全体的関連を自己の主体的存立機構にまで組みこんだ、循環的な綜合的同一化の方向をとっていた。そこから、あの目的別の分析的食具と曖昧でファジーで綜合的な箸の万能性、自然を徹底的に攻撃・改変・征服した人工料理とあくまでも自然素材をそのまま活かそうとする日本料理との対照ができてきたわけである。

あべこべの世界

箸と三点セットの文化意味論的対立は、じつはごく身近な生活文化の中にも見られるたくさんの類似現象の中の一つにすぎない。食具の差異がけっして特異な現象ではなく、根底的に日欧の文化コスモロジーの対蹠性に規定された共通の現象であることを明らかにしておくために、いくつかの具体的事例をあげて簡単にでも対比しておこう。

フランシスコ・ザビエル以来明治初期まで、日本にやってきた西洋人は、日欧文化の転倒性について仰天し、多くの記述を残している。

たとえばイギリスの初代駐日公使として幕末に活躍したオールコックはいう。「日本は、本質的に逆説と変則の国だ。ここではすべてのことが、日常茶飯事すらが新しい面をもっており、奇妙に逆転される。さか立ちせずに足で歩いているということをのぞけば、ある神秘的な法則によってまったく正反対の方向へと逆転された秩序に駆りたてられているように見えないものはほとんどない」（一九八三年）。

そうした《あべこべ性》の一つとして、よくあげられるのは、手紙のアドレスの書き方だった。西洋ではまずクリスチャンネーム、ついでファミリーネームから始めて、番地、街路名を書いていって最後に国籍がくる。これに対し日本ではまったく逆に国名や都道府県名から始まって最後に姓と名を書く。つまり西洋では実体としての個人から出発してより大きな空間的規定へと拡大してゆくが、日本では反対に全体から出発して部分としての個人に収斂してゆく。そこには食具と同じく、存在の根拠を綜合的全体性におくか、分析的個別性に求めるかという思考態度が見られたのである。もっとも日本での個人の確立の未発達は、しばしば悪い面では世間体や面子を重んじ、他者の目に自分の行動を規制されるという外見的な同調性として現われているが。

自と他の区別が曖昧な点は、先に一人称と二人称の代名詞の混同でもちょっと触れておいたが、同様の事態は名詞の数にも見られた。日本語には複数形がなく、箸なら一膳というように助数詞をつけていわねばならない。これは日本人が個物を個物として分析的に把えるのではなく、類似の物体を無分節の塊《マス》りとして把握する傾向を示している。モノを自分からつき離して客観的な数量として把握するのではなく、そこに主観的な感情移入をおこなって質として把えようとするからである。これでは目的別に手段化された西洋の食具を明治期以前に採用することは不可能であったろう。

ヒトとモノだけではなく、人間と動物との関係においても、日欧文化のさかしま性は顕著である。どちらの民話にも人間が動物と通婚する、いわゆる異類婚譚が語りつがれてきているが、西洋では人間と動物との間にのり超えられない断絶があったので、動物そのものとの婚姻は厳禁されていた。もともと人間だったのがなんらかの呪いをかけられて動物に変身し、愛によって呪いがとけて人間の姿に戻らなければ一緒になることができなかった。《美女と野獣型》の昔話がその典型である。

これに反し日本では、先のオオモノヌシの説話のように、本来ヘビである存在がみずから男に化身

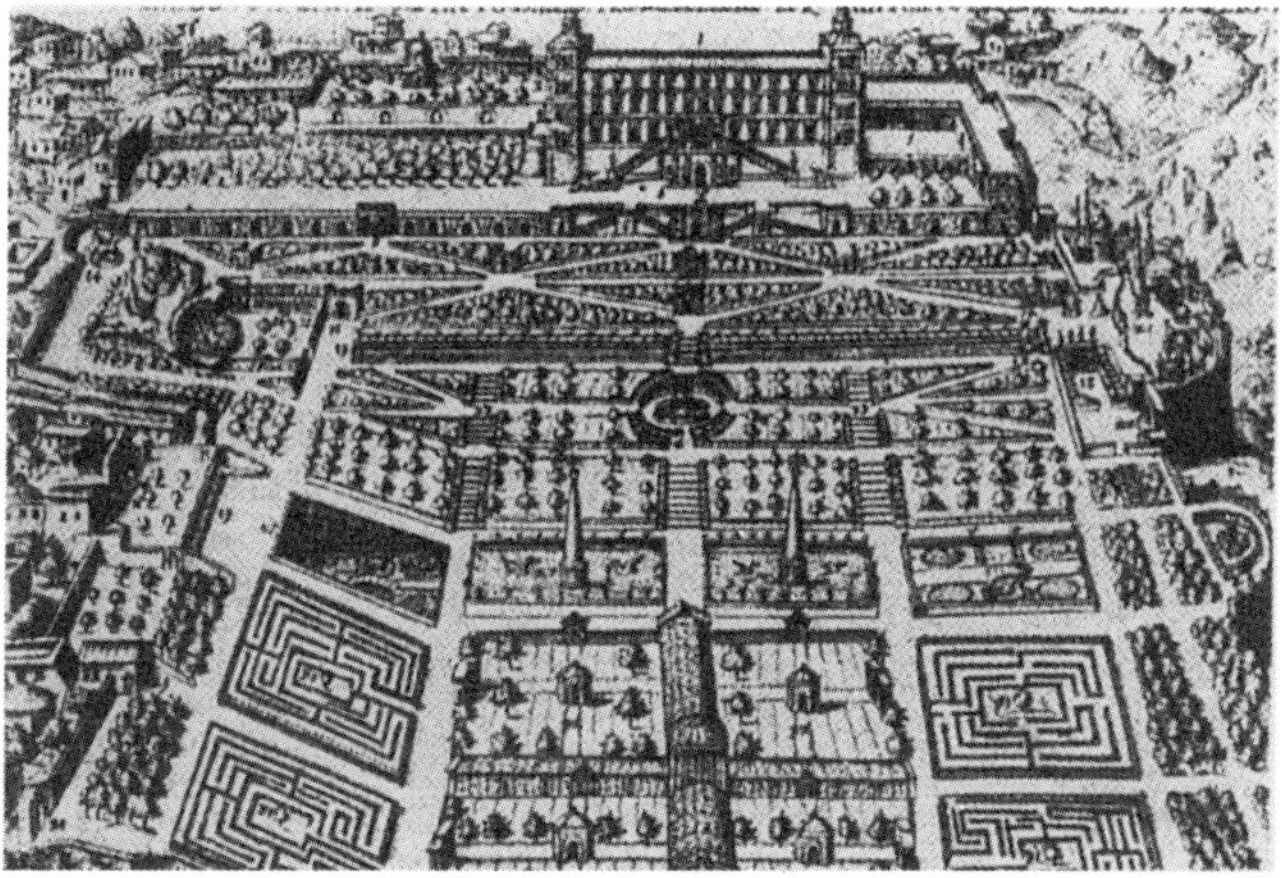

ヴィラ・デステの人工的な庭園／G・ラウロの版画（山内昶、一九九四年より）

して人間の女とまぐわうといった例が多かった。木下順二の名作『夕鶴』で有名な《鶴女房型》はその逆の事例である。それどころか相手が動物のままの配偶者と結婚する《蛙女房型》や《猿婿入り型》の民話までたくさんあって、人間と動物の隔壁は西洋ほど高くなかった。同じ生物として人間と動物が通底していたわけで、これは木の枝＝自然がそのまま箸＝文化となり、再び自然に還帰できるという思考形態と構造的に相同している。

さらに日欧の自然に対する態度は、庭園の詩学にも顕著に現われている。周知のようにヴェルサイユ宮殿やローマ近郊のヴィラ・デステの庭園は、自然を完全に作り変えて、整然としてシンメトリーからなる極端な幾何学的光景を呈示している。この当時トイレが完備していなかったので、やんごとない貴婦人が用をたす時、木立ちに姿が隠れるように計算した結果だという説があるが、そうした実用主義から造園されただけではない。そこには自然を徹底的に改造し、征服し、みずから別の世界を創出しようとする、破壊的料理と同じ西洋人の強い意志が働いていたのである。これに対し日本の庭園は、たとえば竜安寺の石庭やその他多くの枯山水の名園のように、人為の極致で人工性を消去し、宇宙全体を象徴的にそこに再現させていた。盆栽や盆石、あるいは箱庭にしても同様である。そこには料理しないことを料理の理想とし、料理したとみせない料理を極意とする日本の料理人と同じ思考法が作動していたといえるだろう。

日欧文化の対極性は、人間と自然との関係だけではなく、男女のジェンダー差にも明快に現われている。近代以降一般的に西洋では男はズボン、女はスカートをはく区別が出来上がり、しかも同型のスーツの上着でも男は右前、女は左前になっていた。ところが日本では、男女共に――色彩の区別はあったにせよ――同じ裁ち方の着物をまとい、共に右前に襟を合わせていた。さらにまた近世以降、西洋では異性愛が正常で自然、同性愛は異常で反自然とされ、後者には極端な弾圧が加えられていたが、日本では古代から江戸時代まで男色が公然とおこなわれていた。むしろ日本の性愛は、着物が男女同型だったように、異性愛と同性愛の区別がなく、ユニセックスな美意識を特徴としている。とすれば当然論理的には、食具も西洋では男女差が明確に区別された属人具で、日本では夫婦箸のような、ジェンダー差のない共用具となって然るべきだろう。それが逆転しているのは、あちこちで触れておいたように、二項対立的カテゴリー分類が明晰な社会では両項を繋ぐブリッジとしての食具に特別な文化的意味を付与しなくとも秩序が維持されたのに対し、カテゴリー分類の曖昧な社会では境界上《リーメン》の「はし《ブリッジ》」に特別な文化的意味を付与し、完全な混乱を防ごうとしたと考えれば、この矛盾が解けるだろう。同一性は差異性を前提とし、差異性は同一性を基礎としているのだから。日本と西洋ではちょうどゲシュタルト心理学でいう「図と地」のように、陽画《ポジ》と陰画《ネガ》とがそこのところで反転していたのである。

もう一つ、食具の置き方について一言しておこう。オールコックはまた、西洋では鋸や鉋を向こうに押して切ったり削ったりするが、日本では反対に手前に引いて使うと、日欧文化のさかさ性を強調していた。おそらくこれは煮炊きを主とする菜食の対内料理と、焼炙《しようしや》を主とする肉食の対外料理と関連するのだろう。西洋でもともと殺しの武器であるナイフやフォークの先を相手側に向けてテーブルに並べるのは、他者との積極的な社交関係を切り結ぼうとする外向的姿勢を現わしている。これに対し、日本で箸を横に置くのは、他者との攻撃的な関係をできるだけ回避し、箱膳に典型的に示されるような、内に向かって閉鎖してゆく蛸壺型の内向的姿勢を現わしている。

このように日頃何気なく使っている食具にも、他の日常生活の文化現象と同じように、それぞれの文化の本質がさりげなく顔を覗かせていたわけである。

アナログとデジタル

だが、と反論される向きがあるかもしれない。日欧の文化コスモロジーの対極性は、文化と自然、人間と動物、男と女、自己と他者、内と外等々といった二項分割の厳密な概念操作の有無にあるというが、日本でも古来からすでに中国の陰陽道が伝来し、思考の骨組みを作っていた。これは宇宙を二

陰陽巴図

項対立的カテゴリーの相剋から説明しようとする思考法ではないか、と。確かに『記・紀』の創世神話では、陰陽の別が生じて世界が肇《はじ》まり、創世神イザナミとイザナギは陰陽の気が交わって生まれた陰陽神だとされている。しかし中国の陰陽巴図では、陰の中に陽の、陽の中に陰の目が潜んでいて、一方が円（世界）全体を覆いつくそうとすると、他方の目も同じく大きくなって、たえず均衡を回復している。陰と陽の対立は、西洋の神と悪魔のような無限に闘争する敵対的対立ではなく、相補的対立であって、互いに消長し、循環しながらコスモスの秩序を調和的に構成していた。易の陽⚊と陰⚋とによる宇宙の記号論的解釈は、純粋な抽象言語を夢想したライプニッツを驚嘆させたものだが、西洋の思考法則とはまったく別の原理に立っていたのである。この点を明らかにするために、人間の基本的なものの考え方の二様式である、西洋のデジタル型ロゴスと東洋のアナログ型レンマについて、最後に簡単に触れておこう。

人間はカオスをコスモスに転換して世界を認識するためには、連続したカオスを切断してカテゴリー区分を導入しなければならない。いまカテゴリーAを定立したとすれば、必然的にAではないもの、すなわちカテゴリー非Aが同時に非現前的に反定立され、世界はAと非Aとに分割されることになる。陰陽巴図でいえば、黒と白とに世界が整序されたわけである。

しかし「A（白）がA（白）である」（同一律）ためには、あくまで「A（白）は非A（黒）ではない」（矛盾律）ことが必要であり、また「A（白）はA（白）でも非A（黒）でもないものではない」

（排中律）ことが要請される。これがアリストテレス以来の形式論理学の考え方であって、西洋の根本的な思考法則を表わしている。つまり、西洋の論理《ロゴス》は、存在は一般にA＝Aであるか非A＝非Aのどちらかであって、白でもなく黒でもない第三の中間項は排中律によって排除され、白であって同時に黒であることは矛盾律によって禁止されていた。明らかにこれは主体と客体を峻別し、自我の同一性を確立しつつ他者を排除する二値的《デジタル》思考の原理に基づいているといえるだろう。世界をすべてプラスかマイナスか、肯定か否定か、白か黒かという二分法で推論する考え方であり、対立し矛盾するものの両立を許さないコンピュータ型思考だといってよい。

ところが、教祖マハーヴィラに始まるインドのジャイナ教――うっかりアリを踏み殺さないようにと、師の歩く前を弟子が掃き清めたといわれるほど厳格な殺生戒《アヒンサー》を遵守していた菜食主義者たちだった――では、肯定と否定のほかに、肯定でもなく否定でもないもの、肯定でもあれば否定でもあるものという四つの論理《レンマ》を樹立していた。これをテトラ・レンマというが、テトラとは海岸でよく見かける四本足《テトラ・ポッド》の四を意味し、レンマとはジレンマとかトリレンマとかいう、あのレンマのことだった。英語で「ジレンマの角にひっかけられる」といえば、あちらを立てればこちらが立たず、しかもどちらかを選ばねばならない、まるで平重盛のように進退窮まった両極葛藤《アンビヴァランス》の状態を指している。つまり西洋のロゴスと違って、東洋のレンマはA（白）でもなく非A（黒）でもないものと、A（白）でもあれば同時に非A（黒）でもあるものとを、容中律と揚棄律とによって容認していたのである。

白でもなく黒でもないものと、白でもあり黒でもあるものの存在を認めるとは、どういうことか。

それは二項対立するカテゴリー間の中間領域、境界域、つまりグレーゾーンの存在をも認めることにほかならない。世界には百パーセント完全な白も百パーセント完全な黒も存在しない。それは単なる極限の理念型であって、現実に存在するのは無限に白に近い灰色、無限に黒に近いグレーであって、だから白の中にも無限小の黒が、黒の中にも無限小の白が混入している、とファジーなアナログ型思考は考える。黒白を明晰に分別するデジタル型思考とのこの差異が、日欧の文化コスモロジーの対立として発現していたわけである。

具体的にいうと、日本にやってきた西洋人は明確な判断や結論を求めてもはっきり答えず、曖昧ににやにや笑いする日本人に困惑し、時に不気味ささえ覚えたものだった。すでにフロイスも「ヨーロッパでは言葉の明瞭であることを求め、曖昧な言葉を避ける。日本では曖昧な言葉が一番優れた言葉で、もっとも重んじられる」(一四―36)と指摘していた。イエスかノーか、肯定か否定か、すぐに黒白をつけるよう迫る二値的なデジタル型思考に対し、日本人は物事にイエスでもノーでもなく、肯定でも否定でもあるグレイゾーンが無数にあって、にわかに黒白を弁じかねるという、連続量の漸次的増減による質の変化で考えるアナログ型思考を得意としていたわけである。もっともそこから悪い面では、官僚や政治家のヌエ的発言、尻尾を摑ませないための美辞麗句を並べたてる欺瞞的答弁がでてくるのだが。

こうしてアナログ型レンマとデジタル型ロゴスという人間の原思考にまで立ち戻って考えてみると、「何を」食べるかだけではなく「何で」食べるか、手か箸か三点セットかという身近な食法のなかに、それぞれの文化の根底に潜むコスモロジーの同一性と差異性が明らかに浮かびあがってくるだろう。

食作法は、ある文化＝社会の人間と自然および人間と人間との関係構造を映しだす鏡であり、そのコスモロジーを無言のうちに語りだす象徴言語にほかならない。西洋にも「神は細部に宿る」という諺があるが、日常生活のほんのちょっとした何でもない些細事にも深い文化的意味が隠れていたのである。

世界にはじつに多種多様な料理法や食法が存在するが、人類の文化とはこうしたさまざまな下位文化の存在様式間の差異性と共通性で構成された交響楽にほかならず、それぞれ音色の違う各パートの楽器が協力して異なる旋律をひびかせてこそ、一つのポリフォニックな共同世界が開花している。たった一つの楽器のソロでは、人類の食文化はひどく貧しいものにすぎなかったことだろう。

主要参考文献

A

阿部謹也（一九八二年）『中世を旅する人びと』平凡社
オールコック（一九八三年）『大君の都』山口光朔訳、岩波文庫
アリエス（一九八〇年）『〈子供〉の誕生』杉山光信／杉山恵美子訳、みすず書房
アテナイオス（一九九七年）『食卓の賢人たち』柳沼重剛訳、京都大学学術出版会

B

バロー（一九九七年）『食の文化史』山内昶訳、筑摩書房
ボローニュ（一九九六年）『羞恥の歴史』大矢タカヤス訳、筑摩書房
ブルデュー（一九九〇年）『ディスタンクション』石井洋二郎訳、藤原書店
Braudel (1979) *Civilisation matérielle, économie et capitalisme, XVe–XVIIIe siècel*, Armand Colin.
ブリア＝サヴァラン（一九八九年）『美味礼讃』関根／戸部訳、岩波文庫

C

張競（一九九七年）『中華料理の文化史』ちくま新書
コーバリス／ビール（一九九三年）『左と右の心理学』白井他訳、紀伊國屋書店
コールズ（一九八七年）『古代人はどう暮らしていたか』河合信和訳、どうぶつ社
コズマン（一九八九年）『中世の饗宴』加藤／平野訳、原書房

D

Daremberg et Saglio (1874-1919) *Dictionnaire des Antiquités grecques et romaines*, Hachette.

道元（一九九七年）『赴粥飯法』中村他訳注、講談社

E

江馬務（一九八八年）『食事と住居』、『著作集』第五巻、中央公論社

エリアーデ（一九九一年）『豊饒と再生』、『著作集』第二巻、久米博訳、せりか書房

エリアス（一九七七—七八年）『文明化の過程』波田他訳、法政大学出版局

Ennès et al. (1994) *Histoire de la table*, Flammarion.

F

フェイガン（一九九七年）『現代人の起源論争』河合信和訳、どうぶつ社

フレイザー（一九八七年）『金枝篇』永橋卓介訳、岩波文庫

フロイス（一九七三年）『日欧文化比較』、『大航海時代叢書』XI、岡田章雄訳、岩波書店

福永光司（一九九六年）『馬の文化と船の文化』人文書院

舟田詠子（一九九八年）『パンの文化史』朝日選書

G

Gourarier (1994) *Arts et manières de table*, Gerard Klopp.

H

春山行夫（一九七五年）『食卓のフォークロア』柴田書店

ヘニッシュ（一九九二年）『中世の食生活』藤原保明訳、法政大学出版局

樋口清之（一九九七年）『食べる日本史』朝日文庫
ヒロン（一九七三年）『日本王国記』、『大航海時代叢書』XI、佐久間／会田訳、岩波書店
人見必大（一九八五―八九年）『本朝食鑑』島田勇雄訳注、東洋文庫
本田總一郎（一九九七年）「箸とフォークの文化史」、『講座・日本の食文化』第九巻、雄山閣
堀内勝（一九九八年）「鷹の鳥」、*Vesta*, nº 32

I

石毛直道（一九九三年）『食卓の文化誌』岩波書店
一色八郎（一九九三年）『箸の文化史』お茶の水書房

K

金関恕編（一九九九年）『卑弥呼の食卓』吉川弘文館
河合雅雄（一九九二年）『人間の由来』小学館
岸野久（一九八九年）『西洋人の日本発見』吉川弘文館
喜多川守貞（一九九二年）『守貞謾稿』朝倉／柏川校訂編集、東京堂出版
児玉定子（一九八〇年）『日本の食事様式』中公新書
小山修造（一九九六年）『縄文学への道』ＮＨＫブックス
熊倉功夫（一九九九年ａ）「日本の食事作法」、『講座・食の文化』第五巻、味の素食の文化センター
――（一九九九年ｂ）「日本の食事文化における外来の食」、『講座・食の文化』第二巻、味の素食の文化センター

L

Laurious (1989) *Le Moyen Age à table*, Adem Briro.
Lee (1979) *The !Kung San*, Cambridge U. P.

ルロワ゠グーラン（一九九二年）『身ぶりと言葉』荒木亨訳、新潮社
Lévi-Strauss (1968) *L'origine des manières de table*, Plon.
——（一九七六年）『野生の思考』大橋保夫訳、みすず書房

M

前原勝矢（一九九六年）『右利き・左利きの科学』講談社
松沢哲郎（一九九一年）『チンパンジー・マインド』岩波書店
メネル（一九八九年）『食卓の歴史』北代美和子訳、中央公論社
南直人（一九九八年）『ヨーロッパの舌はどう変ったか』講談社
モネスティエ（一九九九年）『図説・排泄全書』吉田／花輪訳、原書房
Montaigne (1961) *Essais*, Pléiade.
ミュシャンブレッド（一九九二年）『近代人の誕生』石井洋二郎訳、筑摩書房

N

中尾佐助（一九七二年）『料理の起源』ＮＨＫブックス
直良信夫（一九六八年）『狩猟』法政大学出版局
西田利貞他編（一九九一年）『サルの文化誌』平凡社
Needham (1967) "Right and Left in Nyoro Symbolic Classification", *Africa*, 37 (4).

R

ルヴェル（一九八九年）『美食の文化史』福永／鈴木訳、筑摩書房
李盛雨（一九九九年）『韓国料理文化史』鄭／佐々木訳、平凡社
ロドリーゲス（一九七三年）『日本教会史』、『大航海時代叢書』Ⅸ、佐野他訳注、岩波書店

ロッシ（一九九九年）『エロチックな足』山内昶監訳、筑摩書房
ルソー（一九九四年）『エミール』今野一雄訳、岩波文庫

S

鯖田豊之（一九八八年）『肉食の思想』中公新書
サーリンズ（一九八七年）『人類学と文化記号論』山内昶訳、法政大学出版局
佐原真（一九九六年）『食の考古学』東京大学出版会
――（一九九九年）「箸の起源」、『講座・食の文化』第四巻、味の素食の文化センター
佐藤洋一郎（一九九六年）『ＤＮＡが語る稲作文明』ＮＨＫブックス
関根真隆（一九六九年）『奈良朝食生活の研究』吉川弘文館
篠田統（一九九三年）『中国食物史』柴田書店
周達生（一九八九年）『中国の食文化』創元社
スミス／クリスチャン（一九九九年）『パンと塩』鈴木他訳、平凡社

T

田中淡（一九八五年）「古代中国画像の割烹と飲食」、石毛直道編『論集・東アジアの食事文化』平凡社
田中二郎（一九九〇年）『ブッシュマン』思索社
トマス（一九八九年）『人間と自然界』山内昶監訳、法政大学出版局
時実利彦（一九八二年）『脳の話』岩波新書
トゥアン（一九九三年）『個人空間の誕生』阿部一訳、せりか書房
ターナー（一九九六年）『儀礼の過程』冨倉光雄訳、新思索社

V

ヴァリニャーノ（一九八二年）『日本巡察記』松田毅一他訳、東洋文庫

W

渡辺実（一九六四年）『日本食生活史』吉川弘文館
ウィートン（一九九一年）『味覚の歴史』辻美樹訳、大修館書店

Y

山口昌伴（一九九九年）「食器と食具」、『講座・食の文化』第四巻、味の素食の文化センター
山内昶（一九九四年）『食の歴史人類学』人文書院
――（一九九五年）『カステラ文化誌全書』（共著）平凡社
――（一九九六年）『タブーの謎を解く』ちくま新書
柳澤桂子（一九九七年）『左右を決める遺伝子』講談社

あとがき

いったい人類はなぜ手食したり、箸で食べたり、ナイフ・フォーク・スプーンの三点セットで食事したりするのだろうか。誰しも子供の頃、不思議に思ったことがあるだろう。筆者もその一人だった。そこでこの疑問を大人につきつけてみたが、誰もまともに答えてくれなかった。たいていの大人は、「そんなくだらぬ、ばかげた質問につきあっている暇はないよ」という顔付きだったし、少し親身になって考えてくれる人でも、「昔からそうしてきたから、そうしてるまでだよ」というだけである。「なぜ、なんで、どうして」という小児の質問癖につき合わされた大人こそいい迷惑だったに違いないが、答えのない問いを抱いたまま、子供は老人になってやっとその回答を自分なりに見つけることができた。それが本書である。完全な答えになっているかどうかは覚つかないが、しかし食具にかんして、これまでにはなかった包括的で理論的な研究ではないかと密かに自負している。「何で食べるか」を文化記号論的かつ文化象徴論的に考察し、特に日欧の食具の差異を人間の原思考にまで立ち入って解明したものとしては、おそらく本書が最初だろう。

とはいっても、時間的には古代から現代まで、空間的には世界各地の食具や食法について全部一人で調査するわけにはゆかず、多くの先人の優れた研究に頼らざるをえなかった。その主なものは参考文献にあげておいたが、ことに中国の食具史についてはまったく無知だったので、周達生氏の好著に多くを負うている。記して心から感謝しておきたい。また『記・紀』やその他の古典類については各種普及版に依ったり、『続群書類従』や『古事類苑』等に依ったが、専門の学術書ではないのでいちいち出典や頁数を明記しなかったことをお断りしておく。さらに、読者の便をはかって諸氏の著作から多くの絵図を引用させてもらった。いちいち著者にお断りすべきところ故人もおられて不可能なので、ここに一括して深甚な謝意を表しておきたい。

本書を書く契機になったのは、今年の四月頃だったが、法政大学出版局の当時編集長だった稲義人氏から、一度〈ものと人間の文化史〉シリーズに何か書いてくれないか、と電話があったからだった。「もののけ」という面白いテーマも話題にのぼったが、その時、昔日の幼稚な疑問を思い出して、「食具」ならすぐに書けるからと約束してしまった。この程度の分量なら以前は二、三カ月もあればと思っていたが、古稀をすぎて老人力がパワーアップし、漢字を忘れていちいち辞引を繰らねばならぬ悲哀もあって、思いのほか日数がかかってしまった。学部や大学院で週に六コマ、講義や演習をうけもつ傍ら、他にも三、四冊仕事を抱えていたせいもあるが。

その間に稲さんは職を辞されてしまったが、遅ればせながらやっと約束を果たせ、正直いってほっとしている。はたして氏の意向や希望に添った本になったかどうか心もとないが、二〇年近く出版でお付き合いのあった同氏に本書を捧げておきたい。また、これも十七、八年来、いつも筆者の悪筆原稿に悩まされ、今回も御苦労いただだいた編集部の松永辰郎氏に厚く御礼申し上げて、擱筆するとしよう。

一九九九年一二月三一日

山内　昶

著者略歴

山内　昶（やまうち　ひさし）

1929年東京生まれ．京都大学仏文学科卒．同大学院（旧制）修了後，パリ大学高等研究院に留学．大手前大学教授，甲南大学名誉教授を歴任し，2006年９月逝去．著書：『もののけ』Ｉ・II，『ロマンの誕生』，『現代フランスの文学と思想』，『経済人類学の対位法』，『食の歴史人類学』，『経済人類学への招待』，『タブーの謎を解く』，『ジッドの秘められた愛と性』．訳書：マンデル『カール・マルクス』，マレ『労働者権力』，サーリンズ『石器時代の経済学』『人類学と文化記号論』，ゴドリエ『人類学の地平と針路』『観念と物質』『贈与の謎』，プィヨン編『経済人類学の現在』，ロダンソン『イスラームと資本主義』，トマス『人間と自然界』，アタリ『所有の歴史』，テスタール『新不平等起源論』ほか．

ものと人間の文化史　96・食具（しょくぐ）

2000年10月10日　初版第１刷発行
2008年６月20日　　　第３刷発行

発行所　財団法人　法政大学出版局
〒102-0073　東京都千代田区九段北3-2-7
電話03(5214)5540／振替00160-6-95814
印刷／平文社　製本／鈴木製本所

Printed in Japan

ISBN978-4-588-20961-1　C0320

ものと人間の文化史

★第9回梓会出版文化賞受賞

人間が〈もの〉とのかかわりを通じて営々と築いてきた暮らしの足跡を具体的に辿りつつ文化・文明の基礎を問いなおす。手づくりの〈もの〉の記憶が失われ、〈もの〉離れが進行する危機の時代におくる豊穣な百科叢書。

1 船　須藤利一編

海国日本では古来、漁業・水運・交易はもとより、大陸文化も船によって運ばれた。本書は造船技術、航海の模様の推移を中心に、漂流、船霊信仰、伝説の数々を語る。四六判368頁 '68

2 狩猟　直良信夫

人類の歴史は狩猟から始まった。本書は、わが国の遺跡に出土する獣骨、猟具の実証的考察をおこないながら、狩猟をつうじて発展した人間の知恵と生活の軌跡を辿る。四六判272頁 '68

3 からくり　立川昭二

〈からくり〉は自動機械であり、驚嘆すべき庶民の技術的創意がこめられている。本書は、日本と西洋のからくりを発掘・復元・遍歴し、埋もれた技術の水脈をさぐる。四六判410頁 '69

4 化粧　久下司

美を求める人間の心が生みだした化粧―その手法と道具に語らせた人間の欲望と本性、そして社会関係。歴史を遡り、全国を踏査して書かれた比類ない美と醜の文化史。四六判368頁 '70

5 番匠　大河直躬

番匠はわが国中世の建築工匠。地方・在地を舞台に開花した彼らの造型・装飾・工法等の諸技術、さらに信仰と生活等、職人以前の独自で多彩な工匠的世界を描き出す。四六判288頁 '71

6 結び　額田巌

〈結び〉の発達は人間の叡知の結晶である。本書はその諸形態および技法を作業・装飾・象徴の三つの系譜に辿り、〈結び〉のすべてを民俗学的・人類学的に考察する。四六判264頁 '72

7 塩　平島裕正

人類史に貴重な役割を果たしてきた塩をめぐって、発見から伝承・製造技術の発展過程にいたる総体を歴史的に描き出すとともに、その多彩な効用と味覚の秘密を解く。四六判272頁 '73

8 はきもの　潮田鉄雄

田下駄・かんじき・わらじなど、日本人の生活の礎となってきた伝統的はきものの成り立ちと変遷を、二〇年余の実地調査と細密な観察・描写によって辿る庶民生活史　四六判280頁 '73

9 城　井上宗和

古代城塞・城柵から近世代名の居城として集大成されるまでの日本の城の変遷を辿り、文化の各領野で果たしてきたその役割を再検討。あわせて世界城郭史に位置づける。四六判310頁 '73

10 竹　室井綽

食生活、建築、民芸、造園、信仰等々にわたって、竹と人間との交流史は驚くほど深く永い。その多岐にわたる発展の過程を個々に辿り、竹の特異な性格を浮彫にする。四六判324頁 '73

11 海藻　宮下章

古来日本人にとって生活必需品とされてきた海藻をめぐって、その採取・加工法の変遷、商品としての流通史および神事・祭事での役割に至るまでを歴史的に考証する。四六判330頁 '74

12 **絵馬** 岩井宏實
古くは祭礼における神への献馬にはじまり、民間信仰と絵画のみごとな結晶として民衆の手で描かれ祀り伝えられてきた各地の絵馬を豊富な写真と史料によってたどる。四六判３０２頁 '74

13 **機械** 吉田光邦
畜力・水力・風力などの自然のエネルギーを利用し、幾多の改良を経て形成された初期の機械の歩みを検証し、日本文化の形成における科学・技術の役割を再検討する。四六判２４２頁 '74

14 **狩猟伝承** 千葉徳爾
狩猟には古来、感謝と慰霊の祭祀がともない、人獣交渉の豊かで意味深い歴史があった。狩猟用具、巻物、儀式具、またけものたちの生態を通して語る狩猟文化の世界。四六判３４６頁 '75

15 **石垣** 田淵実夫
採石から運搬、加工、石積みに至るまで、石垣の造成をめぐって積み重ねられてきた石工たちの苦闘の足跡を掘り起こし、その独自な技術の形成過程と伝承を集成する。四六判２２４頁 '75

16 **松** 高嶋雄三郎
日本人の精神史に深く根をおろした松の伝承に光を当て、食用、薬用等の実用の松、祭祀・観賞用の松、さらに文学・芸能・美術に表現された松のシンボリズムを説く。四六判３４２頁 '75

17 **釣針** 直良信夫
人と魚との出会いから現在に至るまで、釣針がたどった一万有余年の変遷を、世界各地の遺跡出土物を通して実証しつつ、漁撈によって生きた人々の生活と文化を探る。四六判２７８頁 '76

18 **鋸** 吉川金次
鋸鍛冶の家に生まれ、鋸の研究を生涯の課題とする著者が、出土遺品や文献・絵画により各時代の鋸を復元・実験し、庶民の手仕事にみられる驚くべき合理性を実証する。四六判３６０頁 '76

19 **農具** 飯沼二郎／堀尾尚志
鍬と犂の交代・進化の歩みとして発達したわが国農耕文化の発展経過を世界史的視野において再検討しつつ、無名の農民たちによる驚くべき創意のかずかずを記録する。四六判２２０頁 '76

20 **包み** 額田巖
結びとともに文化の起源にかかわる〈包み〉の系譜を人類史的視野において捉え、衣・食・住をはじめ社会・経済史、信仰、祭事などにおけるその実際と役割とを描く。四六判３５４頁 '77

21 **蓮** 阪本祐二
仏教における蓮の象徴的位置の成立と深化、美術・文芸等に見る人間とのかかわりを歴史的に考察。また大賀蓮はじめ多様な品種とその来歴を紹介しつつその美を語る。四六判３０６頁 '77

22 **ものさし** 小泉袈裟勝
ものをつくる人間にとって最も基本的な道具であり、数千年にわたって社会生活を律してきたその変遷を実証的に追求し、歴史の中で果たしてきた役割を浮彫りにする。四六判３１４頁 '77

23-I **将棋Ｉ** 増川宏一
その起源を古代インドに、我国への伝播の道すじを海のシルクロードに探り、また伝来後一千年におよぶ日本将棋の変化と発展を盤、駒、ルール等にわたって跡づける。四六判２８０頁 '77

23-Ⅱ 将棋Ⅱ 増川宏一

わが国伝来後の普及と変遷を貴族や武家・豪商の日記等に博捜し、遊戯者の歴史をあとづけると共に、中国伝来説の誤りを正し、将棋宗家の位置と役割を明らかにする。四六判346頁 '85

24 湿原祭祀 第2版 金井典美

古代日本の自然環境に着目し、各地の湿原聖地を稲作社会との関連において捉え直して古代国家成立の背景を浮彫にしつつ、水と植物にまつわる日本人の宇宙観を探る。四六判410頁 '77

25 臼 三輪茂雄

臼が人類の生活文化の中で果たしてきた役割を、各地に遺る貴重な民俗資料・伝承と実地調査にもとづいて解明。失われゆく道具のなかに、未来の生活文化の姿を探る。四六判412頁 '78

26 河原巻物 盛田嘉徳

中世末期以来の被差別部落民が生きる権利を守るために偽作し護り伝えてきた河原巻物を全国にわたって踏査し、そこに秘められた最底辺の人びとの叫びに耳を傾ける。四六判226頁 '78

27 香料 日本のにおい 山田憲太郎

焼香供養の香から趣味としての薫物へ、さらに沈香木を焚く香道へと変遷した日本の「匂い」の歴史を豊富な史料に基づいて辿り、我国風俗史の知られざる側面を描く。四六判370頁 '78

28 神像 神々の心と形 景山春樹

神仏習合によって変貌しつつも、常にその原型＝自然を保持してきた日本の神々の造型を図像学的方法によって捉え直し、その多彩な形象に日本人の精神構造をさぐる。四六判342頁 '78

29 盤上遊戯 増川宏一

祭具・占具としての発生を『死者の書』をはじめとする古代の文献にさぐり、形状・遊戯法を分類しつつその〈進化〉の過程を考察。〈遊戯者たちの歴史〉をも跡づける。四六判326頁 '78

30 筆 田淵実夫

筆の里・熊野に筆づくりの現場を訪ねて、筆匠たちの境涯と製筆の由来を克明に記録しつつ、筆の発生と変遷、種類、製筆法、さらには筆塚、筆供養にまで説きおよぶ。四六判204頁 '78

31 ろくろ 橋本鉄男

日本の山野を漂移しつづけ、高度の技術文化と幾多の伝説とをもたらした特異な旅職集団＝木地屋の生態を、その呼称、地名、伝承、文書等をもとに生き生きと描く。四六判460頁 '79

32 蛇 吉野裕子

日本古代信仰の根幹をなす蛇巫をめぐって、祭事におけるさまざまな蛇の「もどき」や各種の蛇の造型・伝承に鋭い考証を加え、忘れられたその呪性を大胆に暴き出す。四六判250頁 '79

33 鋏（はさみ） 岡本誠之

梃子の原理の発見から鋏の誕生に至る過程を推理し、日本鋏の特異な歴史的位置を明らかにするとともに、刀鍛冶等から転進した鋏職人たちの創意と苦闘の跡をたどる。四六判396頁 '79

34 猿 廣瀬鎮

嫌悪と愛玩、軽蔑と畏敬の交錯する日本人とサルとの関わりあいの歴史を、狩猟伝承や祭祀・風習、美術・工芸や芸能のなかに探り、日本人の動物観を浮彫りにする。四六判292頁 '79

35 **鮫** 矢野憲一
神話の時代から今日まで、津々浦々につたわるサメの伝承とサメをめぐる海の民俗を集成し、神饌、食用、薬用等に活用されてきたサメと人間のかかわりの変遷を描く。四六判292頁 '79

36 **枡** 小泉袈裟勝
米の経済の枢要をなす器として千年余にわたり日本人の生活の中に生きてきた枡の変遷をたどり、記録・伝承をもとにこの独特な計量器が果たした役割を再検討する。四六判322頁 '80

37 **経木** 田中信清
食品の包装材料として近年まで身近に存在した経木の起源を、こけら経や塔婆、木簡、屋根板等に遡って明らかにし、その製造・流通に携った人々の労苦の足跡を辿る。四六判288頁 '80

38 **色** 染と色彩 前田雨城
わが国古代の染色技術の復元と文献解読をもとに日本色彩史を体系づけ、赤・白・青・黒等におけるわが国独自の色彩感覚を探りつつ日本文化における色の構造を解明。四六判320頁 '80

39 **狐** 陰陽五行と稲荷信仰 吉野裕子
その伝承と文献を渉猟しつつ、中国古代哲学＝陰陽五行の原理の応用という独自の視点から、謎とされてきた稲荷信仰と狐との密接な結びつきを明快に解き明かす。四六判232頁 '80

40-Ⅰ **賭博Ⅰ** 増川宏一
時代、地域、階層を超えて連綿と行なわれてきた賭博。――その起源を古代の神判、スポーツ、遊戯等の中に探り、抑圧と許容の歴史を物語る。全Ⅲ分冊の〈総説篇〉。四六判298頁 '80

40-Ⅱ **賭博Ⅱ** 増川宏一
古代インド文学の世界からラスベガスまで、賭博の形態・用具・方法の時代的特質を明らかにし、夥しい禁令に賭博の不滅のエネルギーを見る。全Ⅲ分冊の〈外国篇〉。四六判456頁 '82

40-Ⅲ **賭博Ⅲ** 増川宏一
聞香、闘茶、笠附等、わが国独特の賭博を中心にその具体例を網羅し、方法の変遷に賭博の時代性を探りつつ禁令の改廃に時代の賭博観を追う。全Ⅲ分冊の〈日本篇〉。四六判388頁 '83

41-Ⅰ **地方仏Ⅰ** むしゃこうじ・みのる
古代から中世にかけて全国各地で作られた無銘の仏像を訪ね、素朴で多様なノミの跡に民衆の祈りと地域の願望を探る。宗教の伝播、文化の創造を考える異色の紀行。四六判256頁 '80

41-Ⅱ **地方仏Ⅱ** むしゃこうじ・みのる
紀州や飛騨を中心に草の根の仏たちを訪ねて、その相好と像容の魅力を探り、技法を比較考証して仏像彫刻史に位置づけつつ、中世地域社会の形成と信仰の実態に迫る。四六判260頁 '97

42 **南部絵暦** 岡田芳朗
田山・盛岡地方で「盲暦」として古くから親しまれてきた独得の絵解き暦を詳しく紹介しつつその全体像を復元する。その無類の生活暦は、南部農民の哀歓をつたえる。四六判288頁 '80

43 **野菜** 在来品種の系譜 青葉高
蕪、大根、茄子等の日本在来野菜をめぐって、その渡来・伝播経路、品種分布と栽培のいきさつを各地の伝承や古記録をもとに辿り、畑作文化の源流とその風土を描く。四六判368頁 '81

44 つぶて 中沢厚

弥生投弾、古代・中世の石戦と印地の様相、投石具の発達を展望しつつ、願かけの小石、正月つぶて、石こづみ等の習俗を辿り、石塊に託した民衆の願いや怒りを探る。四六判338頁 '81

45 壁 山田幸一

弥生時代から明治期に至るわが国の壁の変遷を壁塗＝左官工事の側面から辿り直し、その技術的復元・考証を通じて建築史・文化史における壁の役割を浮き彫りにする。四六判296頁 '81

46 簞笥（たんす） 小泉和子

近世における簞笥の出現＝箱から抽斗への転換に着目し、以降近現代に至るその変遷を社会・経済・技術の側面からあとづける。著者自身による簞笥製作の記録を付す。四六判378頁 '82

47 木の実 松山利夫

山村の重要な食糧資源であった木の実をめぐる各地の記録・伝承を集成し、その採集・加工における幾多の試みを実地に検証しつつ、稲作農耕以前の食生活文化を復元。四六判384頁 '82

48 秤（はかり） 小泉袈裟勝

秤の起源を東西に探るとともに、わが国律令制下における中国制度の導入、近世商品経済の発展に伴う秤座の出現、明治期近代化政策による洋式秤受容等の経緯を描く。四六判326頁 '82

49 鶏（にわとり） 山口健児

神話・伝説をはじめ遠い歴史の中の鶏を古今東西の伝承・文献に探り、特に我国の信仰・絵画・文学等に遺された鶏の足跡を追って、鶏をめぐる民俗の記憶を蘇らせる。四六判346頁 '83

50 燈用植物 深津正

人類が燈火を得るために用いてきた多種多様な植物との出会いと個個の植物の来歴、特性及びはたらきを詳しく検証しつつ「あかり」の原点を問いなおす異色の植物誌。四六判442頁 '83

51 斧・鑿・鉋（おの・のみ・かんな） 吉川金次

古墳出土品や文献・絵画をもとに、古代から現代までの斧・鑿・鉋を復元・実験し、労働体験によって生まれた民衆の知恵と道具の変遷を蘇らせる異色の日本木工具史。四六判304頁 '84

52 垣根 額田巖

大和・山辺の道に神々と垣との関わりを探り、各地に垣の伝承を訪ねて、寺院の垣、民家の垣、露地の垣など、風土と生活に培われた生垣の独特のはたらきと美を描く。四六判234頁 '84

53-I 森林I 四手井綱英

森林生態学の立場から、森林のなりたちとその生活史を辿りつつ、産業の発展と消費社会の拡大により刻々と変貌する森林の現状を語り、未来への再生のみちをさぐる。四六判306頁 '85

53-II 森林II 四手井綱英

森林と人間との多様なかかわりを包括的に語り、人と自然が共生するための森や里山をいかにして創出するか、森林再生への具体的な方策を提示する21世紀への提言。四六判308頁 '98

53-III 森林III 四手井綱英

地球規模で進行しつつある森林破壊の現状を実地に踏査し、森と人が共存する日本人の伝統的自然観を未来へ伝えるために、いま何が必要なのかを具体的に提言する。四六判304頁 '00

54 海老（えび） 酒向昇
人類との出会いからエビの科学、漁法、さらには調理法を語り、めでたい姿態と色彩にまつわる多彩なエビの民俗を、地名や人名、詩歌・文学、絵画や芸能の中に探る。四六判428頁 '85

55-Ⅰ 藁（わら）Ⅰ 宮崎清
稲作農耕とともに二千年余の歴史をもち、日本人の全生活領域に生きてきた藁の文化を日本文化の原型として捉え、風土に根ざしたそのゆたかな遺産を詳細に検討する。四六判400頁 '85

55-Ⅱ 藁（わら）Ⅱ 宮崎清
床・畳から壁・屋根にいたる住居における藁の製作・使用のメカニズムを明らかにし、日本人の生活空間における藁の役割を見なおすとともに、藁の文化の復権を説く。四六判400頁 '85

56 鮎 松井魁
清楚な姿態と独特な味覚によって、日本人の目と舌を魅了しつづけてきたアユ――その形態と分布、生態、漁法等を詳述し、古今のアユ料理や文芸にみるアユにおよぶ。四六判296頁 '86

57 ひも 額田巌
物と物、人と物とを結びつける不思議な力を秘めた「ひも」の謎を追って、民俗学的視点から多角的なアプローチを試みる。『結び』、『包み』につづく三部作の完結篇。四六判250頁 '86

58 石垣普請 北垣聰一郎
近世石垣の技術者集団「穴太」の足跡を辿り、各地城郭の石垣遺構の実地調査と資料・文献をもとに石垣普請の歴史的系譜を復元しつつ石工たちの技術伝承を集成する。四六判438頁 '87

59 碁 増川宏一
その起源を古代の盤上遊戯に探ると共に、定着以来二千年の歴史を時代の状況や遊び手の社会環境との関わりにおいて跡づける。逸話や伝説を排して綴る初の囲碁全史。四六判366頁 '87

60 日和山（ひよりやま） 南波松太郎
千石船の時代、航海の安全のために観天望気した日和山――多くは忘れられ、あるいは失われた船舶・航海史の貴重な遺跡を追って、全国津々浦々におよんだ調査紀行。四六判382頁 '88

61 篩（ふるい） 三輪茂雄
臼とともに人類の生産活動に不可欠な道具であった篩、箕(み)、笊(ざる)の多彩な変遷を豊富な図解入りでたどり、現代技術の先端に再生するまでの歩みをえがく。四六判334頁 '89

62 鮑（あわび） 矢野憲一
縄文時代以来、貝肉の美味と貝殻の美しさによって日本人を魅了し続けてきたアワビ――その生態と養殖、神饌としての歴史、漁法、螺鈿の技法からアワビ料理に及ぶ。四六判344頁 '89

63 絵師 むしゃこうじ・みのる
日本古代の渡来画工から江戸前期の菱川師宣まで、時代の代表的絵師の列伝で辿る絵画制作の文化史。前近代社会における絵画の意味や芸術創造の社会的条件を考える。四六判230頁 '90

64 蛙（かえる） 碓井益雄
動物学の立場からその特異な生態を描き出すとともに、和漢洋の文献資料を駆使して故事・習俗・神事・民話・文芸・美術工芸にわたる蛙の多彩な活躍ぶりを活写する。四六判382頁 '89

65-I 藍（あい）I 風土が生んだ色 竹内淳子

全国各地の〈藍の里〉を訪ねて、藍栽培から染色・加工のすべてにわたり、藍とともに生きた人々の伝承を克明に描き、風土と人間が生んだ〈日本の色〉の秘密を探る。四六判416頁 '91

65-II 藍（あい）II 暮らしが育てた色 竹内淳子

日本の風土に生まれ、伝統に育てられた藍が、今なお暮らしの中で生き生きと活躍しているさまを、手わざに生きる人々との出会いを通じて描く。藍の里紀行の続篇。四六判406頁 '99

66 橋 小山田了三

丸木橋・舟橋・吊橋から板橋・アーチ型石橋まで、人々に親しまれてきた各地の橋を訪ねて、その来歴と築橋の技術伝承を辿り、土木文化の伝播・交流の足跡をえがく。四六判312頁 '91

67 箱 宮内悊

日本の伝統的な箱（櫃）と西欧のチェストを比較文化史の視点から考察し、居住・収納・運搬・装飾の各分野における箱の重要な役割とその多彩な文化を浮彫りにする。四六判390頁 '91

68-I 絹I 伊藤智夫

養蚕の起源を神話や説話に探り、伝来の時期とルートを跡づけ、記紀・万葉の時代から近世に至るまで、それぞれの時代・社会・階層が生み出した絹の文化を描き出す。四六判304頁 '92

68-II 絹II 伊藤智夫

生糸と絹織物の生産と輸出が、わが国の近代化にはたした役割を描くと共に、養蚕の道具、信仰や庶民生活にわたる養蚕と絹の民俗、さらには蚕の種類と生態におよぶ。四六判294頁 '92

69 鯛（たい） 鈴木克美

古来「魚の王」とされてきた鯛をめぐって、その生態・味覚から漁法、祭り、工芸、文芸にわたる多彩な伝承文化を語りつつ、鯛と日本人とのかかわりの原点をさぐる。四六判418頁 '92

70 さいころ 増川宏一

古代神話の世界から近現代の博徒の動向まで、さいころの役割を各時代・社会に位置づけ、木の実や貝殻のさいころから投げ棒型や立方体のさいころへの変遷をたどる。四六判374頁 '92

71 木炭 樋口清之

炭の起源から炭焼、流通、経済、文化にわたる木炭の歩みを歴史・考古・民俗の知見を総合して描き出し、独自で多彩な文化を育んできた木炭の尽きせぬ魅力を語る。四六判296頁 '93

72 鍋・釜（なべ・かま） 朝岡康二

日本をはじめ韓国、中国、インドネシアなど東アジアの各地を歩きながら鍋・釜の製作と使用の現場に立ち会い、調理をめぐる庶民生活の変遷とその交流の足跡を探る。四六判326頁 '93

73 海女（あま） 田辺悟

その漁の実際と社会組織、風習、信仰、民具などを克明に描くとともに海女の起源・分布・交流を探り、わが国漁撈文化の古層としての海女の生活と文化をあとづける。四六判294頁 '93

74 蛸（たこ） 刀禰勇太郎

蛸をめぐる信仰や多彩な民間伝承を紹介するとともに、その生態・分布・捕獲法・繁殖と保護・調理法などを集成し、日本人と蛸との知られざるかかわりの歴史を探る。四六判370頁 '94

75 曲物（まげもの） 岩井宏實

桶・樽出現以前から伝承され、古来最も簡便・重宝な木製容器として愛用された曲物の加工技術と機能・利用形態の変遷をさぐり、手づくりの「木の文化」を見なおす。四六判３１８頁 '94

76-Ⅰ 和船Ⅰ 石井謙治

江戸時代の海運を担った千石船（弁才船）について、その構造と技術、帆走性能を綿密に調査し、通説の誤りを正すとともに、海難と信仰、船絵馬等の考察にもおよぶ。四六判４３６頁 '95

76-Ⅱ 和船Ⅱ 石井謙治

造船史から見た著名な船を紹介し、遣唐使船や遣欧使節船、幕末の洋式船における外国技術の導入について論じつつ、船の名称と船型を海船・川船にわたって解説する。四六判３１６頁 '95

77-Ⅰ 反射炉Ⅰ 金子功

日本初の佐賀鍋島藩の反射炉と精練方＝理化学研究所、島津藩の反射炉と集成館＝近代工場群を軸に、日本の産業革命の時代における人と技術を現地に訪ねて発掘する。四六判２４４頁 '95

77-Ⅱ 反射炉Ⅱ 金子功

伊豆韮山の反射炉をはじめ、全国各地の反射炉建設にかかわった有名無名の人々の足跡をたどり、開国か攘夷かに揺れる幕末の政治と社会の悲喜劇をも生き生きと描く。四六判２２６頁 '95

78-Ⅰ 草木布（そうもくふ）Ⅰ 竹内淳子

風土に育まれた布を求めて全国各地を歩き、木綿普及以前に山野の草木を利用して豊かな衣生活文化を築き上げてきた庶民の知られざる知恵のかずかずを実地にさぐる。四六判２８２頁 '95

78-Ⅱ 草木布（そうもくふ）Ⅱ 竹内淳子

アサ、クズ、シナ、コウゾ、カラムシ、フジなどの草木の繊維から、どのようにして糸を採り、布を織っていたのか――聞書きをもとに忘れられた技術と文化を発掘する。四六判２８２頁 '95

79-Ⅰ すごろくⅠ 増川宏一

古代エジプトのセネト、ヨーロッパのバクギャモン、中近東のナルド、中国の双陸などの系譜に日本の盤雙六を位置づけ、遊戯・賭博としてのその数奇なる運命を辿る。四六判３１２頁 '95

79-Ⅱ すごろくⅡ 増川宏一

ヨーロッパの鵞鳥のゲームから日本中世の浄土双六、近世の華麗な絵双六、さらには近現代の少年誌の附録まで、絵双六の変遷を追って時代の社会・文化を読みとる。四六判３９０頁 '95

80 パン 安達巖

古代オリエントに起ったパン食文化が中国・朝鮮を経て弥生時代の日本に伝えられたことを史料と伝承をもとに解明し、わが国パン食文化二〇〇〇年の足跡を描き出す。四六判２６０頁 '96

81 枕（まくら） 矢野憲一

神さまの枕・大嘗祭の枕から枕絵の世界まで、人生の三分の一を共に過す枕をめぐって、その材質の変遷を辿り、伝説と怪談、俗信と民俗、エピソードを興味深く語る。四六判２５２頁 '96

82-Ⅰ 桶・樽（おけ・たる）Ⅰ 石村真一

日本、中国、朝鮮、ヨーロッパにわたる厖大な資料を集成してその豊かな文化の系譜を探り、東西の木工技術史を比較しつつ世界史的視野から桶・樽の文化を描き出す。四六判３８８頁 '97

82-Ⅱ 桶・樽《おけ・たる》Ⅱ 石村真一

多数の調査資料と絵画・民俗資料をもとにその製作技術を復元し、東西の木工技術を比較考証しつつ、技術文化史の視点から桶・樽製作の実態とその変遷を跡づける。 四六判372頁 '97

82-Ⅲ 桶・樽《おけ・たる》Ⅲ 石村真一

樹木と人間とのかかわり、製作者と消費者とのかかわりを通じて桶樽と生活文化の変遷を考察し、木材資源の有効利用という視点から桶樽の文化史的役割を浮彫にする。 四六判352頁 '97

83-Ⅰ 貝Ⅰ 白井祥平

世界各地の現地調査と文献資料を駆使して、古来至高の財宝とされてきた宝貝のルーツとその変遷を探り、貝と人間とのかかわりの歴史を「貝貨」の文化史として描く。 四六判386頁 '97

83-Ⅱ 貝Ⅱ 白井祥平

サザエ、アワビ、イモガイなど古来人類とかかわりの深い貝をめぐって、その生態・分布・地方名、装身具や貝貨としての利用法などを豊富なエピソードを交えて語る。 四六判328頁 '97

83-Ⅲ 貝Ⅲ 白井祥平

シンジュガイ、ハマグリ、アカガイ、シャコガイなどをめぐって世界各地の民族誌を渉猟し、それらが人類文化に残した足跡を辿る。参考文献一覧／総索引を付す。 四六判392頁 '97

84 松茸《まつたけ》 有岡利幸

秋の味覚として古来珍重されてきた松茸の由来を求めて、稲作文化と里山（松林）の生態系から説きおこし、日本人の伝統的生活文化の中に松茸流行の秘密をさぐる。 四六判296頁 '97

85 野鍛冶《のかじ》 朝岡康二

鉄製農具の製作・修理・再生を担ってきた農鍛冶の歴史的役割を探り、近代化の大波の中で変貌する職人技術の実態をアジア各地のフィールドワークを通して描き出す。 四六判280頁 '98

86 稲 品種改良の系譜 菅 洋

作物としての稲の誕生、稲の渡来と伝播の経緯から説きおこし、明治以降主として庄内地方の民間育種家の手によって飛躍的発展をとげたわが国品種改良の歩みを描く。 四六判332頁 '98

87 橘《たちばな》 吉武利文

永遠のかぐわしい果実として日本の神話・伝説に特別の位置を占めて語り継がれてきた橘をめぐって、その育まれた風土とかずかずの伝承の中に日本文化の特質を探る。 四六判286頁 '98

88 杖《つえ》 矢野憲一

神の依代としての杖や仏教の錫杖に杖と信仰とのかかわりを探り、人類が突きつつ歩んだその歴史と民俗を興味ぶかく語る。多彩な材質と用途を網羅した杖の博物誌。 四六判314頁 '98

89 もち（糯・餅） 渡部忠世／深澤小百合

モチイネの栽培・育種から食品加工、民俗、儀礼にわたってそのルーツと伝承の足跡をたどり、アジア稲作文化という広範な視野からこの特異な食文化の謎を解明する。 四六判330頁 '98

90 さつまいも 坂井健吉

その栽培の起源と伝播経路を跡づけるとともに、わが国伝来後四百年の経緯を詳細にたどり、世界に冠たる育種と栽培・利用法を築いた人々の知られざる足跡をえがく。 四六判328頁 '99

91 珊瑚（さんご） 鈴木克美

海岸の自然保護に重要な役割を果たす岩石サンゴから宝飾品として知られる宝石サンゴまで、人間生活と深くかかわってきたサンゴの多彩な姿を人類文化史として描く。四六判370頁 '99

92-I 梅I 有岡利幸

万葉集、源氏物語、五山文学などの古典や天神信仰に表れた梅の足跡を克明に辿りつつ日本人の精神史に刻印された梅を浮彫にし、梅と日本人の二〇〇〇年史を描く。四六判274頁 '99

92-II 梅II 有岡利幸

その植生と栽培、伝承、梅の名所や鑑賞法の変遷から戦前の国定教科書に表れた梅まで、梅と日本人との多彩なかかわりを探り、桜との対比において梅の文化史を描く。四六判338頁 '99

93 木綿口伝（もめんくでん） 第2版 福井貞子

老女たちからの聞書を経糸とし、厖大な遺品・資料を緯糸として、母から娘へと幾代にも伝えられた手づくりの木綿文化を掘り起し、近代の木綿の盛衰を描く。増補版 四六判336頁 '00

94 合せもの 増川宏一

「合せる」には古来、一致させるの他に、競う、闘う、比べる等の意味があった。貝合せや絵合せ等の遊戯・賭博を中心に、広範な人間の営みを「合せる」行為に辿る。四六判300頁 '00

95 野良着（のらぎ） 福井貞子

明治初期から昭和四〇年までの野良着を収集・分類・整理し、それらの用途と年代、形態、材質、重量、呼称などを精査して、働く庶民の創意にみちた生活史を描く。四六判292頁 '00

96 食具（しょくぐ） 山内昶

東西の食文化に関する資料を渉猟し、食法の違いを人間の自然に対するかかわり方の違いとして捉えつつ、食具を人間と自然をつなぐ基本的な媒介物として位置づける。四六判292頁 '00

97 鰹節（かつおぶし） 宮下章

黒潮からの贈り物・カツオの漁法から鰹節の製法や食法、商品としての流通までを歴史的に展望するとともに、沖縄やモルジブ諸島の調査をもとにそのルーツを探る。四六判382頁 '00

98 丸木舟（まるきぶね） 出口晶子

先史時代から現代の高度文明社会まで、もっとも長期にわたり使われてきた刳り舟に焦点を当て、その技術伝承を辿りつつ、森や水辺の文化の広がりと動態をえがく。四六判324頁 '01

99 梅干（うめぼし） 有岡利幸

日本人の食生活に不可欠の自然食品・梅干をつくりだした先人たちの知恵に学ぶとともに、健康増進に驚くべき薬効を発揮する、その知られざるパワーの秘密を探る。四六判300頁 '01

100 瓦（かわら） 森郁夫

仏教文化と共に中国・朝鮮から伝来し、一四〇〇年にわたり日本の建築を飾ってきた瓦をめぐって、発掘資料をもとにその製造技術、形態、文様などの変遷をたどる。四六判320頁 '01

101 植物民俗 長澤武

衣食住から子供の遊びまで、幾世代にも伝承された植物をめぐる暮らしの知恵を克明に記録し、高度経済成長期以前の農山村の豊かな生活文化を愛惜をこめて描き出す。四六判348頁 '01

102 箸（はし）　向井由紀子／橋本慶子

そのルーツを中国、朝鮮半島に探るとともに、日本人の食生活に不可欠の食具となり、日本文化のシンボルとされるまでに洗練された箸の文化の変遷を総合的に描く。　四六判３３４頁　'01

103 採集　ブナ林の恵み　赤羽正春

縄文時代から今日に至る採集・狩猟民の暮らしを復元し、動物の生態系と採集生活の関連を明らかにしつつ、民俗学と考古学の両面から山に生かされた人々の姿を描く。　四六判２９８頁　'01

104 下駄　神のはきもの　秋田裕毅

古墳や井戸等から出土する下駄に着目し、下駄が地上と地下の他界を結ぶ聖なるはきものであったという大胆な仮説を提出、日本の神々の忘れられた側面を浮彫にする。　四六判３０４頁　'02

105 絣（かすり）　福井貞子

膨大な絣遺品を収集・分類し、絣産地を実地に調査して絣の技法と文様の変遷を地域別・時代別に跡づけ、明治・大正・昭和の手づくりの染織文化の盛衰を描き出す。　四六判３１０頁　'02

106 網（あみ）　田辺悟

漁網を中心に、網に関する基本資料を網羅して網の変遷と網をめぐる民俗を体系的に描き出し、網の文化を集成する。「網に関する小事典」「網のある博物館」を付す。　四六判３１６頁　'02

107 蜘蛛（くも）　斎藤慎一郎

「土蜘蛛」の呼称で畏怖される一方「クモ合戦」など子供の遊びとしても親しまれてきたクモと人間との長い交渉の歴史をその深層に遡って追究した異色のクモ文化論。　四六判３２０頁　'02

108 襖（ふすま）　むしゃこうじ・みのる

襖の起源と変遷を建築史・絵画史の中に探りつつその用と美を浮彫にし、衝立・障子・屏風等と共に日本建築の空間構成に不可欠の建具となるまでの経緯を描き出す。　四六判２７０頁　'02

109 漁撈伝承（ぎょろうでんしょう）　川島秀一

漁師たちからの聞き書きをもとに、寄り物、船霊、大漁旗など、漁撈にまつわる〈もの〉の伝承を集成し、海の道によって運ばれた習俗や信仰の民俗地図を描き出す。　四六判３３４頁　'03

110 チェス　増川宏一

世界中に数億人の愛好者を持つチェスの起源と文化を、欧米における膨大な研究の蓄積を渉猟しつつ探り、日本への伝来の経緯から美術工芸品としてのチェスにおよぶ。　四六判２９８頁　'03

111 海苔（のり）　宮下章

海苔の歴史は厳しい自然とのたたかいの歴史だった——採取から養殖、加工、流通、消費に至る先人たちの苦難の歩みを史料と実地調査によって浮彫にする食物文化史。　四六判１７２頁　'03

112 屋根　檜皮葺と柿葺　原田多加司

屋根葺師一〇代の著者が、自らの体験と職人の本懐を語り、連綿として受け継がれてきた伝統の手わざを体系的にたどりつつ伝統技術の保存と継承の必要性を訴える。　四六判３４０頁　'03

113 水族館　鈴木克美

初期水族館の歩みを創始者たちの足跡を通して辿りなおし、水族館をめぐる社会の発展と風俗の変遷を描き出すとともにその未来像をさぐる初の〈日本水族館史〉の試み。　四六判２９０頁　'03

114 **古着**（ふるぎ）　朝岡康二
仕立てと着方、管理と保存、再生と再利用等にわたり衣生活の変容を近代の日常生活の変化として捉え直し、衣服をめぐるリサイクル文化が形成される経緯を描き出す。四六判２９２頁 '03

115 **柿渋**（かきしぶ）　今井敬潤
染料・塗料をはじめ生活百般の必需品であった柿渋の伝承を記録し、文献資料をもとにその製造技術と利用の実態を明らかにして、忘れられた豊かな生活技術を見直す。四六判２９４頁 '03

116-Ⅰ **道Ⅰ**　武部健一
道の歴史を先史時代から説き起こし、古代律令制国家の要請によって駅路が設けられ、しだいに幹線道路として整えられてゆく経緯を技術史・社会史の両面からえがく。四六判２４８頁 '03

116-Ⅱ **道Ⅱ**　武部健一
中世の鎌倉街道、近世の五街道、近代の開拓道路から現代の高速道路網までを通観し、道路を拓いた人々の手によって今日の交通ネットワークが形成された歴史を語る。四六判２８０頁 '03

117 **かまど**　狩野敏次
日常の煮炊きの道具であるとともに祭りと信仰に重要な位置を占めてきたカマドをめぐる忘れられた伝承を掘り起こし、民俗空間の壮大なコスモロジーを浮彫りにする。四六判２９２頁 '04

118-Ⅰ **里山Ⅰ**　有岡利幸
縄文時代から近世までの里山の変遷を人々の暮らしと植生の変化の両面から跡づけ、その源流を記紀万葉に描かれた里山の景観や大和・三輪山の古記録・伝承等に探る。四六判２７６頁 '04

118-Ⅱ **里山Ⅱ**　有岡利幸
明治の地租改正による山林の混乱、相次ぐ戦争による山野の荒廃、エネルギー革命、高度成長による大規模開発など、近代化の荒波に翻弄される里山の見直しを説く。四六判２７４頁 '04

119 **有用植物**　菅　洋
人間生活に不可欠のものとして利用されてきた身近な植物たちの来歴と栽培・育種・品種改良・伝播の経緯を平易に語り、植物と共に歩んだ文明の足跡を浮彫にする。四六判３２４頁 '04

120-Ⅰ **捕鯨Ⅰ**　山下渉登
世界の海で展開された鯨と人間との格闘の歴史を振り返り、「大航海時代」の副産物として開始された捕鯨業の誕生以来四〇〇年にわたる盛衰の社会的背景をさぐる。四六判３１４頁 '04

120-Ⅱ **捕鯨Ⅱ**　山下渉登
近代捕鯨の登場により鯨資源の激減を招き、捕鯨の規制・管理のための国際条約締結に至る経緯をたどり、グローバルな課題としての自然環境問題を浮き彫りにする。四六判３１２頁 '04

121 **紅花**（べにばな）　竹内淳子
栽培、加工、流通、利用の実際を現地に探訪して紅花とかかわってきた人々からの聞き書きを集成し、忘れられた〈紅花文化〉を復元しつつその豊かな味わいを見直す。四六判３４６頁 '04

122-Ⅰ **もののけⅠ**　山内昶
日本の妖怪変化、未開社会の〈マナ〉、西欧の悪魔やデーモンを比較考察し、名づけ得ぬ未知の対象を指す万能のゼロ記号〈もの〉をめぐる人類文化史を跡づける博物誌。四六判３２０頁 '04

122-Ⅱ **もののけⅡ** 山内昶
日本の鬼、古代ギリシアのダイモン、中世の異端狩り・魔女狩り等々をめぐり、自然＝カオスと文化＝コスモスの対立の中で〈野生の思考〉が果たしてきた役割をさぐる。四六判280頁 '04

123 **染織**（そめおり） 福井貞子
自らの体験と厖大な残存資料をもとに、糸づくりから織り、染めにわたる手づくりの豊かな生活文化を見直す。創意にみちた手わざのかずかずを復元する庶民生活誌。四六判294頁 '05

124-Ⅰ **動物民俗Ⅰ** 長澤武
神として崇められたクマやシカをはじめ、人間にとって不可欠の鳥獣や魚、さらには人間を脅かす動物など、多種多様な動物たちと交流してきた人々の暮らしの民俗誌。四六判264頁 '05

124-Ⅱ **動物民俗Ⅱ** 長澤武
動物の捕獲法をめぐる各地の伝承を紹介するとともに、全国で語り継がれてきた多彩な動物民話・昔話を渉猟し、暮らしの中で培われた動物フォークロアの世界を描く。四六判266頁 '05

125 **粉**（こな） 三輪茂雄
粉体の研究をライフワークとする著者が、粉食の発見からナノテクノロジーまで、人類文明の歩みを〈粉〉の視点から捉え直した壮大なスケールの〈文明の粉体史観〉 四六判302頁 '05

126 **亀**（かめ） 矢野憲一
浦島伝説や「兎と亀」の昔話によって親しまれてきた亀のイメージの起源を探り、古代の亀卜の方法から、亀にまつわる信仰と迷信、鼈甲細工やスッポン料理におよぶ。四六判330頁 '05

127 **カツオ漁** 川島秀一
一本釣り、カツオ漁場、船上の生活、船霊信仰、祭りと禁忌など、カツオ漁にまつわる漁師たちの伝承を集成し、黒潮に沿って伝えられた漁民たちの文化を掘り起こす。四六判370頁 '05

128 **裂織**（さきおり） 佐藤利夫
木綿の風合いと強靭さを生かした裂織の技と美をすぐれたリサイクル文化として見なおす。東西文化の中継地・佐渡の古老たちからの聞書をもとに歴史と民俗をえがく。四六判308頁 '05

129 **イチョウ** 今野敏雄
「生きた化石」として珍重されてきたイチョウの生い立ちと人々の生活文化とのかかわりの歴史をたどり、この最古の樹木に秘められたパワーを最新の中国文献にさぐる。四六判312頁〔品切〕 '05

130 **広告** 八巻俊雄
のれん、看板、引札からインターネット広告までを通観し、いつの時代にも広告が人々の暮らしと密接にかかわって独自の文化を形成してきた経緯を描く広告の文化史。四六判276頁 '06

131-Ⅰ **漆**（うるし）**Ⅰ** 四柳嘉章
全国各地で発掘された考古資料を対象に科学的解析を行ない、縄文時代から現代に至る漆の技術と文化を跡づける試み。漆が日本人の生活と精神に与えた影響を探る。四六判274頁 '06

131-Ⅱ **漆**（うるし）**Ⅱ** 四柳嘉章
遺跡や寺院等に遺る漆器を分析し体系づけるとともに、絵巻物や文学作品の考証を通じて、職人や産地の形成、漆工芸の地場産業としての発展の経緯などを考察する。四六判216頁 '06

132 **まな板** 石村眞一
日本、アジア、ヨーロッパ各地のフィールド調査と考古・文献・絵画・写真資料をもとにまな板の素材・構造・使用法を分類し、多様な食文化とのかかわりをさぐる。 四六判372頁 '06

133-I **鮭・鱒**（さけ・ます）I 赤羽正春
鮭・鱒をめぐる民俗研究の前史から現在までを概観するとともに、原初的な漁法から商業的漁法にわたる多彩な漁法と用具、漁場と社会組織の関係などを明らかにする。 四六判292頁 '06

133-II **鮭・鱒**（さけ・ます）II 赤羽正春
鮭漁をめぐる行事、鮭捕り衆の生活等を聞き取りによって再現し、人工孵化事業の発展とそれを担った先人たちの業績を明らかにするとともに、鮭・鱒の料理におよぶ。 四六判352頁 '06

134 **遊戯** その歴史と研究の歩み 増川宏一
古代から現代まで、日本と世界の遊戯の歴史を概説し、内外の研究者との交流の中で得られた最新の知見をもとに、研究の出発点と目的を論じ、現状と未来を展望する。 四六判296頁 '06

135 **石干見**（いしひみ） 田和正孝編
沿岸部に石垣を築き、潮汐作用を利用して漁獲する原初的漁法を日・韓・台に残る遺構と伝承の調査・分析をもとに復元し、東アジアの伝統的漁撈文化を浮彫りにする。 四六判332頁 '07

136 **看板** 岩井宏實
江戸時代から明治・大正・昭和初期までの看板の歴史を生活文化史の視点から考察し、多種多様な生業の起源と変遷を多数の図版をもとに紹介する〈図説商売往来〉。 四六判266頁 '07

137-I **桜I** 有岡利幸
そのルーツと生態から説きおこし、和歌や物語に描かれた古代社会の桜観から「花は桜木、人は武士」の江戸の花見の流行まで、日本人と桜のかかわりの歴史をさぐる。 四六判382頁 '07

137-II **桜II** 有岡利幸
明治以後、軍国主義と愛国心のシンボルとして政治的に利用されてきた桜の近代史を辿るとともに、日本人の生活と共に歩んだ「咲く花、散る花」の栄枯盛衰を描く。 四六判400頁 '07

138 **麹**（こうじ） 一島英治
日本の気候風土の中で稲作と共に育まれた麹菌のすぐれたはたらきの秘密を探り、醸造化学に携わった人々の足跡をたどりつつ醱酵食品と日本人の食生活文化を考える。 四六判244頁 '07

139 **河岸**（かし） 川名登
近世初頭、河川水運の隆盛と共に物流のターミナルとして賑わい、船旅や遊廓などをもたらした河岸（川の港）の盛衰を河岸に生きる人々の暮らしの変遷としてえがく。 四六判300頁 '07

140 **神饌**（しんせん） 岩井宏實／日和祐樹
土地に古くから伝わる食物を神に捧げる神饌儀礼に祭りの本義を探り、近畿地方主要神社の伝統的儀礼をつぶさに調査して、豊富な写真と共にその実際を明らかにする。 四六判374頁 '07

141 **駕籠**（かご） 櫻井芳昭
その様式、利用の実態、地域ごとの特色、車の利用を抑制する交通政策との関連から駕籠かきたちの風俗までを明らかにし、日本交通史の知られざる側面に光を当てる。 四六判294頁 '07

142 追込漁（おいこみりょう）　川島秀一

沖縄の島々をはじめ、日本各地で今なお行なわれている沿岸漁撈を実地に精査し、魚の生態と自然条件を知り尽した漁師たちの知恵と技を見直しつつ漁業の原点を探る。　四六判368頁 '08